Thomas Wüpper
**Betriebsstörung**

Thomas Wüpper

# BETRIEBS STÖRUNG

Das Chaos bei der Bahn
und die überfällige
Verkehrswende

Ch. Links Verlag

Auch als **e book** erhältlich

Die Deutsche Nationalbibliothek verzeichnet diese Publikation
in der Deutschen Nationalbibliografie; detaillierte bibliografische Daten
sind im Internet über www.dnb.de abrufbar.

1. Auflage, September 2019
© Christoph Links Verlag GmbH
Schönhauser Allee 36, 10435 Berlin, Tel.: (030) 44 02 32-0
www.christoph-links-verlag.de; mail@christoph-links-verlag.de
Umschlaggestaltung: Nadja Caspar, Ch. Links Verlag,
unter Verwendung eines Fotos von Dieter Rüchel
Satz: Eugen Bohnstedt, Ch. Links Verlag
Druck und Bindung: Druckerei F. Pustet, Regensburg
Gedruckt auf säurefreiem, alterungsbeständigem Papier

ISBN 978-3-96289-052-0

# Inhalt

Einleitung
Warum uns die Bahn mehr wert sein muss   9

## I. Am Prellbock –
## Wie die Bahn ins Chaos rast   13

Unzuverlässigkeit
Warum sich Verspätungen und
Zugausfälle häufen   20

Schandflecke
Wo mieser Service und dürftige
Angebote nerven   33

Ticketwirrwarr
Wie hohe Preise und undurchsichtige
Tarife abschrecken   50

Zitterpartien
Von ewigen Baustellen und
gefährlichen Achsen   59

Stuttgart 21
Das schwäbische Milliardengrab   72

Lieferdebakel
Wenn Europas größte Güterbahn
ins Abseits fährt   86

## II. Ausgebremst – Wie die Politik bei der Bahn versagt  93

### Stilllegung
Von der Goldenen Ära in die Krise  100

### Bahnreform
Viel versprochen – wenig gehalten  111

### Irrfahrten
Die Fehler der Bahn- und Verkehrspolitik  123

*1. Vorfahrt für Auto und Flieger –
und die Bahn rollt aufs Abstellgleis*  123

*2. Rendite vor Gemeinwohl –
ein Aktienkonzern denkt nur an sich*  131

*3. Staatsbahn auf Irrfahrt –
massive Steuerungsdefizite*  138

*4. Die Infrastruktur verkommt –
und alle schauen zu*  147

*5. Die Bahn auf Börsenkurs – Fehlschlag
mit fatalen Folgen*  158

*6. Milliarden ins Ausland – der geplatzte Traum
vom Global Player*  168

*7. Mehdorn, Grube, McKinsey & Co. –
Fehlgriffe beim Management*  175

*8. ICE-Tunnelpisten statt Flächenbahnen –
Highspeed ersetzt Vernunft*  184

*9. Schattenhaushalt außer Kontrolle –
die DB als Fass ohne Boden*  194

# III. Verkehrswende –
# Der Weg zur besseren Bahn 201

## Fahrplan 2040
Zehn Stationen eines nationalen Schienenpakts    207

*1. Nachhaltigkeit –
umweltschonende Mobilität mehr fördern*    209

*2. Gemeinwohl –
Vorrang für den Verfassungsauftrag*    215

*3. Schlankheitskur –
Auslandsgeschäfte aufgeben*    219

*4. Aufspaltung –
Schienennetz gemeinnützig machen*    222

*5. Effizienzsteigerung –
Finanzierungssystem reformieren*    224

*6. Investitionsoffensive –
mehr Geld für die Schiene*    226

*7. Optimierung –
Deutschlandtakt einführen*    229

*8. Preissenkung –
Wettbewerb und Angebote stärken*    233

*9. Digitalisierung –
ein E-Ticket für alles*    238

*10. Vernetzung –
Angebote von Tür zu Tür schaffen*    243

## Bitte umsteigen!
Die Bahn als Motor der Verkehrswende    247

# Anhang

Anmerkungen   250

Abkürzungen   256

Literaturverzeichnis   257

Dank   259

Personenregister   261

Über den Autor   264

# Einleitung
## Warum uns die Bahn mehr wert sein muss

Chronische Verspätungen, verpasste Anschlüsse, kaputte Züge, untaugliche Informationen, dürftiger Service, gestresstes Personal – jeder Bahnkunde kann seine Leidens- und Horrorgeschichten erzählen. Weder die Deutsche Bahn (DB) AG noch die deutsche Verkehrspolitik bekommen die Probleme in den Griff. Und zwar nicht erst seit gestern, sondern seit Jahrzehnten. Wie konnte es so weit kommen? Mit der Bahnreform 1994 sollte doch alles besser werden. Stattdessen schieben sich nun Konzern und Regierung gegenseitig die Schuld zu, wenn wieder mal etwas schiefgelaufen ist.

Dieses Debakel ist überaus tragisch. Denn Züge sind das beste Massenverkehrsmittel, das wir haben: sicher, komfortabel, umweltschonend, preisgünstig, zuverlässig. Schon deshalb geht uns die Deutsche Bahn alle an, ausnahmslos. Mehr als sieben Millionen Menschen nutzen jeden Tag ihre Züge und Busse, jeder zweite Bundesbürger steigt zumindest gelegentlich in einen ICE, Intercity, eine Regional- oder S-Bahn. Wir alle bezahlen dafür, denn der Staatskonzern erhält jedes Jahr zweistellige Milliardensummen aus der Steuerkasse. Und ist damit unser größter Subventionsempfänger. Dafür haben wir mehr verdient als veraltete und kaputte Fahrzeuge, ein verlottertes staatliches Schienennetz, verfallende Provinzbahnhöfe, schlimme Unfälle, überteuerte Prestigeprojekte und eine DB AG, bei der Betriebsstörungen ein Dauerzustand sind. Unsere Bahn wiederum hat mehr verdient als Hohn und Spott, der sich kübelweise über sie ergießt, leider bisher oft zu Recht.

Deutschland lässt sein bestes Verkehrsmittel zu oft links liegen, und das schon viel zu lange. Andere Länder wie die Schweiz und Österreich machen vor, wie es besser geht. Wenn das Rad-Schiene-System aber erst aus dem Takt gerät, knirscht es gewaltig im Betriebsablauf. Und das bekommen alle Bahnkunden immer häufiger zu spüren. Dieses Buch soll aufklären und im besten Fall aufrütteln. Dazu, sich mehr für unseren größten Konzern und die Verkehrspolitik zu interessieren. Denn von der Politik, vor allem von der Bundesregierung werden die entscheidenden Weichen für eine attraktive, leistungsfähige und bezahlbare Bahn gestellt. In Berlin wird maßgeblich entschieden, wie schnell die längst überfällige Verkehrswende hin zu mehr umwelt- und klimaschonender Mobilität kommt.

Immer mehr Menschen haben die Nase voll vom Abwarten und Kleinreden, vom Taktieren, Abwiegeln, Verschieben. Genau deshalb rückt die Verkehrspolitik in den Fokus. Gerade junge Leute stellen die richtigen Fragen. Zum Beispiel, warum Behörden und Regierungen die Stadtbewohner nicht besser vor gesundheitsschädlichen Autoabgasen schützen und so lange so wenig für nachhaltigere Mobilität wie das Bahnfahren getan haben. Die Liste lässt sich fortsetzen.

Mobilität ist ein sehr komplexes Thema. Wer sich näher mit den Problemen im Schienenverkehr beschäftigt, stellt schnell fest, wie viele Facetten es gibt. Dieses Buch soll helfen, die nicht selten verborgenen Zusammenhänge etwas besser zu verstehen. Es kann nicht alle Fragen beantworten, aber hoffentlich einige Erkenntnisse liefern. Im ersten Teil lesen Sie, wie die Deutsche Bahn AG ins Chaos gerast ist und warum das größte Bundesunternehmen nun als schwerer Sanierungsfall am Prellbock steht. Der zweite Teil ergründet, welch schwerwiegende Verantwortung die Politik dafür trägt. Und am Ende erfahren Sie, wie ein nationaler Schienenpakt über zehn Stationen zu einer besseren Bahn führen könnte – und vielleicht sogar zur besten Bahn der Welt. Man wird ja noch träumen dürfen.

Die Analysen in diesem Buch beruhen auf teils vertraulichen Gesprächen mit mehreren Dutzend Verkehrsexperten, Politikern, Managern und Wissenschaftlern. Als Journalist befasse ich mich seit Anfang der 1990er Jahre mit der Bahn, seither wurden mehr als 1000 meiner Artikel in Tageszeitungen und Magazinen veröffentlicht. Es ging um Bilanzen, Reformkonzepte, Visionen, Illusionen, vor allem aber und immer häufiger: um Krisen. Anhand der Fußnoten finden Sie viele Links zu diesen Texten, falls Sie mehr zu bestimmten Themen erfahren möchten.

Insgesamt habe ich sechs Bahnchefs erlebt: Rainer Maria Gohlke (bis 1991), Heinz Dürr (bis 1997), Johannes Ludewig (bis 1999), Hartmut Mehdorn (bis 2009), Rüdiger Grube (bis 2017) und Richard Lutz. Und es kamen und gingen zwölf Verkehrsminister, von Friedrich Zimmermann über Wolfgang Tiefensee bis aktuell Andreas Scheuer. Die Konzernlenker waren im Schnitt nur gut viereinhalb Jahre im Amt, die Minister von der SPD, CDU und CSU nicht einmal zweieinhalb Jahre. Von Kontinuität und Nachhaltigkeit, die gerade für eine langfristig angelegte Verkehrspolitik so wichtig wären, kann da keine Rede sein.

Für dieses Buch konnte ich viele interne Unterlagen von Unternehmen und aus Ministerien nutzen, die mir seit Jahren von Informanten vertraulich zugespielt werden. Darunter die aktuellen Strategiepapiere »Starke Schiene« und »Agenda für eine bessere Bahn« von DB-Chef Lutz und seinem Vize Ronald Pofalla. Sie enthalten Hunderte interner Daten zur Entwicklung der teils maroden Infrastruktur, zur schwierigen Situation im Personen- und Güterverkehr sowie zur alarmierenden Finanzlage. Auch die ebenfalls vertrauliche DB-Mittelfristplanung dient als Basis für viele Bewertungen. Ebenso interne Papiere des »Schienenpakts«, einer Initiative von Verkehrsminister Scheuer, die Zukunftsszenarien und Maßnahmenpläne für eine bessere Bahn entwickeln soll.

Über Netzwerke landen solche geschützten Unterlagen bei investigativen Journalisten, meist auf recht verschlungenen Wegen. Solche Recherchen sind wichtig, denn nur so können Medien ein Bild der tatsächlichen Lage zeichnen. Auch im Falle der Bahn werden aus der Konzernzentrale oder dem Ministerium oft genug verharmlosende PR-Mitteilungen verschickt, die nur die halbe Wahrheit enthalten. Vieles von der anderen Hälfte erfahren Sie hier.

Es wäre eine verzerrte Wahrnehmung, das Bahn-Debakel allzu isoliert zu betrachten. Verspätungen und Ärger gibt es beileibe nicht nur im Zugverkehr. Die wachsende Mobilität insgesamt ist zum Problem geworden, auf Straßen und Schienen wie in der Luft. Allein in Berlin stand 2018 jeder Autofahrer im Schnitt 154 Stunden im stressigen Stop-and-go-Verkehr, wie die Datenfirma Inrix errechnet hat. In der »Stau-Hauptstadt« werden also in jedem Blechvehikel und in jedem Jahr mehr als sechs Tage wertvolle Lebenszeit mit Däumchen-Drehen, Kopfschütteln, Schimpfen und Fluchen verschwendet.

Auch auf den Autobahnen gibt es kaum noch entspanntes Durchkommen zwischen all den rollenden Warenlagern des europaweiten Lkw-Transitverkehrs. Am Himmel und auf Airports herrscht ebenfalls oft genug Chaos. Die Marktliberalisierung hat dem umweltschädlichen Luftverkehr grenzenlose Freiheit verschafft, was vor allem Billigflieger nutzen, die mit Taxipreisen die Menschenmassen locken.

Solche Entwicklungen sind kein Naturgesetz. Wenn über Jahrzehnte der Straßenverkehr viel stärker subventioniert wird als die Schiene, wird sich ohne eine Umkehr dieses Verhältnisses nichts zum Besseren wenden. Wenn im europaweiten Lkw-Billigverkehr menschenunwürdige Zustände geduldet werden, muss sich niemand wundern, wenn Frachtbahnen nicht mithalten können und Verluste schreiben. Und wenn überteuerte und für den Schienenverkehr kontraproduktive Immobilienprojekte wie Stuttgart 21 politisch erzwungen werden, zahlt am Ende dafür auch die Bahn einen viel zu hohen Preis.

Die gute Nachricht: Eine neue Goldene Ära der Bahn ist möglich. Die Schiene muss im Zentrum einer nachhaltigen Verkehrswende stehen, an der schon aus Gründen des Klima- und Umweltschutzes kein Weg vorbeiführt. Die politische Debatte darüber läuft so intensiv wie seit der Bahnreform 1994 nicht mehr. Schon das ist ein kleiner Fortschritt. Doch nun kommt es auf die konsequente Umsetzung an, an der es die wechselnden Regierungen schon so lange fehlen lassen.

*Thomas Wüpper, Juli 2019*

# I. Am Prellbock –
# Wie die Bahn ins Chaos rast

Der Große Brandbrief war im Mittelalter ein Erlass, der die Bestrafung von Dieben und Feuerlegern regelte. Später wandelte sich die Bedeutung, Behörden bestätigten mit Brandbriefen Bedürftigen, dass sie ihr Hab und Gut durch Feuer verloren hatten und betteln durften. Ein Brandbrief konnte aber auch eine Drohung sein, jemandem das Haus anzuzünden. Heute werde darunter meist ein Appell verstanden, erläutert Wikipedia. Genauer: ein Notruf, »der Missstände aufzeigt oder anprangert und häufig auch Abhilfe einfordert«.

Im internen Rundschreiben, das Bahnchef Richard Lutz am 7. September 2018 per Intranet an die Führungskräfte seines Unternehmens schickt, taucht das Wort Brandbrief zwar nirgendwo auf. Doch die Überschrift hätte gut gepasst. Denn ein Notruf, der Missstände aufzeigt und Abhilfe einfordert, ist der vierseitige Brief zweifellos, zumal er rasch an Medien gelangt und eine weitere öffentliche Debatte über die Dauerkrise und Zukunft des Unternehmens auslöst.

Die Deutsche Bahn AG ist eines der wichtigsten Transportunternehmen der Welt und der größte Staatskonzern Deutschlands. Die Bilanz 2018 weist 44 Milliarden Euro Umsatz und 542 Millionen Euro Jahresüberschuss aus. 319 000 Mitarbeiter in mehr als 140 Ländern rund um den Globus haben diese Erträge erwirtschaftet, im Personen- und Güterverkehr und in der Logistik. Allein in Deutschland sind täglich rund 7,4 Millionen Menschen in Bahnen und Bussen der DB unterwegs. 43 000 Züge, zwei Drittel davon mit DB-Logo, befahren Tag für Tag das rund 33 300 Kilometer lange staatliche Schienennetz, das die Konzerntochter DB Netz AG in möglichst gutem Betriebszustand halten soll, ebenso wie 5700 Bahnhöfe.[1] Wenn solch ein Multi-Unternehmen Brandbriefe verschickt und in der Not eine strenge Ausgabenkontrolle verhängt, schrillen zu Recht die Alarmglocken.

Bei der Bundesregierung kommt die Botschaft aus der nahen Bahnzentrale allerdings gar nicht gut an. Und das nicht nur wegen der öffentlichen Aufregung. Im Kanzleramt von Angela Merkel (CDU), bei Bundesverkehrsminister Andreas Scheuer (CSU) und dem Koalitionspartner SPD wird der Hilferuf nämlich als kaum verhohlene Drohung empfunden. Eine Drohung, dass das wichtigste bundeseigene Unternehmen vollends an den Prellbock fährt, wenn es nicht mehr Unterstützung von seinem Eigentümer erhält. Die Verantwortlichen in der Politik wissen: Der Schuldenberg der DB AG könnte ohne Gegensteuern noch höher wachsen, von bereits 25 auf 30 Milliarden Euro und mehr. Also bald so viel, wie Bundes- und Reichsbahn aufgehäuft haben – allerdings in mehr als vier Jahrzehnten und unter deutlich schlechteren Bedingungen.

Tatsächlich liest sich das Rundschreiben stellenweise wie ein Offenbarungseid. Die »schwierige Situation« der DB habe sich in den letzten Monaten »nicht verbessert, sondern verschlechtert«, räumt Lutz gleich zu Beginn ein. Neben dem Bahnchef hat auch sein Vize, Infrastruktur-Vorstand Ronald Pofalla, den Alarmruf unterzeichnet. Ebenso die weiteren DB-Konzernvorstände Berthold Huber (Personenverkehr), Alexander Doll (Finanzen, Güterverkehr, Logistik), Sabina Jeschke (Technik und Digitalisierung) und Martin Seiler (Personal) – bis auf Lutz und Huber alle noch nicht lange im Amt. Auch CDU-Mann Pofalla, vormals Chef des Bundeskanzleramts, hat seinen Vorgänger Volker Kefer erst 2017 abgelöst.

Die Probleme, die das Sextett auf vier Seiten beschreibt, sind Bahnkunden wie Experten sattsam bekannt. Tenor: Es mangelt an Pünktlichkeit, Qualität und Wirtschaftlichkeit. »Wir wissen alle, dass wir mit unserer Leistung nicht zufrieden sein können«, bilanziert die DB-Spitze. Eigene Probleme wie die Verfügbarkeit von Fahrzeugen habe man »schlicht nicht im Griff«. Die Trendwende bei den Verspätungen sei nicht gelungen. Im Gegenteil, die Pünktlichkeitsquote sei bis August auf nur noch 76 Prozent gesunken – und damit noch schlechter als 2015, als der Konzern einen Milliardenverlust auswies und das Sanierungsprogramm »Zukunft Bahn« von Lutz' Vorgänger Rüdiger Grube gestartet wurde.

Grube warf Anfang 2017 entnervt und verärgert hin. Wie wenig dessen Programm gebracht hat, beweist der Brandbrief ebenfalls. So sehe die finanzielle Performance »nicht besser aus«, konstatiert Lutz. Das operative Ergebnis liege »weit weg von unserer Zielsetzung«. Auch hier habe man »keine Trendwende geschafft«. Zum Zeitpunkt des Alarmschreibens hat der Bahnchef bereits zwei Mal die Ertragsprognose nach unten korrigieren müssen. Eine dritte Gewinnwarnung, warnt Lutz, »würde unsere finanzielle Lage weiter destabilisieren und Vertrauen und Goodwill, die wir bei Eigentümer und Öffentlichkeit noch haben, zusätzlich beschädigen«.

So schonungslose Analysen kommen selten direkt aus der Spitze eines Großkonzerns ans Licht der Öffentlichkeit. Die offenen Worte erhalten Anerkennung, sind aber zweischneidig. Denn die meisten der beschriebenen Defizite bestehen nicht erst seit gestern. Und gerade Lutz kennt sie bestens: Als langjähriger Finanzchef und zuvor Controller arbeitet der Pfälzer seit 1994 beim Staatskonzern.

Nach dem Brandbrief spitzt sich die Lage bei der Bahn zu. Im November 2018 kommen die 20 Aufsichtsräte des Konzerns zu einem zweitägigen Krisentreffen im DB-Tower zusammen, um unter Vorsitz von Michael Odenwald über Auswege zu beraten. Der frühere Staatssekretär im Verkehrsministerium hat wenige Monate zuvor die Leitung des Gremiums übernommen, nachdem sein Vorgänger Utz-Hellmuth Felcht einige Male unglücklich agiert und das Vertrauen der Regierung verloren hatte.

Gleich zum Auftakt bekommt das Gremium von Lutz und seinen Kollegen wenig Erfreuliches zu hören. Steigende Verschuldung, riesiger Finanzbedarf, bröckelnde Erträge, milliardenschwere Gewinnkorrekturen, häufige Qualitätsmängel und Verspätungen, hohe Verluste im Güterverkehr auf der Schiene und insgesamt trübe Aussichten auf mittlere Sicht – die Zwischenbilanz des neuen Bahnchefs fällt ziemlich verheerend aus und hätte in anderen Unternehmen den sofortigen Rauswurf bedeuten können. Zum Glück für die neue DB-Spitze kann das Debakel aber zum Teil noch dem glücklosen Vorgänger Grube angekreidet werden. Dessen von McKinsey-Beratern geschriebenes Rotstiftkonzept »Zukunft Bahn« entpuppt sich vor allem im Güterverkehr als Rohrkrepierer und wird von der Arbeitnehmerbank, die im Aufsichtsrat die Hälfte der Stimmen besitzt, über Jahre blockiert.

Nun soll ein neues Konzept helfen, das die DB-Spitze optimistisch »Unsere Agenda für eine bessere Bahn« benannt hat. Auf rund 200 bunten Powerpoint-Seiten bekommen die Kontrolleure wieder viele Ideen und Strategien für mehr Qualität, Kunden und Erfolg präsentiert. Einige Aufsichtsräte reagieren wenig begeistert: »Angesichts der bisher unklaren Strategie und problematischen Geschäftsentwicklung behalten wir uns die Zustimmung vor«, betont ein Arbeitnehmervertreter. Und fügt hinzu: Besonders im Fern- und Güterverkehr auf der Schiene gebe es massive Qualitätsdefizite und bisher wenig überzeugende Konzepte. Seit Jahren werde von wechselnden Managern viel versprochen, aber unzureichend geliefert.

So wurde bei der dramatisch heruntergewirtschafteten Güterbahn DB Cargo in den letzten 20 Jahren schon acht Mal der Produktionsvorstand ausgetauscht, insgesamt gab es 30 Wechsel im Vorstand. Trotzdem fährt die größte Frachtbahn Europas auch 2018 dreistellige Millionenverluste ein. »Es fehlen Züge und Lokführer, die Abläufe funktionieren nicht, Ansprechpartner vor Ort wurden abgeschafft, und wir haben deshalb massiv Kunden verärgert und verloren«, kritisiert ein anderer Aufsichtsrat.

In der Bundesregierung sieht man die Lage des Staatskonzerns mit Verdruss. Kanzlerin Merkel will dort keine Unruhe. Schon die Demonstrationen von DB-Beschäftigten gegen »Zukunft Bahn« kamen vor den letzten Bundestagswahlen recht ungelegen und trugen mit zum plötzlichen Abgang von Ex-Bahnchef Grube bei. Die neue DB-Spitze muss nun zeigen, was sie kann. Infrastruktur-Vorstand Pofalla will weitere Steuermilliarden für die klamme Bahn organisieren – auch für das mit Abstand größte Problemprojekt Stuttgart 21. Pikant: Der CDU-Mann Pofalla hat noch vor Jahren selbst als rechte Hand Merkels eifrig aus dem Kanzleramt die Strippen gezogen für die hoch umstrittene Weiterführung von S 21, wie entschwärzte Akten des Kanzleramts beweisen. Nun hat der Aktienkonzern den Schaden dieser heiklen politischen Einflussnahme. Denn für die DB ist S 21 krass unwirtschaftlich, wie Lutz inzwischen einräumen musste.

Kein Wunder also, dass der Staatskonzern so großen Finanzbedarf hat. Rund fünf Milliarden Euro zusätzlich will die DB-Spitze bis 2022 vom Bund haben, offiziell nur für mehr Pünktlichkeit und Qualität – und um die 200 bestellten Züge bezahlen zu können, die bis 2023 geliefert werden und mehr als sieben Milliarden Euro kosten sollen. »Eine bessere Bahn gibt es nicht zum Nulltarif«, betont Lutz.

Verkehrsminister Scheuer und sein Staatssekretär Enak Ferlemann versuchen derweil als Macher zu punkten, nachdem in der Bahnpolitik allzu lange fast Stillstand geherrscht hat. Ein großes »Zukunftsbündnis Schiene« von Politik, Wirtschaft und Verbänden soll den Bahnverkehr voranbringen. Das ist leichter gesagt als getan, denn vor allem bei der betagten Infrastruktur gibt es bereits jetzt extreme Engpässe und teuren Nachholbedarf, den der Bund als Eigentümer maßgeblich zu verantworten hat. Die Regierung und der Minister haben selbst noch viele Hausaufgaben zu machen. Vor allem müssen sie enorme finanzielle Mittel bereitstellen.

Ohnehin fließt schon sehr viel Steuergeld an die DB AG. Der Bundesrechnungshof kritisiert seit Jahren, dass diese Milliardensummen effizienter eingesetzt und besser kontrolliert werden sollten. Doch auch aus einem anderen Grund gerät die Regierung durch den wachsenden Finanzbedarf der DB unter Druck: Geldspritzen an den klammen Staatskonzern sind ordnungspolitisch sehr fragwürdig, denn die privaten Konkurrenten der DB erhalten sie nicht. Nicht nur Grüne und FDP fordern deshalb Strukturreformen. Daran könnte kein Weg mehr vorbeiführen, wenn die DB noch weiter in die Krise fährt – und die nächsten Brandbriefe nicht mehr weiterhelfen.

# Unzuverlässigkeit

## Warum sich Verspätungen und Zugausfälle häufen

Günter Voß will es genau wissen. Im Sommer 2018 kauft sich der pensionierte Polizist für 1275 Euro eine Probe-Bahncard 100 und startet eine dreimonatige Bahnreise kreuz und quer durch die Republik. Mit 91 ICE-Zügen fährt er zwischen allen großen Bahnhöfen wie Hamburg, Berlin, Frankfurt, Stuttgart und München, manchmal bis zu 1500 Kilometer pro Tag. Aber er tuckert auch mit Regionalzügen in die Provinz und zu Grenzregionen wie Emden, Zwickau, Passau und Basel.

Mit 80 Jahren ist Voß immer noch ein großer Bahn-Fan. Begeistert ist der Niedersachse einst entlang der ersten ICE-Neubaustrecken von Hannover über Würzburg und Mannheim bis Stuttgart geradelt. Nun soll seine Deutschlandtour zeigen, wie verlässlich die Deutsche Bahn AG ist. Seine Bilanz nach 92 Tagen auf Achse fällt recht enttäuscht aus: »Die Leistungsfähigkeit hat ganz erheblich nachgelassen.« Größtes Ärgernis: die unpünktlichen Züge. 901 Verspätungsminuten hat Voß allein bei seinen ICE-Fahrten akribisch erfasst: »Am zuverlässigsten war noch der ICE 3, aber leider häufig unangenehm überfüllt.« Manchmal gab es nur noch Stehplätze und kaum Platz fürs Gepäck. In einem Fall mussten Fahrgäste von der Bundespolizei gar zwangsweise aus einem überbesetzten Zug geführt werden.

Pünktlich wie die Bahn? Dieser Vergleich löst bei gestressten Reisenden und Pendlern nur Hohn und Spott aus. In Medienberichten, Online-Foren und auf Leserbriefseiten machen täglich enttäuschte Kunden ihrem Ärger Luft über nervige Verspätungen, verpasste Anschlüsse und komplette Zugausfälle. Wer sich bei Terminen verspätet, muss nur darauf hinweisen, mit dem Zug gekommen zu sein, und stößt sofort auf Mitgefühl und Verständnis. Ein satirisches Buch voller Häme über kleine und große

DB-Fehlleistungen machte »Bahn-Bashing« zum Volkssport. Eine Pendlerin aus München hat aus Frust für jeden unpünktlichen Zug eine farbige Reihe gestrickt. Der kunterbunte »Verspätungsschal« wurde 1,50 Meter lang, im Internet zum Hit und brachte bei einer Ebay-Versteigerung 7550 Euro Erlös, die der Bahnhofsmission gespendet werden sollten.

Trotz immer neuer »Zukunftsprogramme« bekommt die Deutsche Bahn AG die Probleme nicht in den Griff. Seit 2010 hat es das Unternehmen in keinem einzigen Jahr geschafft, dass seine Fernzüge wenigstens 80 Prozent der Bahnhöfe mit weniger als sechs Minuten Verspätung erreichen. 2018 gibt es einen weiteren Tiefpunkt. Jeder vierte ICE, Inter- oder Eurocityzug kommt deutlich verspätet an. Mit 74,9 Prozent Pünktlichkeit wird das eh schon bescheidene Ziel von 82 Prozent weit verfehlt. 2013 und 2015 sind die Züge sogar noch unpünktlicher. Besonders im Vergleich zu den Nachbarn in der Schweiz, wo der Takt- und Umsteigeverkehr vorbildlich wie ein Uhrwerk funktioniert, sieht Deutschland ganz schlecht aus.

Ein Stuttgarter Bahnkunde, der wochentags mit dem ICE nach Mannheim pendelt und 4270 Euro pro Jahr für seine Bahncard 100 zahlt, klagt im März 2019 der Heimatzeitung auf einer ganzen Seite sein Leid. Demnach hat die Deutsche Bahn AG in einem einzigen Jahr 4235 Minuten seiner Lebenszeit mit Verspätungen vertrödelt. Unerwähnt bleibt allerdings, dass der Fernpendler bei jeder pünktlichen ICE-Fahrt in nur 36 Minuten am Ziel ist, im Vergleich zur Autofahrt eine Stunde spart und zudem die Zeit im Zug gut nutzen kann. Fürs Image des Konzerns und des Schienenverkehrs sind solch abschreckende Berichte ein Desaster.

Matthias Gastel notiert in seinem Internet-Bahntagebuch bereits seit 2013 manch kuriose Erlebnisse auf der Schiene. Der Bundestagsabgeordnete und Verkehrsexperte der Grünen fährt schon aus ökologischen Gründen mit dem Zug, wann immer das möglich ist. Meist pendelt er quer durch die Republik zwischen Stuttgart und Berlin. Seit 2017 hat er die Fahrten in 274 DB-Fernzügen akribisch erfasst. Für dieses Buch hat Gastel eine kleine Bilanz gezogen: Nur bei 54 Prozent seiner Reisen hat er 2018 mit weniger als fünf Minuten Verspätung das Ziel erreicht, 2017 lag die Quote bei ebenfalls bescheidenen 62 Prozent. In den ersten vier Monaten 2019 sind es 64 Prozent. Wenn ein Zug unpünktlich ist, dann oft deutlich: »Die Verspätungen liegen meistens zwischen 15 und 20 Minuten.« Sein Fazit: »Hier besteht zweifelsfrei erheblicher Verbesserungsbedarf.«

So sieht das auch Philipp Kosock, Bahnexperte des Verkehrsclubs Deutschland (VCD) in Berlin. Der VCD nimmt die DB AG regelmäßig kritisch unter die Lupe. Denn gute Bahnangebote seien »grundlegend dafür, dass die Verkehrswende gelingen kann« – und zufriedene Kunden die beste Werbung. Der VCD-Bahntest 2018/19 zeigt erneut, wie weit dieses Ziel entfernt ist. Nur jeder vierzigste Fahrgast, den die Marktforscher von Quotas befragt haben, ist demnach mit dem DB-Fernverkehr rundum zufrieden. Fast 40 Prozent beklagen, dass sich die Pünktlichkeit in den letzten drei Jahren noch verschlechtert habe, und mehr als 37 Prozent meinen, dass Zugausfälle noch häufiger vorkommen.[2]

Beim Onlineportal *zugfinder.de* lässt sich nachlesen, wo Bahnfahrer besonders viel Geduld brauchen. Am störanfälligsten sind demnach Verbindungen über große Distanzen. Manche ICE sind zwischen Abfahrt und Ziel mehr als 1000 Kilometer unterwegs, alle befahren stark frequentierte Hauptkorridore zwischen Hamburg, Hannover, Köln, Frankfurt, Mannheim, Stuttgart und München und chronisch überlastete Großstadtnetze.[3] Überall sind auch viele Regional- und Güterzüge unterwegs. In diesem komplexen Mischverkehr kommt es ständig zu Problemen, die sich rasch aufschaukeln. So hat der ICE 979 von Hamburg nach Stuttgart 2018 nur in einem von vier Fällen pünktlich sein Ziel erreicht, im Schnitt beträgt die Verspätung fast 26 Minuten. Auch der Intercity 1995 von Berlin nach Stuttgart fuhr nur zu 25 Prozent zuverlässig. Weniger als 30 Prozent pünktliche Fahrten werden zudem beim EC 230 Kopenhagen – Hamburg, beim IC 2314 Köln – Sylt und beim IC 2024 Passau – Hamburg registriert.

Wenig Erfreuliches erlebt auch Annalena Baerbock. Die Parteichefin der Grünen ist im November 2018 im ICE unterwegs und hat für ihre Kinder Plätze reserviert. Doch an der Station, wo der Nachwuchs zusteigen wollte, fährt der Zug wegen Überfüllung einfach vorbei. Die verärgerte Politikerin macht den Fall publik. Die Antwort der DB AG auf Nachfragen löst weitere peinliche Schlagzeilen aus. Fast jeder 40. Fernzughalt sei 2018 ersatzlos ausgefallen, räumen Konzern und Regierung ein. Die häufigsten Streichungen gibt es demnach am Hauptbahnhof Frankfurt / Main, danach folgen Frankfurt-Flughafen, Köln, Düsseldorf, Duisburg, Essen, Hamburg und Hannover. In manchen Monaten warten bis zu sieben Prozent der Kunden vergeblich auf den im Fahrplan stehenden Zug.

### Geheimniskrämerei und Tricksereien

Solche Zahlen sind für die DB ein schlechtes Zeugnis. Die Konzernspitze im Bahntower am Potsdamer Platz in Berlin hält ihre peinlichen Defizite möglichst unter der Decke. Lange Zeit hat sie detaillierte Angaben zur Pünktlichkeit ihrer Züge sogar komplett verweigert. Die Geheimniskrämerei beginnt unter dem früheren DB-Chef Mehdorn, der die Bahn Anfang des neuen Jahrtausends im Regierungsauftrag an die Börse bringen soll. Kaum im Amt, lässt Mehdorn die Pünktlichkeitsanzeigen an Bahnhöfen ersatzlos entfernen. Die schlechten Werte hätten privaten Investoren sonst schon von Weitem signalisiert, wie dürftig der Transportriese sein Kerngeschäft erledigt, heißt es intern. Die Regierung Schröder duldet den Rückschritt, Kritiker protestieren vergeblich.

Weil der Staatskonzern seine immer schlechteren Leistungen fortan systematisch verharmlost und pauschal mehr als 90 Prozent Pünktlichkeit behauptet, überprüft die Stiftung Warentest 2007 die Ankunftszeiten von mehr als 94 000 Zügen. Das blamable Ergebnis: Im Fernverkehr sind 38 Prozent der Fahrten und im Regionalverkehr 24 Prozent mindestens vier Minuten verspätet. Jeder 25. Fernzug lässt sogar mehr als 30 Minuten auf sich warten. Damit ist bewiesen, dass die Angaben der Bahn sehr wenig mit der Realität und dem Alltag ihrer Kunden zu tun haben.

Seit April 2009 veröffentlicht der Konzern immerhin die Ankunftszeiten jedes Zuges im Internet auf *bahn.de*. Das erleichtert die Reiseplanung. Doch auch unter Mehdorn-Nachfolger Rüdiger Grube bleibt die Pünktlichkeitsstatistik zunächst weiter unter Verschluss. Nur einmal im Jahr wird ein Pauschalwert veröffentlicht, der weder aussagekräftig noch nachprüfbar ist. Das zeigt sich im Winter 2010/11. Wochenlang herrscht Ausnahmezustand im Schienenverkehr. Probleme bereiten vereiste Oberleitungen, Schneeverwehungen, ausgefallene Weichenheizungen und Stellwerksstörungen. Das Maximaltempo der ICE muss reduziert werden, weil Frostschäden drohen. Viele Züge fallen aus, das Angebot wird eingeschränkt. Millionen Fahrgäste sind verärgert, auch weil die Bahn über Verspätungen und Zugausfälle extrem schlecht informiert.

Schon zu dieser Zeit tritt offen zutage, dass die Bahn zu lange auf Verschleiß gefahren worden ist und dringend wieder mehr in Züge und Infrastruktur investiert werden muss. Im offiziellen Bericht an den Verkehrsausschuss des Deutschen Bundestags stellt auch der damalige Verkehrsminister Ramsauer dem Konzern ein schlechtes Zeugnis aus. Demnach ist im Chaosmonat Dezember die Pünktlichkeit im Nahverkehr auf 77 Prozent gesunken, im Güterverkehr gar auf unter 50 Prozent.

Das wahre Ausmaß des Desasters wird der Öffentlichkeit und dem Parlament allerdings verschwiegen. So heißt es im Regierungsbericht zu den massiven ICE-Verspätungen verharmlosend: »Im Fernverkehr sank die Pünktlichkeit sogar tageweise unter 70 %.« Das erweckt den Eindruck, als ginge es um Ausnahmen. In Wirklichkeit zieht sich das Verspätungschaos über Wochen. Zeitweise ist nur noch jeder fünfte Fernzug pünktlich, eine verheerende Bilanz. Das kommt jedoch erst durch Zeitungsberichte heraus. Bei Recherchen wird mir damals die streng geheime Originalstatistik der DB-Netzleitzentrale zugespielt. Demnach lag in der Weihnachtswoche die Pünktlichkeit aller ICE- und IC-Züge unter 30 Prozent, an weiteren Tagen noch deutlich darunter. Am 26. Dezember sank die Quote gar auf den Tiefstwert von 20,5 Prozent, nur jeder fünfte Zug war noch halbwegs nach Fahrplan unterwegs.

Auch am Ersten Weihnachtstag fuhren nur 23,8 Prozent der Fernzüge rechtzeitig. Ein DB-Sprecher verweigerte zu den Daten eine Auskunft.

Dennoch steht fest: Die Pünktlichkeit sank nicht »tageweise unter 70 Prozent«, wie Ramsauers Bericht ans Parlament behauptet, sondern lag durchgehend weit darunter. Die Zeitungsberichte bringen den Minister gehörig unter Druck, Ramsauer und sein Ministerium sind blamiert. Denn die geschönten DB-Angaben hat die Behörde offenkundig ungeprüft ans Parlament weitergegeben. Danach soll es intern ziemlich gekracht haben, auch die DB-Spitze bekommt den Ärger des Ministers zu spüren. Die erfreuliche Folge: Wenig später veröffentlicht der Konzern erstmals etwas aussagefähigere Statistiken. Inzwischen sind die Pünktlichkeitswerte monatlich und getrennt in Fern- und Nahverkehr online abrufbar. Das schafft mehr Transparenz, wie gut oder schlecht die Bahn ihre wichtigste Aufgabe erfüllt: Menschen möglichst pünktlich und zuverlässig von A nach B zu bringen.

Geschönt ist die DB-Statistik weiterhin, weil Verspätungen erst ab sechs Minuten und Zugausfälle sowie verpasste Anschlüsse überhaupt nicht erfasst werden. In anderen Ländern gelten Züge schon als unpünktlich, wenn sie dem Fahrplan wenige Minuten hinterherfahren. Die Schweizerischen Bundesbahnen (SBB) erfassen Verspätungen ab drei Minuten, ebenso Zugausfälle und die tatsächliche Ankunft am Ziel – und schaffen dennoch Topwerte um 90 Prozent. Solche Ergebnisse kann die DB nur im Nah- und Regionalverkehr vorweisen, weil hier ihre vielen S-Bahnen das Ergebnis aufbessern. In den großen Metropolen wie Berlin und Hamburg fahren diese Züge meist auf eigenen Netzen in sehr dichter Taktfolge. Bei Regionalzügen in der Fläche sind die Verspätungen dagegen deutlich höher.

Zugausfälle wiederum können Fahrgästen im Extremfall nicht nur minuten-, sondern stundenlanges Warten auf dem Bahnsteig bescheren. Das ist gar nicht so selten. Immer wieder hat die DB in den letzten Jahren den Zugverkehr in manchen Regionen sogar zeitweise ganz eingestellt, weil Stürme zu Streckenschäden führten und Ausweichgleise fehlten. Allein 2017 fielen rund 140 000 Züge aus, nochmals 20 000 mehr als im Jahr zuvor, wie die Bundesregierung auf eine Anfrage der Grünen einräumte. Für Millionen Fahrgäste bedeutete das: längeres Warten am Bahnsteig, Umsteigen in überfüllte Ersatz- und Folgezüge, verfallene Platzreservierungen, verpasste Termine und manchmal sogar unfreiwilliges Übernachten in fremden Städten. Also richtig viel Ärger und Stress.

In der DB-Statistik taucht das nirgendwo auf, was zu absurden Ergebnissen führt, wie ein einfaches Beispiel zeigt. Wenn zehn von hundert ICE verspätet ankommen, weist die DB-Statistik logischerweise eine Pünktlichkeit von 90 Prozent aus. Erreichen aber die zehn Züge ihr Ziel überhaupt nicht, weil sie unterwegs liegen geblieben oder gar nicht erst losgefahren sind, fallen die verursachten Verzögerungen komplett aus der Rechnung heraus – und die DB kann eine Pünktlichkeit von 100 Prozent ausweisen. Denn von den erfassten 90 Zügen ist ja keiner verspätet. Der Fahrgastverband Pro Bahn fordert deshalb schon lange, wenigstens die Zahl der Zugausfälle ebenfalls monatlich auszuweisen. Nur so ergebe sich ein Gesamtbild, das halbwegs der Realität entspreche.[4]

Den Alltag der Fahrgäste bildet die DB-Statistik ohnehin nur sehr begrenzt ab. Denn Anschlussverluste werden nicht erfasst. Kommt ein Fernzug zehn Minuten verspätet an und der selten fahrende Regionalzug ist schon weg, erreicht man das Reiseziel womöglich erst Stunden später. Wer das öfter erlebt, dem werden die schönen DB-Pünktlichkeitswerte wie Hohn vorkommen – und die Statistik wie eine Mogelpackung.

Doch wie kommen die Ergebnisse eigentlich zustande? Nach DB-Angaben erfasst die Statistik jeden Monat alle rund 20 000 Fahrten von Fernzügen und 780 000 Fahrten im Nahverkehr. Die Ankunftszeit wird an jedem Bahnhof registriert. So ergibt sich bei einer Fahrt mit fünf Stationen, bei denen einer der Bahnhöfe verspätet erreicht wird, eine Pünktlichkeitsquote von 80 Prozent.

Seit einiger Zeit werden intern zudem für die täglich rund 400 000 Reisenden im Fernverkehr auch persönliche Pünktlichkeitswerte berechnet. Dafür verknüpft die DB die digitalen Buchungsdaten von 270 000 Kunden mit den Ankunftszeiten von 7000 Bahnstationen. Verspätungen werden erst ab 16 Minuten erfasst, bis zu 15:59 Minuten gilt die Reise noch als pünktlich. Dennoch fällt das Ergebnis ebenfalls unerfreulich aus: Die neue »Reisenden-Pünktlichkeit« sank demnach 2018 von 84,3 auf nur noch 80,1 Prozent, wie aus der Antwort auf eine Kleine Anfrage der FDP im Bundestag hervorgeht.

Die Bahn will diese Zahlen künftig regelmäßig online veröffentlichen, im Sommer 2019 laufen dazu Gespräche mit Verbänden und der Politik. Beim zusätzlichen Wert werden Zugausfälle und verpasste Anschlüsse berücksichtigt, zudem fallen Züge stärker ins Gewicht, die mehr genutzt werden. Der Konzern betont, dass parallel die bisherige 5:59-Minuten-Statistik beibehalten werde. Denn sofort wird der Verdacht laut, dass wieder getrickst werde. Das zeigt, wie viel Vertrauen die DB verspielt hat.

## Verspätungen als Kostenfaktor

Fairerweise ist festzustellen, dass an die Bahn offenkundig besonders hohe Ansprüche gestellt werden. Denn andere Verkehrsmittel sind keineswegs pünktlicher. Bei einer Pkw- und Fernbusfahrt quer durch die Republik auf den oft überlasteten Autobahnen können durch unkalkulierbare Staus, Pannen und Unfälle viel größere Verspätungen entstehen als im Zug – was viele klaglos hinnehmen. Auch im Flugverkehr gibt es immer häufiger chaotische Zustände auf Airports und lange Warteschleifen in der Luft. Verglichen damit steht der Schienenverkehr nicht so schlecht da. Allerdings fahren Züge auf eigenen Gleisen, und bei guter Organisation sind punktgenaue Ankünfte machbar, wie die Schweiz oder Japan jeden Tag beweisen.

Hier muss die DB einfach besser werden. Wie aus der Antwort des Bundesverkehrsministeriums auf eine Anfrage von Bündnis 90/ Die Grünen im Bundestag (Drucksache 19/8483) hervorgeht, fuhr die DB AG im Regionalverkehr 2018 bundesweit rund 143 Millionen Minuten Verspätung ein, nach 134 Millionen im Jahr zuvor. Das bedeutet eine Steigerung um rund neun Millionen Verspätungsminuten, was 6250 Tagen oder mehr als 17 Jahren entspricht. Im Fernverkehr wuchs die Unpünktlichkeit von 3,3 auf 3,7 Millionen Minuten.[5]

Die desaströsen Verspätungen kosteten im November 2018 den Produktionsvorstand der DB Fernverkehr AG, Kai Brüggemann, seinen Job. Der bisherige Fahrplanmanager Philipp Nagl rückte nach. Auch Fernverkehrschefin Birgit Bohle, die 2016 Besserung durch ein Aktionsprogramm versprochen hatte und als Hoffnungsträgerin galt, verließ den Staatskonzern. Schon zuvor gab es zahlreiche Wechsel an der Spitze dieses Problemressorts. So mussten 2010 gleich drei der vier Vorstände beim Fernverkehr gehen, darunter der damalige Chef Nikolaus Breuel. An der Dauermisere hat das wenig geändert.

Die Unpünktlichkeit der Bahn verärgert nicht nur die Fahrgäste und beschädigt das Image, sondern kostet den Konzern auch enorm viel Geld. Interne Unterlagen der DB-Spitze zeigen, dass der Staatskonzern allein 2017 und 2018 im Regionalverkehr fast 500 Millionen Euro Vertragsstrafen wegen Verspätungen und Zugausfällen an die öffentlichen Auftraggeber zahlen musste und bis 2023 mit weiteren 650 Millionen Euro gerechnet wird. Im Regionalverkehr sind diese Strafen in den Verkehrsverträgen mit den Bundesländern geregelt, die den Zugverkehr über ihre Gesellschaften ausschreiben, bestellen und bezahlen. Wer als Bahnunternehmen den Zuschlag bekommt, muss festgelegte Qualitätsziele schaffen. Werden Pünktlichkeitswerte verfehlt, gibt es weniger Geld oder Pönalen. Schon 2016 kamen nicht mal 92 Prozent der Nahverkehrsbahnen mit Verspätungen unter sechs Minuten an. Das Vertragsziel von 95 Prozent wurde deutlich verfehlt. »Wir erbringen derzeit die notwendige Basisqualität nicht«, hieß es seinerzeit im vertraulichen Sanierungskonzept »Zukunft Bahn« des damaligen Konzernchefs Grube.

Die Details zu Vertragsstrafen werden vom Konzern ebenfalls gehütet wie ein Staatsgeheimnis. Denn auch diese Zahlen verdeutlichen, wie groß die Unzulänglichkeiten im operativen Geschäft sind. Schon zwischen 2012 und 2014 summierten sich die Pönale auf rund 500 Millionen Euro. Auch das geht aus vertraulichen Unterlagen für den DB-Aufsichtsrat hervor. Die Fahrgäste profitieren von den Vertragsstrafen übrigens allenfalls indirekt. Die Aufgabenträger der Länder reichen das Geld bis auf wenige Ausnahmen nicht weiter, können die zusätzlichen Mittel aber in mehr Bahnverkehr stecken. In Baden-Württemberg fordert VCD-Landeschef Matthias Lieb, die betroffenen Fahrgäste im Regionalverkehr an den Pönalen über Rückerstattungen zu beteiligen.

Im Fernverkehr muss die DB wegen Verspätungen jedes Jahr zweistellige Millionensummen direkt an die Fahrgäste zurückzahlen, allein 2018 fast 54 Millionen Euro. Die Zahl der Anträge wuchs in diesem Jahr um 900 000 auf rund 2,7 Millionen. Die Entschädigungen sind in den EU-weiten Fahrgastrechten geregelt. Demnach erhalten Reisende bei Verspätungen ab 60 Minuten ein Viertel des Fahrpreises zurück und ab 120 Minuten die Hälfte. Selbst wenn die Ursachen Suizide oder Sturm sind, besteht der Anspruch. Der Antrag kann auch formlos eingereicht werden.

Für die Bahnen könnte es bald noch teurer werden. Verkehrsexperten im EU-Parlament wollen durchsetzen, dass schon ab 60 Minuten die Hälfte des Fahrpreises zurückerstattet wird und ab 90 Minuten sogar drei Viertel. Zudem verlangen Fahrgastverbände eine automatisierte Online-Entschädigung für registrierte Kunden statt der mühsamen schriftlichen Anträge. Es würde sich also für den Konzern richtig auszahlen, die Verspätungen endlich mal zu verringern. Das wird von den wechselnden Topmanagern zwar regelmäßig versprochen. Die Ergebnisse jedoch bleiben aus. Denn es gibt Ursachen, die nicht von heute auf morgen zu beseitigen sind.

### Vier große Feinde der Bahn – und viele kleine

Ist der Klimawandel schuld an den vielen Bahnverspätungen? Das könnte man denken, denn auffällig oft machen DB-Manager Schnee und Eis, Stürme oder lange Hitzeperioden verantwortlich, wenn wieder mal das Chaos herrscht. Tatsächlich sorgen eingefrorene Weichen, umgestürzte Bäume oder Schäden in der Oberleitung schon mal dafür, dass Strecken nicht mehr passierbar sind. Unter frustrierten Reisenden kursiert der Witz: Kennen Sie die vier größten Feinde der Bahn? Frühling, Sommer, Herbst und Winter.

Wettereinflüsse sind jedoch nicht der Hauptgrund für Störungen. In Ländern wie der Schweiz fahren die Züge schließlich auch bei Minusgraden pünktlich. Und 1966 konnte die Deutsche Bundesbahn noch durchaus glaubhaft mit einem schönen Slogan für ihre Zuverlässigkeit werben: »Alle reden vom Wetter. Wir nicht.« Daran möchten die Nachfolger ungern erinnert werden. Denn wie der Konzern selbst einräumt, ist die Unpünktlichkeit nur in rund einem Drittel der Fälle auf externe Einflüsse zurückzuführen. Dazu gehören neben dem Wetter zum Beispiel Suizide, Unfälle an Bahnübergängen oder mit Tieren, die auf die Gleise laufen. Aufräumarbeiten und Ermittlungen können die Strecke dann für viele Stunden blockieren. Das gilt ebenso bei Anschlägen, Terrordrohungen oder Bombenverdacht.

Zwei Drittel der Störungen aber haben hausgemachte Ursachen: Probleme mit der Infrastruktur und operative Schwächen im Zugbetrieb. Die Grenzen verlaufen fließend. So hat die zuständige DB Netz AG viele Jahre bei der Kontrolle der Vegetation entlang vieler Bahnstrecken gespart. Die Folge: Bei Stürmen können Bäume eher aufs Gleis stürzen. Im Oktober 2018 wiederum führte der dramatische Brand eines ICE bei Montabaur zu wochenlangen Beeinträchtigungen. Zwei Monate später legte ein Warnstreik während der Tarifverhandlungen bundesweit den Zugverkehr lahm. Technische Defekte und Konflikte mit den Gewerkschaften sind zwar nicht zwangsläufig Folgen von Missständen im System, allerdings auch keine Naturereignisse, die unvermeidbar sind.

Andere operative Defizite sind schwerwiegender, wie die Regierungsantwort auf die Grünen-Anfrage zeigt. Demnach stieg 2018 die Zahl der Haltezeitüberschreitungen um 2500 auf rund 27 500 Fälle, was auf zu enge Fahrpläne und stark überlastete Knotenbahnhöfe hindeutet. Hinzu kamen fast 9500 Fälle von unpünktlich bereitgestellten Zügen bereits am Start, ein Anstieg um mehr als 30 Prozent. Ein Grund dafür: massive Personalprobleme. In mehr als 4500 Fällen musste gar auf Mitarbeiter wie Zugführer gewartet werden, eine Zunahme um 40 Prozent.

Für alle Experten jedoch ist unstrittig: Hauptursache für Störungen ist das bundeseigene Schienennetz, das seit Jahrzehnten vernachlässigt und unterfinanziert, aber gleichzeitig immer stärker genutzt wird. Mittlerweile läuft immerhin eine Modernisierung mit bis zu 1200 Baustellen täglich, was nun im laufenden Betrieb zahlreiche Behinderungen verursacht. Allein 2018 gab es rund 161 000 Fälle von »Infrastrukturstörungen«, 9000 mehr als im Jahr zuvor. 2015 waren es sogar noch 228 000. Baustellen sind für weitere 41 000 Störfälle verantwortlich, 2014 waren es gar noch fast drei Mal so viele.[6]

Anfang 2019 wächst wegen der chronischen Verspätungen wieder mal der politische Druck auf die DB-Spitze. Verkehrsminister Scheuer fordert rasche Verbesserungen und zitiert Bahnchef Lutz gleich zu drei Terminen frühmorgens in sein Haus. Der Manager präsentiert darauf einen »Fünf-Punkte-Plan«, der bereits eingeleitete Maßnahmen zusammenfasst. Dazu gehört die Einstellung von 22 000 Mitarbeitern allein im laufenden Jahr. Besonders Lokführer und Fahrdienstleiter werden gesucht, in den Reparaturwerken die Personalzahlen aufgestockt. Mit »Knoten- und Bahnhofskoordinatoren« und dem »Lagezentrum Pünktlichkeit« sollen die Abläufe in besonders überlasteten, verspätungsanfälligen Knoten wie Hamburg, Berlin, Mannheim und Würzburg verbessert werden.

Das »Lagezentrum Bau« soll Einschränkungen bei der Sanierung der Infrastruktur vermindern, das Programm »Digitale Schiene« langfristig die Netzkapazität erhöhen. Personenverkehrsvorstand Berthold Huber macht den Kunden Hoffnung: »Wir haben das größte Investitionsprogramm unserer Geschichte auf den Weg gebracht und rund 200 neue Züge für fast sieben Milliarden Euro bestellt. Damit wollen wir unsere Angebotsqualität in den nächsten Jahren weiter deutlich verbessern.«

Auch ziemlich unkonventionelle Maßnahmen werden ausprobiert. So hat Infrastruktur-Vorstand Ronald Pofalla die Idee, Fernzüge bei größeren Verspätungen nicht bis zum Endbahnhof durchfahren, sondern früher umkehren zu lassen. So soll die Pünktlichkeit insgesamt im Netz verbessert werden, weil ein Domino-Effekt vermieden wird. Die »Pofalla-Wende« bedeutet aber für manche Fahrgäste unfreiwillige Zugwechsel und lästiges Umsteigen.

Immerhin werden Reisende bei Störungen mittlerweile schneller benachrichtigt, zum Beispiel über einen »Verspätungsalarm« auf dem Smartphone. Auch die Informationen und Anzeigen am Bahnsteig und im Zug haben sich verbessert. Zudem sollen Bahnkunden bei Unpünktlichkeit unkomplizierter entschädigt werden. Bisher sind zeitraubende schriftliche Anträge notwendig, während das Online-Ticket blitzschnell gebucht werden kann.

Häufige Verspätungen werden Zugreisende aber noch lange ertragen müssen, wenn es nach der DB-Spitze geht. »Das Grunddilemma, dass auf einem durch Baumaßnahmen immer stärker belasteten Netz immer mehr Züge fahren, wird uns bei der Pünktlichkeit noch Jahre begleiten«, betont DB-Chef Lutz. In seiner vertraulichen »Agenda für eine bessere Bahn« zeigt eine Grafik die ganze Misere. Demnach würde die 5:59-Pünktlichkeit ohne ein milliardenteures Maßnahmenpaket bis 2023 sogar noch weiter auf nur noch 73,7 Prozent sinken. Doch auch mit dem Sofortprogramm, dessen Finanzierung im Frühsommer 2019 noch nicht gesichert ist, wird bis 2023 nur eine Verbesserung von zuletzt 75 auf dann 81 Prozent erwartet. Lediglich 76,5 Prozent sollen es 2019 werden; erst 2030 soll der Staatskonzern nach dem Ausbau des Netzes wenigstens 85 Prozent Pünktlichkeit erreichen.[7]

Frühere Ziele werden damit himmelweit verfehlt, die Messlatte liegt nun deutlich tiefer. Die Bundesregierung, deren Vertreter im Aufsichtsrat den Ton angeben, hat auch diesen Offenbarungseid ihres größten Unternehmens akzeptiert. Für eines der höchstentwickelten und reichsten Länder der Welt ist solch unzuverlässiger Zugverkehr ein Armutszeugnis sondergleichen.

# Schandflecke
## Wo mieser Service und dürftige Angebote nerven

Richard Lutz ist Frühaufsteher. Oft fährt der Bahnchef schon morgens um fünf mit dem Aufzug hinauf in sein weitläufiges Büro im 25. Stock des gläsernen DB-Towers am Potsdamer Platz. Von dort reicht der Blick weit über Berlin, hinüber zum nahen Regierungsviertel und zum Hauptbahnhof. In der Mitarbeiterzeitschrift *DB Welt* hat Lutz im Frühjahr 2019 beschrieben, wie er manchmal mit einer Tasse Kaffee an der Glaswand steht und auf die ersten einfahrenden S-Bahnen und ICE hinunterschaut. Dann denke er, stolz und ein wenig demütig, an die vielen Menschen und Güter, die von der Bahn bewegt werden, und wisse: »Ohne uns geht nichts!«[8]

Das kann man wohl sagen. Fast sieben Millionen Menschen nutzen jeden Tag den Nahverkehr des Konzerns, weitere 400 000 die ICE- und Intercityzüge. Zusammen sind das 2,5 Milliarden Reisende im Jahr. Mehr als 24 000 DB-Züge sind täglich allein im Personenverkehr im Einsatz. Hinzu kommen jährlich gut 300 Millionen Tonnen Frachttransporte und noch mal so viele von Wettbewerbern. Und das alles soll möglichst reibungslos auf dem dicht befahrenen Schienennetz unterwegs sein, das die Konzerntochter DB Netz AG steuert.[9]

Bei solch einem komplexen Uhrwerk könne »natürlich auch mal was aus dem Takt kommen«, meint der Bahnchef. Das ist eine ziemlich lockere Bemerkung angesichts der drastischen Qualitätsprobleme seines Unternehmens. An der Basis bei den Mitarbeitern sind deshalb auch ganz andere Töne zu hören als hoch oben im Berliner DB-Tower. Dort herrscht schlichtweg Frust wegen der vielen Mängel und Fehlleistungen. Kein Wunder: Zuallererst das Zug- und Bahnhofspersonal vor Ort bekommt den Ärger der Kunden zu spüren, wenn wieder mal Züge ausfallen, brauchbare Informationen zu Fahrzeiten fehlen und Toiletten, Türen, Klimaanlagen, Heizungen oder die Kaffeemaschine im Bordrestaurant nicht funktionieren. Die meisten DB-Manager auf den vielen Berliner Büroetagen und anderswo erfahren davon allenfalls später durch anonyme bunte Charts zu mangelnder Performance und sinkender Kundenzufriedenheit.

Karl-Peter Naumann, Ehrenvorsitzender des Fahrgastverbands Pro Bahn, bricht daher eine Lanze für die einfachen Angestellten: »Sie sind der positive Faktor bei der DB und oft mit unglaublichem Einsatz, mit Geduld und Freundlichkeit für die Kunden da.« Als Vielfahrer weiß er, wovon er redet. In der Jury des Bündnisses Allianz pro Schiene, dem 23 Umwelt- und Verkehrsorganisationen und 150 Unternehmen angehören, wählt er jedes Jahr die Kandidaten für den »Eisenbahner mit Herz« aus. Mit dem schönen Preis werden die besten Leistungen von Bahnbeschäftigten für ihre Fahrgäste ausgezeichnet.[10] Umso unfairer empfindet Naumann Kritik am einfachen DB-Personal: »Der Sack kriegt die Prügel, die der Esel verdient hätte.«

Wie tief die Kluft zwischen oben und unten im Staatskonzern ist, zeigt die massive Kritik von Claus Weselsky, Bundesvorsitzender der Gewerkschaft Deutscher Lokomotivführer (GDL). Der DB-Verwaltungsapparat sei ineffizient, werde immer größer und könne nichts anderes, als die Belegschaft »immer wiederkehrend durchzurationalisieren«, schimpft er. Mit jeder Menge Kopfgeburten versuchten Führungskräfte ständig, die Eisenbahn neu zu erfinden.[11] Bei all dem Aktionismus komme das Kerngeschäft unter die Räder. Dem »immer mehr versagenden Management« retteten letztlich die Lokführer, Zugbegleiter und Gastronomen tagtäglich den Arbeitsplatz, mit Millionen Überstunden und ihrem unermüdlichen Einsatz: »Sie sorgen dafür, dass die Züge wenigstens noch halbwegs pünktlich unterwegs sind und den Reisenden zumindest ein wenig Komfort geboten wird.«

Weselsky trifft mit seinen Äußerungen einen zentralen Punkt: Im deutschen Schienensektor hat die DB AG über viele Jahre massiv Personal abgebaut, um Kosten zu reduzieren und rentabler zu werden. Besonders als das Unternehmen unter dem rabiaten

Ex-Chef Hartmut Mehdorn noch auf Börsenkurs steuerte, wurde es zeitweise regelrecht kaputtgespart. Beim Start der Bahnreform 1994 arbeiteten noch 355 000 Mitarbeiter für den Personen- und Güterverkehr auf der Schiene, also in Zügen, auf Bahnhöfen, in Rangieranlagen und Reparaturwerken, beim Betrieb und Erhalt der Infrastruktur und in der Verwaltung. Nach zahlreichen Sparkonzepten und Rotstiftaktionen waren davon Ende 2013 nur noch 155 000 übrig. Sie hielten den Kernbereich Schiene im Konzern halbwegs am Laufen. Insgesamt zählte die DB AG zwar immer noch 288 000 Mitarbeiter, doch fast die Hälfte davon arbeitete inzwischen im Ausland, bei Busfirmen oder Lkw-Speditionen.

Aus Sicht des Unternehmens zunächst positiv: Die Arbeitsproduktivität hat sich unter Mehdorn in wenigen Jahren verdreifacht.[12] Das bedeutet: Pro Mitarbeiter werden drei Mal so viele Fahrgäste und Güter transportiert wie zuvor. Ein feuchter Traum für jeden Controller in den oberen Konzernetagen – aber für jeden einzelnen Beschäftigten bedeutete das eine brutale Arbeitsverdichtung. Kein Wunder, dass Bahnkunden in jener Zeit besonders häufig auf genervte, gefrustete und überlastete DB-Mitarbeiter trafen.

Der jahrelange Tritt auf die Stellenbremse rächt sich bis heute. Die Belegschaft im deutschen Kerngeschäft ist zwar bis März 2019 auf 205 000 aufgestockt worden. Doch eine rechtzeitige Verjüngung wurde versäumt. »Die Hälfte unserer heutigen Mitarbeiter werden uns altersbedingt in den nächsten zehn bis zwölf Jahren verlassen«, heißt es warnend in internen Strategieunterlagen der DB-Spitze. Viele erfahrene Leute werden in Rente gehen und beim Weggang große Lücken hinterlassen.[13] Schon jetzt fehlt bahnspezifisches Fachpersonal an allen Ecken. »Wir stellen jeden ein, der nicht bei drei auf dem Baum ist«, flachst DB-Chef Lutz. Doch die Lage ist ernst, der Arbeitsmarkt leergefegt. Um Fachkräfte wird hart gekämpft. So dauert es mehr als ein halbes Jahr, bis vakante Stellen von Lok- und Triebfahrzeugführern neu besetzt sind. 2019 will Personalchef Martin Seiler 22 000 neue Mitarbeiter rekrutieren, allerdings gehen auch 13 000 in Ruhestand.

Die Personalnot resultiert nicht zuletzt aus verfehlter Bedarfs-

kalkulation. So plante die DB-Spitze noch Ende 2017, im Folge-
jahr lediglich 13 400 Beschäftigte einzustellen. Doch schon neun
Monate später musste die Planzahl um 80 Prozent erhöht werden,
weil man Produktivitätsfortschritte viel zu optimistisch eingeschätzt hatte, wie die interne Agenda einräumt. Nun sollen große
Rekrutierungskampagnen helfen. Lutz hofft, dass die gute Arbeit
des Schienenriesen beim Klimaschutz künftig vermehrt ökologisch orientierte junge Leute zur Bahn lockt. Doch die vielen Sanierungskonzepte der letzten Jahrzehnte könnten fähige Bewerber
abschrecken. Wer will schon zu einem Unternehmen, das ständig
im Krisenmodus arbeitet?

### Die Stellwerkdebakel von Mainz und Bad Aibling

Wohin kurzsichtige Personal- und Sparpolitik bei der Bahn führen kann, erlebt die Republik im August 2013. Drei Wochen lang
ist der Mainzer Hauptbahnhof weitgehend vom Schienenverkehr
abgehängt. Grund: Es fehlt die Hälfte der fünfzehn Fahrdienstleiter im Stellwerk. Mehrere der unentbehrlichen Lotsen für den sicheren Zugverkehr haben sich krankgemeldet oder sind in Urlaub,
auch Ersatz fehlt. So ist die Landeshauptstadt von Rheinland-Pfalz
nicht mehr direkt mit dem Zug zu erreichen. Eine heftige Blamage
für die DB AG und ganz Deutschland – und das wenige Wochen
vor den Bundestagswahlen. International löst die faktische Stilllegung des wichtigen Ziel- und Umsteigebahnhofs höhnische
Schlagzeilen aus. Nach dem Motto: Was ist los in diesem angeblichen Hightech-Land? Und wie unfähig sind eigentlich die Manager der Deutschen Bahn?

Was folgt, sind Notfahrpläne, viele Zugausfälle und massive
Verspätungen im ganzen Rhein-Main-Gebiet und darüber hinaus. Und natürlich viel Aktionismus der Verantwortlichen. Konzernchef Rüdiger Grube eilt nach Mainz, gibt vor TV-Kameras
den besorgten Manager und lässt durchsickern, dass er persönlich
Fahrdienstleiter angerufen und gebeten habe, ihren Urlaub zu
verschieben. Das macht alles nur noch schlimmer. Solche Anrufe
seien »ein Ding der Unmöglichkeit«, schimpft Alexander Kirch-

ner, Vorsitzender der Eisenbahnverkehrsgewerkschaft (EVG). Die Medien greifen den Zwist zwischen dem Vize des DB-Aufsichtsrats und dem Bahnchef gerne auf.

Die EVG hat zuvor über Jahre hinweg auf den gefährlichen Mangel an Mitarbeitern in den Stellwerken hingewiesen, auf ihre häufige Überlastung und einen riesigen Berg von Überstunden. Doch geändert hat sich wenig, obwohl die Zuglotsen in einem äußerst sensiblen Bereich arbeiten, der für die Sicherheit aller Fahrgäste von höchstem Belang ist. Zwar hat die Elektronik viel Handarbeit ersetzt. Trotzdem kann jedes menschliche Versagen, jeder Fehler wegen mangelnder Erholung im schlimmsten Fall zu einer Zugkatastrophe mit vielen Toten führen. In Mainz, kritisiert EVG-Chef Kirchner damals stocksauer, hätten manche Kollegen seit dem Jahreswechsel wegen Personalnot noch keine drei freien Tage am Stück gehabt. Die Zustände seien nicht mehr hinnehmbar, ein geregeltes Familienleben bei oft zwanzig Dienstplanänderungen pro Monat nicht mehr möglich. Nach Rechnung der Gewerkschaft fehlen zu jener Zeit bundesweit bis zu 1000 Fahrdienstleiter: »Für das Chaos ist allein der Konzern verantwortlich.«

Der erst seit Kurzem amtierende Chef der DB Netz AG, Frank Sennhenn, räumt später ein, dass mindestens 600 Fachkräfte fehlen, und hofft, dass siebenmonatige Schnellschulungen weiterhelfen. Andere verantwortliche Führungskräfte wie Konzern-Infrastruktur-Vorstand Volker Kefer tauchen erst mal ganz ab, um nicht mit den Peinlichkeiten in Verbindung gebracht zu werden. Zumal erst nach Tagen herauskommt, dass es sich keineswegs um den bedauerlichen regionalen Einzelfall einer technischen Störung handelt, wie anfangs behauptet. Vielmehr hat das Chaos eine Vorgeschichte, die grundlegende Probleme sichtbar werden lässt.

Am 1. August sind beim Mainzer HBF zwei S-Bahnen der Linie 8 auf demselben Gleis aufeinander zugefahren. Nur eine Notbremsung der aufmerksamen Fahrer verhinderte um anderthalb Meter einen fatalen Zusammenstoß. Das Stellwerk Mainz, das den Verkehr regelt, soll zu diesem Zeitpunkt unzulässig unterbesetzt gewesen sein, heißt es später in internen Schreiben. Nach dem gefährlichen Vorfall ermittelten das Eisenbahn-Bundesamt, die Bundespolizei und die Staatsanwaltschaft Mainz. Die Bahnaufsicht verlangte, dass die DB als Netzbetreiber den sicheren Zugverkehr und Besetzung des Stellwerks mit ausreichend Fachpersonal gewährleistet.

Nach dem Vorfall verschärften sich die internen Konflikte. Denn ein Fahrdienstleiter und eine S-Bahn-Fahrerin mussten sich auch persönlich rechtfertigen. Den Beschäftigten führte das vor Augen, dass sie als die Schuldigen dastehen, wenn bei immer höherer Arbeitsverdichtung und Belastung etwas passiert. Die Manager dagegen, die rigoros ihre Sparziele durchsetzen und Kosten drücken, bis es knirscht, werden kaum einmal zur Rechenschaft gezogen. So erklärt sich, warum die Mainzer Belegschaft im August 2013 offenkundig selbst die Notbremse gezogen hat, Dienst nach Vorschrift machte und sich auch Personalvertreter stur dem naheliegenden Vorschlag verweigerten, einige Mitarbeiter zur Rückkehr aus dem Urlaub zu bewegen. Die Loyalität vieler Beschäftigter war offenkundig erschöpft.

Das verwundert nicht. Allein die bundesweit 12 000 Fahrdienstleiter haben zum Zeitpunkt des Mainzer Debakels mehr als eine Million Überstunden angehäuft. Bei der Umstellung auf Elektronik sind über Jahre hinweg zu viele Stellwerker eingespart und zu wenige neue Kollegen eingestellt und ausgebildet worden. Insider berichten damals, dass zuvor auch in Berlin, Hessen, NRW, Sachsen und Bayern bereits der Zugverkehr eingeschränkt werden musste, weil Stellwerke unterbesetzt waren. Teils leiteten die Aufsichtsbehörden ebenfalls Prüfverfahren ein.

Für Karl-Peter Naumann von Pro Bahn zeigen der Fast-Unfall und die dreiwöchige Stilllegung die strukturellen Probleme der Bahn. Der Konzern setze zu sehr auf Elektronik statt auf qualifizierte Mitarbeiter, zudem führe der Spar- und Renditedruck zu solch inakzeptablen Entwicklungen. Deutliche Worte kommen auch vom Zweckverband SPNV Rheinland-Pfalz Süd, der den Regionalverkehr bestellt und bezahlt. Verbandsdirektor Michael Heilmann wirft dem Konzern fortgesetzte Managementfehler und verfehlte Personalplanung vor. Schon im Juni sei die Personalsituation in Mainz so angespannt gewesen, dass zeitweise keine Züge fuhren, weil Mitarbeiter gesetzliche Ruhezeiten wahrnahmen.

Das Debakel rüttelt auch die Politik wach. In Rheinland-Pfalz verlangt Regierungschefin Malu Dreyer Aufklärung von der DB und lädt zum Krisengipfel, ihr Verkehrsminister Roger Lewentz weist Bundesverkehrsminister Peter Ramsauer darauf hin, dass der Bund die Verantwortung für sein größtes Unternehmen trägt. Dessen Staatssekretär Michael Odenwald gibt Konzernchef Grube zu verstehen, die Situation sei »aus verkehrspolitischer Sicht nicht akzeptabel«. So gerät auch der zuständige DB-Konzernvorstand Kefer unter Druck, der die vom Staat hoch bezuschusste Infrastruktur zu einem der größten Gewinnbringer für das Unternehmen gemacht hat. Bereits zuvor hat er intern massive Probleme bei seiner Sparte einräumen müssen. Der Chef der DB Netz AG, Oliver Kraft, verliert deshalb seinen Posten. Doch Kefer bleibt noch Jahre im Amt. Nur der Produktionsvorstand der DB Netz AG, Hansjörg Hess, wird abgelöst.

Immerhin zeigt der Schock von Mainz einige Wirkung. Der Konzern verspricht Besserung und will 600 neue Fahrdienstleiter einstellen, doppelt so viele wie im Jahr zuvor. Die Personalsituation bleibt indes angespannt. Bei einer nicht-repräsentativen Umfrage des ARD-Magazins *Report Mainz* im Mai 2019 erklärt jeder Zweite von 200 DB-Fahrdienstleitern, sich überlastet zu fühlen. 30 Prozent beklagen gesundheitliche Probleme, jeder Zehnte gibt sogar zu, deshalb bereits schwere Fehler gemacht zu haben – zum Beispiel eine Weiche falsch gestellt oder einen Bahnübergang nicht geschlossen zu haben. Wegen des Personalmangels in Stellwerken fielen täglich Züge aus, beklagt der Betriebsratschef der DB Regio, Jürgen Knörzer, und warnt: »Lange geht das nicht mehr gut.« Die DB entgegnet, man habe allein 2018 rund 1300 Fahrdienstleiter eingestellt und gefährliche Ereignisse gebe es nur »sehr selten«.

Wie tragisch Fehler im Stellwerk enden können, zeigte sich am 9. Februar 2016 in Bad Aibling, als bei der Kollision von zwei Meridian-Nahverkehrszügen der Bayerischen Oberlandbahn 12 Menschen sterben und 89 teils schwer verletzt wurden. Der Fahrdienstleiter der DB Netz AG hatte die Signale falsch gestellt, weshalb die Züge auf der eingleisigen Strecke Holzkirchen–Rosenheim zusammenstießen. Die Ermittlungen ergaben, dass er seine Pflichten vernachlässigt hatte und sich durch ein Onlinespiel auf seinem Smartphone von der Arbeit ablenken ließ. Als er den Irrtum bemerkte, drückte er zwar eine der beiden Notruftasten – doch die Warnung erreichte die Lokführer nicht, weil es die falsche war. Im Untersuchungsbericht wurde die Nachbesserung dieser unzureichenden Technik verlangt. Zunächst gab es auch Hinweise, dass der Streckenfunk wegen Netzlücken nicht funktioniert haben könnte, die zu Hunderten die Kommunikation behinderten. Der Fahrdienstleiter wurde wegen fahrlässiger Tötung zu dreieinhalb Jahren Gefängnis verurteilt.

### Steherquoten, Zwangsräumungen und Saunazüge

Matthias Gastel fährt oft und gerne mit dem Zug. »Man kann die Reisezeit nutzen, arbeiten, lesen, etwas aus der Bordküche bestellen oder einfach dösen und die vorbeiziehenden Landschaften genießen«, schwärmt der Bundestagsabgeordnete für den Wahlkreis Nürtingen/Filder. Bei den 274 Fahrten, die er zwischen 2017 und April 2019 für sein Internet-Bahntagebuch erfasst hat, trübten jedoch immer wieder ärgerliche Service- und Technikmängel die Stimmung. »Die Gastronomie funktioniert nur bei 75 bis 80 Prozent der Fahrten reibungslos«, berichtet der Bahnexperte der Grünen. Das nächstgelegene WC ist im Schnitt bei jeder zwanzigsten Fahrt nicht verfügbar, die Reservierungsanzeige in den Zügen in rund 15 Prozent der Fälle.[14]

Für Bahnkunden bedeuten solche Einschränkungen weniger Komfort und mehr Aufwand. Ärgerlich genug, wenn es keinen Kaffee oder kein Frühstück mehr gibt, weil im Bordrestaurant mal wieder die Maschinen versagen oder zu wenige Vorräte disponiert wurden. Sind auch noch Toiletten verdreckt oder gar wegen Verstopfung verrammelt, kann die Stimmung rasch gen Nullpunkt sinken. Zumal, wenn die Fahrgäste vor den übrigen Klosetts Schlange stehen.

Nicht selten beginnt das Drama schon am Bahnsteig, wenn der Zug ohne Vorankündigung mit falscher Wagenreihung einfährt. Dann müssen oft Hunderte Fahrgäste ihre reservierten Sitzplätze an ganz anderen Stellen suchen. Erst nach Jahren hat der Konzern dieses Problem allmählich in den Griff bekommen. Ebenso führen defekte Reservierungsanzeigen regelmäßig zu Tohuwabohu, weil sich jeder erst mal dort hinsetzt, wo es passt. Steigen Fahrgäste mit Platzreservierung zu, muss der schöne Sitz geräumt werden. Für alle Beteiligten ist das unnötiger Stress, vor allem, wenn der Zug voll ist. Wer keinen Ersatzplatz findet, muss stehen.

Das kommt gar nicht so selten vor. Anders als zum Beispiel in Frankreich können Fahrkarten für deutsche Fernzüge auch ohne Reservierung gekauft werden. Die Folge: Zu Stoßzeiten wie am Wochenende, bei vorherigen Zugausfällen oder fehlenden Abteilen können manche ICE auf wichtigen Strecken so überfüllt sein, dass die Bundespolizei einschreiten und Fahrgäste zum Aussteigen zwingen muss, damit die Fahrt weitergehen kann. Solche Zwangsmaßnahmen gibt es zeitweise mehrmals pro Woche. Darüber reden DB-Manager natürlich ebenso ungern wie über die Zahl der Fahrgäste ohne Sitzplatz. Der zuständige Vorstand Huber versichert aber im Frühjahr 2019, die sogenannte »Steherquote« sei durch bessere Preis- und Auslastungssteuerung zuletzt gesunken.[15]

Ob mit oder ohne Sitzplatz – reibungsloses Arbeiten oder Chatten im Zug ist leider nicht gewährleistet. Noch zu oft ist die Netzwerkverbindung nicht ausreichend schnell und stabil. Aber Matthias Gastel kann von deutlichen Verbesserungen auf seinen Reisen berichten. So funktionierte das WLAN im Zug anfangs nicht einmal bei jeder dritten Fahrt ohne Probleme, inzwischen klappt es bei mehr als der Hälfte. Bei knapp einem Drittel der Reisen gibt es immer mal wieder Abbrüche und nur noch bei jeder sechsten Fahrt gar keine Verbindung.

Die DB AG hat spät entdeckt, wie wichtig die Onlinenutzung für viele Fahrgäste ist. Erst der Erfolg der Fernbusse brachte die Bahnmanager auf Trab. Denn im Flixbus ist kostenloses WLAN selbstverständlich. So machten die grünen Busse der Schiene vor allem jüngere Kunden abspenstig. Flixbus profitiert dabei von der dichten Signalversorgung entlang des Autobahnnetzes. An den Bahnstrecken dagegen gibt es zahlreiche Funklöcher, die erst aufwendig durch zusätzliche Anlagen beseitigt werden müssen. Zudem fährt ein ICE bis zu Tempo 300 und mehr und damit drei Mal so schnell wie ein Bus. Bei solchen Geschwindigkeiten ist ein stabiler Empfang eine technische Herausforderung, die erst mal gemeistert werden muss. Erst bis 2021 soll es kostenloses WLAN in allen Fernzügen geben – dann auch im Intercity.

Das ist jedoch ein vergleichsweise kleines Problem, wenn an heißen Tagen im ICE die Klimaanlage streikt. Die Temperaturen werden dann rasch unerträglich, weil die Sonne die Fahrzeuge aufheizt und sich keine Fenster öffnen lassen. Reisende erleben, dass deshalb ganze Abteile von Zugbegleitern geräumt und geschlossen werden. Als die Außentemperaturen im Sommer 2018 wieder mal Rekordwerte erreichten, funktionierten laut einem DB-Sprecher allerdings »weit über 90 Prozent der Klimaanlagen« in den ICE- und IC-Zügen. Auch 2019 ist ein Hitzedebakel wie in früheren Jahren ausgeblieben.

Der Konzern hat viel unternommen, um Züge und Gleistechnik fit für die Sommerhitze zu machen. Aus gutem Grund: 2010 wurden sogar Ermittlungsverfahren wegen fahrlässiger Körperverletzung gegen die DB-Spitze und Zugbegleiter eingeleitet, weil in völlig überhitzten Zügen zahlreiche Fahrgäste Kreislaufkollapse erlitten hatten. Die »Sauna-ICE« brachten den damaligen Bahnchef Rüdiger Grube schon bald nach seinem Amtsantritt schwer unter Druck. Auch die Bundesregierung, das Parlament und die Bahnaufsicht forderten Aufklärung.

Zum schlimmsten Vorfall kam es am 10. Juli 2010 auf der Fahrt des ICE 846 von Berlin nach Köln, die vorzeitig in Bielefeld endete. Nach dem Ausfall von Klimaanlage und Lüftung war die Temperatur in mehreren Wagen stark angestiegen. Doch der Zug fuhr erst mal weiter. Die Folge: 35 Fahrgäste wurden leicht verletzt, neun Schwerletzte mussten ins Krankenhaus eingeliefert werden, darunter viele Schüler. Die TV-Bilder kollabierter Bahnkunden gingen um die Welt. Überdies kam heraus, dass die Probleme im Staatskonzern seit Langem bekannt gewesen waren und offenkundig ignoriert wurden. Interne Wartungsprotokolle bewiesen, dass im Sommer 2008 noch unter DB-Chef Mehdorn zahlreiche Klimaanlagen der 44 ICE-2-Züge über Monate hinweg häufig ausgefallen waren, weil die vom Zughersteller Siemens eingebaute Kühlung nur bis 32 Grad Außentemperatur funktioniert. Ein Schaffner meldete damals innerhalb eines Jahres 30 defekte Klimaanlagen allein in seinen Zügen. Trotzdem wurden die Anlagen nicht ersetzt, sondern nur immer wieder notdürftig gewartet und repariert. Erst nach dem Kollaps der Fahrgäste wurde die anfällige Technik endlich modernisiert, der neue DB-Chef Grube brachte mit Klimatechnik-Experten der Firma Liebherr ein teures Maßnahmenpaket auf den Weg.

Inzwischen sind die Anlagen älterer ICE so modernisiert, dass sie Temperaturen bis zu 40 Grad bewältigen können. In den neueren Zügen soll die Klimatisierung sogar bis 45 Grad Außentemperatur funktionieren. Bisher haben der ICE 4, der Intercity 2 und die ICE-3-Baureihe 407 den Härtetest offenbar bestanden. »Die Zuverlässigkeit der Klimaanlagen dieser Züge erreicht 99 Prozent«, betont ein DB-Sprecher. Ein kleiner Teil der rund 3500 klimatisierten Wagen kann allerdings weiterhin an heißen Tagen bei Ausfällen der Technik zur Sauna werden.

Von technischen Maßnahmen und der Anschaffung neuer Züge abgesehen, hat sich die DB besser auf Hitzewellen vorbereitet. So wird das Zugpersonal informiert, was bei Ausfällen der Klimaanlagen zu tun ist, vom Verteilen von Trinkwasser über das Umsetzen von Fahrgästen bis zur Räumung von Wagen. An Bahnhöfen werden rechtzeitig die Wasservorräte aufgestockt. Abgestellte Züge werden weiter gekühlt, um das Aufheizen zu vermeiden. Zudem achten DB-Mitarbeiter darauf, dass Türen rascher geschlossen werden, damit die Hitze draußen bleibt. Das alles sind eigentlich Selbstverständlichkeiten. Es spricht für sich, dass es daran lange fehlte.

## Vom Glanz und Elend der Bahnhöfe

Mit einer »Lichtsinfonie« des Künstlers Jerry Appelt wird im Mai 2006 der gläserne Berliner Hauptbahnhof nach acht Jahren Bauzeit eröffnet. Natürlich ist zum Start des größten und modernsten Kreuzungsbahnhofs Europas auch Regierungschefin Angela Merkel aus dem nahen Kanzleramt herübergekommen. Schließlich geht ein starkes Symbol der Wiedervereinigung endlich in Betrieb.

Denn nach dem Fall der Berliner Mauer musste der Schienenverkehr in der so lange durch Stacheldraht und Todesstreifen geteilten Metropole neu organisiert werden. Neben dem zentralen Hauptbahnhof entstanden drei Regionalstationen sowie 80 Kilometer neue Schienenwege, darunter ein 3,6 Kilometer langer Tunnel unter dem Tiergarten. Gesamtkosten: rund zehn Milliarden Euro, viel mehr als zuvor geplant. Mehr als eine Milliarde Euro hat allein der spektakuläre Kreuzungsbahnhof der Hamburger Architekten Gerkan, Marg & Partner verschlungen. Die Konstruktion ist extrem anspruchsvoll, zeitweise musste sogar die Spree umgeleitet werden. Die Gleise in Ost-West-Richtung liegen zehn Meter über Straßenniveau, die Nord-Süd-Verbindungen fünfzehn Meter darunter. 85 000 Tonnen Stahl und eine halbe Million Kubikmeter Beton sind verbaut worden. Fertig wird der Nobelbau erst mit sechs Jahren Verspätung.[16]

In der 321 Meter langen gläsernen Rundhalle hoch oben kommen fortan die Züge der Stadtbahn an, mit Blick auf den Reichstag. 25 Meter tiefer fahren unterirdisch die Bahnen nach Norden und Süden. Verbunden werden beide Verkehrsbereiche durch eine mehrstöckige, 160 Meter lange und 40 Meter breite Bahnhofshalle mit Gastronomie und vielen Geschäften. Der Hauptbahnhof an der Spree gilt als architektonisches Meisterwerk und kommt auch bei den meisten Kunden gut an. Für das Prestigeprojekt ist fast nichts zu teuer. Hier ist alles schnieke, wie die Berliner sagen. Für viele andere DB-Bahnhöfe in Deutschland gilt das leider nicht. Vor allem kleinere Stationen auf dem Land verfallen teils seit Jahrzehnten. Ein ständiges Ärgernis für Bahnfahrer und betroffene Kommunen.

Zugenagelte Fenster und Türen, bröckelnder Putz, beschmierte Wände, verwilderte Wege – auch der Bahnhof Lohmen in Sachsen bietet einen trostlosen Anblick. Davon können sich 2015 alle Mitarbeiter der DB AG in einer Ausgabe ihrer Konzernzeitung *DB Welt* überzeugen. Gudrun Graf, seit 40 Jahren im Dienst des Unternehmens, hat der Redaktion das Ruinenfoto fürs Leserforum geschickt. Dort wird es bemerkenswert groß veröffentlicht. Und zwar unter der schönen Überschrift: »Wo bleibt die Wirklichkeit?« Das fragt sich Graf nämlich laut ihrer Zuschrift regelmäßig, wenn sie die üblichen Hochglanzberichte in der DB-Zeitung liest. Denn dort sind wie in vielen DB-Publikationen bis heute meist nur die glänzenden Glaspaläste wie in Berlin zu sehen.

Dabei ist der traurige Zustand vieler Bahnhöfe ein Reizthema. Nachdem die bundeseigene DB zur gewinnorientierten Aktiengesellschaft umgewandelt worden war, investierte sie lange Zeit in Tausende Haltepunkte nur noch das Nötigste und in manche keinen Cent mehr. Mehr als 1500 Empfangsgebäude wurden an Meistbietende verramscht, viele abgesperrt und verrammelt. Die Bahnkunden müssen sich mit einem zugigen Unterstand am Gleis begnügen. An weniger genutzten Bahnsteigen gibt es manchmal nicht einmal mehr ausreichend Wind- und Regenschutz oder eine Sitzgelegenheit.

Für den Konzern und den gesamten Schienenverkehr bedeuten solche Schandflecke tagtäglich einen großen Imageschaden. Denn nicht wenige der 20 Millionen Menschen, die jeden Tag DB-Stationen nutzen, werden zwangsweise mit Verfall, Verwahrlosung und Vandalismus konfrontiert. »Bahnhöfe sind Visitenkarten«, sagt Matthias Gastel. »Wer sich dort angesichts bröckelnder Infrastruktur, schlechter Beleuchtung und verlassener Schalter und Kioske unwohl fühlt, wird womöglich lieber mit dem Auto als mit der Bahn reisen.« Tatsächlich häuften sich zeitweise die Beschwerden von Reisenden und Pendlern über wochenlang defekte Aufzüge, Fahrtreppen, Uhren und Anzeigetafeln, überquellende Abfalleimer und Bahnsteige voller Müll.

Recherchen haben zutage gefördert, dass die für Sauberkeit

und Sicherheit zuständige Bahntochter DB Station + Service weitgehend frei entscheiden kann, wann, wo und wie oft Wartungen, Reparaturen und Reinigungen durchgeführt werden. Und dabei geht es angesichts von gigantischen 24 Millionen Quadratmetern Flächen oft genug darum, Kosten zu sparen. Für Gastel ein unhaltbarer Zustand: »Die DB kassiert für jeden Halt eines Zuges Stationsgebühren, und dafür muss man eine Mindestqualität auf den Bahnhöfen erwarten können.« Bereits 2015 hat der Grünen-Politiker gefordert, entsprechende Standards verbindlich zu fixieren. Das stieß beim Konzern erwartungsgemäß auf wenig Begeisterung. Das Notwendige sei doch geregelt, hieß es dort.

Tatsächlich ist die rechtliche Lage etwas anders. Denn seit der Bahnreform schließen Unternehmen, die Züge fahren wollen, mit den DB-Infrastrukturtöchtern einen Nutzungsvertrag. Für Bahnhofshalte ist die DB Station + Service zuständig. Deren Leistungen sind auf 35 Seiten Kleingedrucktem geregelt: den sogenannten Infrastrukturnutzungsbedingungen Personenbahnhöfe (INPB). In wichtigen Punkten vermissen Kritiker hier seit Jahren konkrete Qualitätsvorgaben. So ist zwar die Basisausstattung einer Station nach unterschiedlichen Kategorien geregelt. Doch zum Beispiel zur Reinigung hieß es 2016 nur unverbindlich, diese erfolge »abhängig vom Reisenden-Aufkommen und der Größe der Station«. Faktisch bleiben die Intervalle also der DB überlassen. Die Abfallbehälter wiederum sollen »in regelmäßigen Abständen« geleert werden. Und für die rasche Reparatur von Aufzügen und Fahrtreppen fehlten Vorgaben gänzlich. Zudem musste der Konzern bei Nachlässigkeiten nur sehr geringe Pönale zahlen.

Nach dem Vorstoß des Grünen-Politikers beschäftigte sich die Bundesnetzagentur als zuständige Aufsichtsbehörde mit dem Thema. Die DB sei aber dann »aus dem gemeinsamen Arbeitsprozess ausgestiegen«, kritisiert Gastel. Der damalige Konzernchef Grube versprach den Kunden immerhin mit seinem Sanierungsprogramm »Zukunft Bahn« mehr Service und Qualität auch an Bahnhöfen. Dabei sollte moderne Technik helfen. Von Herbst 2016 an wurden an rund tausend größeren Bahnhöfen Fernüberwachungen der Anlagen installiert, 2200 Aufzüge und tausend Fahrtreppen mit der Betriebszentrale vernetzt. »Störungen werden in Echtzeit gemeldet und Reparaturen umgehend eingeleitet«, frohlockte ein DB-Sprecher. Mit der App *Bahnhof live* und unter *bahnhof.de* konnten nun auch Reisende schnell prüfen, ob ein vernetzter Lift in Betrieb ist.

Inzwischen gibt es noch weitere Fortschritte. So wurden allein 2018 nach Angaben des Konzerns 700 Bahnhöfe modernisiert. Von 2017 bis 2021 will die DB für 5,5 Milliarden Euro weitere Stationen verschönern, besser warten und barrierefrei ausbauen. Allerdings nicht ganz freiwillig: EU-Vorgaben schreiben den verbesserten Zugang für Menschen mit Behinderungen zum öffentlichen Verkehr vor. Dabei gibt es noch einiges zu tun: Erst 78 Prozent der DB-Bahnsteige sind ohne Stufen erreichbar. Besonders Rollstuhlfahrer haben also oft genug ein Problem, ohne fremde Hilfe zum Zug zu kommen. Auch dann, wenn wieder mal der Aufzug nicht funktioniert. 850 000 Mal musste die DB allein 2018 an Bahnhöfen mobilitätseingeschränkte Personen unterstützen.

Ein weiteres Ärgernis sind Defekte an Bahnhofsuhren, von denen die DB rund 12 000 besitzt. Wenn die Anzeige nicht oder unzuverlässig funktioniert, verpasst man leicht mal den nächsten Zug. Lange hat sich der Konzern Zeit mit Reparaturen gelassen, bis zu fünf Tage durfte es nach früheren Vorgaben dauern. Mittlerweile soll die Zeit spätestens zwei Werktage nach der Störmeldung wieder korrekt angezeigt werden. Defekte Info-Anzeigen sollen ebenfalls innerhalb von 48 Stunden zumindest entfernt werden. Solche »dynamischen Schriftanzeiger«, die Uhrzeit und Fahrplaninfos digital präsentieren, gibt es an vielen Tausend kleineren Stationen. Im Störfall soll die Leitstelle in Berlin, die rund um die Uhr besetzt ist, für rasche Fehlerbehebung sorgen.

Wie verwahrloste Bahnhöfe wieder zu Schmuckstücken werden können, lässt sich in Eppstein besichtigen. Die kleine Taunusgemeinde hat das schmucke historische Gebäude übernommen und saniert, ein Bürgerbüro und ein Restaurant ziehen die Menschen an, gute Busanbindungen und eine Radstation ermöglichen den raschen Umstieg auf die S-Bahn im Rhein-Main-Verkehrsverbund. Dafür musste die Kommune aber viel eigenes Geld investieren. »Ein Musterbeispiel für gelungene Kooperation von Bahn und Kommune«, schwärmt Karl-Peter Naumann von Pro Bahn. Verdienter Lohn für die Hessen: der Titel als »Bahnhof des Jahres«. Die Allianz pro Schiene verleiht den Preis jedes Jahr an vorbildliche Stationen. Die bisher mehr als 30 Preisträger wie Weimar, Oberstdorf, Dresden, Uelzen, Schwerin, Bremen und Stralsund gehören zu den schönsten Bahnhöfen Deutschlands – und zeigen, was möglich ist.[17]

Noch aber sind viele Bahnhöfe Servicewüsten. Wer ein Bahnticket kaufen will, sucht meist vergebens persönliche Beratung. Die Schalter sind längst dichtgemacht. Um Kosten zu sparen, hat die Deutsche Bahn AG vor Jahren zudem rund 600 der einst 1000 großen Reisezentren geschlossen, das Personal abgezogen und dafür viele Tausend Automaten aufgestellt. Nur der Widerstand der Gewerkschaft konnte bisher einen noch größeren Kahlschlag verhindern. Denn der Fahrkartenschalter gilt vielen DB-Managern im Zeitalter des digitalen Vertriebs als Auslaufmodell. Die Kunden sollen ihre Tickets online, an Maschinen oder am Telefon mit Versand oder Abholung kaufen.

Wer dennoch persönliche Beratung wünscht, zum Beispiel bei einer etwas komplizierteren Bahnreise ins Ausland, sollte Geduld mitbringen. In den verbliebenen Reisezentren der Städte kann es schon mal länger dauern. Und auf dem Land ist man eine ganze Weile unterwegs, bis man überhaupt noch eine Verkaufsstelle findet. Auch Reisebüros helfen immer seltener weiter. Denn die DB hat den noch rund 2500 Partneragenturen über Jahre hinweg die Umsatzprovisionen gekürzt. So lohnt sich der oft beratungsintensive Verkauf kaum noch. Rund 800 Büros haben deshalb allein seit 2007 den Vertrieb von DB-Tickets aufgegeben.[18]

Als Vorbild beim Ticketvertrieb gilt Bahnmanagern die Flugbranche. Dort ist der Verkauf bereits komplett automatisiert. Kritiker halten diesen Kurs für ein Massenverkehrsmittel wie die Bahn allerdings für verfehlt. Denn die Bahn transportiert an einem Tag so viele Kunden wie die Lufthansa in einem Jahr und soll den Bürgern zumindest eine Grundversorgung mit Mobilität garantieren. Dazu gehört für Experten zwingend ein flächendeckender Fahrkartenverkauf am Schalter mit persönlicher Beratung. Der persönliche Kontakt und gute Beratung sind weder durch Automaten noch das Internet zu ersetzen. Technik kann nur sinnvolle Ergänzung sein – zumal in einem Tarifdschungel, wo sich selbst Fachleute schnell verirren können.

# Ticketwirrwarr

## Wie hohe Preise und undurchsichtige Tarife abschrecken

Andreas Scheuer ist als eifriger Kämpfer für die Interessen der Autoindustrie bekannt, weniger für vorbildlichen Einsatz in Sachen Schienenverkehr. Im April 2019 allerdings kann der Bundesverkehrsminister bei Bahn-Fans punkten. Erstmals schließt sich der CSU-Mann der vielstimmigen Forderung an, die Mehrwertsteuer auf Zugtickets von 19 auf sieben Prozent zu senken. Damit würden, so der Minister, Bahnkunden um 400 Millionen Euro pro Jahr entlastet – und das Reisen auf Schienen deutlich günstiger.

Bisher gilt der reduzierte Mehrwertsteuersatz nur bei Fahrten im Regional- und Nahverkehr, in der Regel bis 50 Kilometer. Im Fernverkehr dagegen langt der Staat kräftig zu. Der Aufschlag von 19 Prozent ist ein Grund dafür, dass Bahnfahren in Deutschland relativ teuer ist. Fahrgastverbände kritisieren das schon lange. Andere Länder fördern den Schienenverkehr mehr: Rund die Hälfte der EU-Staaten erhebt auf Bahntickets nur den reduzierten Satz, einige verzichten ganz darauf. Lukas Iffländer vom Fahrgastverband Pro Bahn weist zudem darauf hin, dass für grenzüberschreitende Fahrten mit der Deutschen Bahn die volle Mehrwertsteuer fällig werde – während der konkurrierende Flugverkehr davon vollständig befreit sei. Ohnehin sei das Unternehmen mit den Trassengebühren für die Nutzung von Gleisen und Bahnhöfen, Energieumlagen und anderen Steuern schon genug belastet.

Bei DB-Chef Lutz kommt der Vorstoß seines obersten Dienstherrn gut an. Mit der Steuersenkung könnten fünf Millionen Fahrgäste zusätzlich pro Jahr im Fernverkehr gewonnen werden, hofft er. Sein Vorstandskollege Berthold Huber rechnet damit, dass drei Viertel dieser Neukunden künftig das Auto stehen lassen würden. Offen bleibt indes erst mal, ob der Konzern die Steuersenkung in vollem Umfang an die Kunden weitergeben würde. Nachdem die

FDP durchgesetzt hatte, dass die Mehrwertsteuer auf Hotelzimmer von 19 auf sieben Prozent gesenkt wird, kam angeblich nur ein Drittel der Reduzierung bei den Gästen an. Beim intransparenten DB-Preissystem wäre das ähnlich schwer zu überprüfen.

Ob die Steuersenkung tatsächlich kommt, scheint fraglich, weil die Konjunktur zu schwächeln beginnt und Finanzminister Olaf Scholz (SPD) wegen großer Finanzlöcher im Etat auf Sparkurs gehen will. Ohne klare Preissignale aber werden neue Kunden kaum in Scharen zu locken sein, solange Autofahren, Fernbusse und Flieger relativ günstig bleiben.

Bislang entwickeln sich Bahnpreise hierzulande meist nur in eine Richtung: nach oben. In jedem Herbst kommt fast so regelmäßig wie der Laubfall die DB-Ankündigung, dass zum Fahrplanwechsel im Dezember Tickets oder Bahncards teurer werden. Und zwar auch dann, wenn sich Pünktlichkeit, Qualität und Service kaum verbessert haben. Ende 2018 stiegen die Normalpreise nach Bahnangaben im Schnitt um knapp ein Prozent. Im Fernverkehr wurde der Anstieg immerhin einige Jahre durch die scharfe Konkurrenz der Fernbusse gebremst, die meist länger, aber viel günstiger unterwegs sind und der DB viele Millionen vor allem junger Kunden abgejagt haben. Als Reaktion zogen die ICE-Preise einige Jahre deutlich weniger an als zuvor, zumindest im Durchschnitt.[19]

Im Regionalverkehr bis 50 Kilometer dagegen vergeht kein Jahr ohne Zuschlag, allein seit 2015 sind die Preise um ein Achtel gestiegen, rechnet der VCD vor. Allerdings bestimmt die Deutsche Bahn nur für ein Fünftel aller Nahverkehrsfahrten selbst die Preise. Auf dem Großteil der Strecken entscheiden kommunale Verkehrsverbünde über die Tarife – und die ziehen oft noch stärker an als die DB-Konditionen. Viele Sparangebote des Konzerns für regionale Züge werden ebenfalls immer teurer, außerdem ist hier das Angebot besonders verwirrend. So ist das lange Zeit heftig beworbene »Schöne-Wochenende-Ticket« im Sommer 2019 ganz vom Markt verschwunden. Bei der Alternative, dem »Quer-durchs-Land-Ticket«, zahlen Mitreisende mehr, außerdem gilt es nicht in U-

und Straßenbahnen. Zahlreiche Ländertickets haben wieder andere Konditionen.

Bei den vielen Tarifänderungen geht der Überblick leicht verloren. Wie drastisch die Bahnpreise gestiegen sind, zeigt das Bündnis Bahn für Alle in seinem Langzeitvergleich. Seit 2003 haben sich demnach die Fahrkarten für ICE und IC um 47 Prozent und die für Regionalzüge um 53 Prozent verteuert. »Die Bahnpreise stiegen damit doppelt so stark wie die allgemeine Inflation«, kritisiert Bündnis-Experte Bernhard Knierim.[20] Die Bahncard 50, die als Mobilitätskarte viele Tickets um die Hälfte verbilligt, kostet demnach mit aktuell 255 Euro pro Jahr (2. Klasse) sogar 85 Prozent mehr. Die Netzkarte Bahncard 100 wurde um 46,5 Prozent teurer. Der Preis für Platzreservierungen schließlich hat sich mehr als verdoppelt.

Das Bündnis erfasst die Entwicklung der Bahnpreise seit 15 Jahren. Im Schnitt werden die Fahrkarten demnach jedes Jahr um 3,5 Prozent teurer. Das gilt für den Normalpreis, die Spartickets bleiben außen vor. Denn deren Zahl kann die DB nach Belieben steuern. Nach Konzernangaben stammt nur noch ein Sechstel der rund drei Milliarden Euro Ticketeinnahmen im Fernverkehr aus voll bezahlten Fahrkarten. Der Großteil kommt demnach aus vergünstigten Angeboten, also Sparpreisen oder Fahrkarten, die mit Bahncard um 25 oder 50 Prozent rabattiert werden. Der Durchschnittskunde fährt demnach 285 Kilometer und zahlt dafür rund 42 Euro.

Knierim hält die Mischrechnungen und Angaben des Konzerns zu durchschnittlichen Preiserhöhungen allerdings für wenig aussagefähig und nicht nachvollziehbar. Oft genug gebe es wie auf der Ende 2017 eröffneten Neubaustrecke Nürnberg – Erfurt deutlich höhere Zuschläge. Dort kassierte die DB auf einen Schlag fast 14 Prozent mehr und begründete das mit der verkürzten Fahrzeit. Zudem existieren bei den Bahnpreisen für ein und dieselbe Strecke atemberaubend hohe Spannen. Der Normalpreis ist mitunter bis zu zehn Mal teurer als der günstigste. »Es kann passieren«, so Knierim, »dass zwei Fahrgäste nebeneinander sitzen, von denen einer nur 14,25 Euro für sein Ticket bezahlt hat und der andere für dieselbe Strecke 150 Euro.« Und selbst »Sparpreise« können pro Fahrt bis zu 130 Euro kosten.

Der Tarifdschungel der Bahn ist eine Wissenschaft für sich. In Umfragen wünschen sich Reisende regelmäßig ein einfaches und transparentes Preissystem. Das hat auch der frühere Bahnchef Heinz Dürr 1994 bei der Bahnreform explizit versprochen. Stattdessen wurde es immer komplizierter und undurchsichtiger – was potenzielle Kunden abschreckt. Das heutige Tarifsystem der Bahn besteht aus drei Teilen: den Flexpreisen, den Sparpreisen und den Rabattkarten (Bahncard 25, 50 und 100). Die Grundidee ist, durch geschickte Preissteuerung eine möglichst hohe Auslastung der Züge zu erreichen. Deshalb sind stark nachgefragte Fahrten rund ums Wochenende viel teurer als weniger gebuchte Angebote in Randzeiten unter der Woche. Das Prinzip ist aus der Luftfahrt bekannt. Billigflieger haben damit den Markt aufgerollt, auf dem die Preise zuvor vor allem von der Flugdistanz abhingen: je weiter, desto teurer. Seit Ryanair & Co. dagegen gilt: Wer früh bucht, bekommt den Flug durch halb Europa auch schon mal für 20 Euro. Wer spät dran ist, zahlt womöglich das Zehn- oder Zwanzigfache.

### Mehdorns PEP wird zum Mega-Flop

In Fachkreisen wird die Nachfragesteuerung über flexible Preise als »Yield-Management« bezeichnet. Yield heißt übersetzt Rendite, auch Ausbeute. Der Begriff passt, denn über verbesserte Auslastung der Kapazitäten sollen die Gewinne eines Unternehmens maximiert werden. Und dieses Ziel rückte um die Jahrtausendwende auch bei der Deutschen Bahn AG plötzlich weit in den Vordergrund. Damals holte Kanzler Gerhard Schröder (SPD) mit seiner rot-grünen Regierung den Luftfahrtmanager Hartmut Mehdorn an die Spitze der DB. Klares Ziel: Kapitalprivatisierung und Börsengang. Dafür aber musste die magere Rendite besser werden. Eine Maßnahme: das neue Preis- und Erlösmanagement Personenverkehr, kurz: PEP.

Dafür lockte Mehdorn zahlreiche Experten von der Lufthansa

weg, die nach dem Vorbild der Airlines das bis dahin weitgehend lineare Preissystem der Bahn komplett ummodelten. Ein 500-köpfiges Team legte in mehrjähriger Arbeit eine neue Systematik für rund 22 Millionen Verbindungen fest. Der damalige DB-Fernverkehrschef Hans-Gustav Koch und seine Tarifexpertin Anna Brunotte hatten bei der Lufthansa gelernt, wie man durch Platzkontingente und strikte Buchungsregeln die Preise differenziert, damit Wettbewerbern Kunden abjagt und die Auslastung der eigenen Kapazitäten optimiert.

Bis dahin hatten sich auch Bahntarife vor allem nach der Entfernung gerichtet. Ein Fahrgast in der zweiten Klasse zahlte zum Beispiel 14 Cent pro Kilometer, ganz gleich, ob er eine viel oder eine wenig gefragte Strecke nutzte. Mit Zuschlägen, Sonderangeboten und der Bahncard 50 versuchte der Konzern aber schon damals, die Grundpreise wenigstens ein Stück weit nach Qualität und Auslastung zu variieren. Mehdorn versprach großspurig, die neuen PEP-Preise würden einfach, transparent und dank hoher Rabatte vor allem günstiger sein als bisher. Strecken ab 180 Kilometer sollten um bis zu einem Viertel billiger werden, weil die DB nicht zuletzt den Fluglinien Kunden abjagen wollte. Und »Plan + Spar«-Tarife sollten bis zu 40 Prozent Preisvorteil bringen, wenn man auf Flexibilität verzichtete und sich vorab auf einen Zug festlegte. Alles in allem würden mehr Fahrgäste auf die Schiene gelockt.

Im Dezember 2002 wurde PEP gestartet – und zum Mega-Flop. Bei den Bahnkunden kam das neue System gar nicht gut an. Fahrgastzahlen, Umsätze und Erträge brachen dramatisch ein. Dafür gab es mehrere Gründe. So stieg der Grundpreis für Fahrten bis 150 Kilometer Entfernung um bis zu zehn Prozent. Wer auf kürzeren Strecken also weiter völlig flexibel in den Zug steigen wollte, sollte plötzlich deutlich mehr zahlen – und fühlte sich verprellt. Dies umso mehr, da die DB-Strategen gleichzeitig die beliebte Bahncard 50 wegfallen ließen, die Fahrten zum halben Preis ermöglichte. Dafür wurde eine Bahncard 25 mit nur noch einem Viertel Rabatt eingeführt, der aber immerhin auch auf Sparpreise anrechenbar war. Zudem drohten hohe Stornogebühren von bis zu 45 Euro, wenn man Spartickets umtauschen wollte. Viele treue Bahnkunden schüttelten nur noch den Kopf – und blieben fortan weg.

Die öffentliche Entrüstung wuchs noch, als Praxistests zeigten, dass selbst DB-Berater offenbar im neuen Tarifdschungel nicht durchblickten. So erhielt fast jeder dritte Kunde bei der Buchung einer Bahnreise am Schalter nicht das beste Angebot, wie eine Quotas-Studie im Auftrag des VCD offenbarte. Teils empfahlen die Bahnberater bis zu 60 Euro teurere Tickets als nötig und schlugen bis zu drei Stunden längere Reiseverbindungen vor. Auch rieten sie in Einzelfällen zu bis zu achtmaligem Umsteigen, obwohl beim besten Angebot ein einziges Mal genügt hätte.

Schon fünf Monate nach der Umstellung zog der Aufsichtsrat die Notbremse. Das neue Tarifsystem habe dazu geführt,»dass leere Züge leer blieben und volle Züge leerer wurden«, kritisierte ein Gewerkschaftssprecher. Im Mai 2003 mussten die verantwortlichen Vorstände Christoph Franz und Hans-Gustav Koch als Sündenböcke gehen. Der Vertrag mit Mehdorn dagegen wurde bis 2008 verlängert, da er den geplanten Börsengang durchziehen sollte. PEP wurde etwas nachgebessert, die Bahncard 50 wieder eingeführt, die Stornogebühr gesenkt.

Um die dürftigen Bilanzen für Investoren aufzupeppen, drehte der Konzern fortan massiv an der Preisschraube. Binnen sechs Jahren wurden die Fahrkarten sieben Mal teurer, und das trotz vieler Qualitäts- und Servicemängel. Erst 2010 verzichtete die Bahn unter dem neuen Chef Grube zumindest auf einen weiteren Zuschlag im Fernverkehr. Dafür wurde im Jahr darauf mit fast vier Prozent Aufpreis wieder kräftig zugelangt, obwohl der Konzern einen Rekordgewinn ankündigte. Die Linke reagierte empört und forderte die Bundesregierung sogar mit einem Antrag im Bundestag vergeblich auf, die Preiserhöhung zu stoppen und beim größten Bundesunternehmen für niedrigere Tarife zu sorgen.

Seit dem PEP-Debakel scheuen aber die DB-Spitze und die wechselnden Regierungen eine grundlegende Tarifreform wie der Teufel das Weihwasser. Stattdessen wird das System Jahr um Jahr noch komplizierter und undurchsichtiger.

## Flexpreise – ein Name als Irreführung

Wer im Internet auf *bahn.de* eine Fahrkarte buchen will, kann nur staunen, wie unterschiedlich schon die Flexpreise für ein und dieselbe Strecke sind. Diese Preise haben 2016 die Normaltarife abgelöst. Sie unterscheiden sich erheblich nach Reisetag: Rund ums Wochenende ist es teurer, die Woche über und Samstag günstiger. Wer nicht flexibel sein kann, zahlt deutlich mehr. Auf stark nachgefragten Strecken wie Berlin – Stuttgart sind DB-Tickets allerdings oft durchweg recht teuer. Nur in Randzeiten sehr früh am Morgen oder spät am Abend reist man etwas billiger. Oder man nutzt den einzigen Konkurrenten Flixtrain, der bereits ab zehn Euro fährt. Auf den meisten anderen Fernstrecken dagegen ist die DB der Monopolist.

Zudem konnte mit dem früheren Normaltarif im Prinzip jeder Zug auf der gebuchten Strecke genutzt werden. Die Tickets waren zwar am teuersten, dafür aber hatte man die Freiheit, zu fahren, wann man wollte. Bei den Flexpreisen gibt es diese umfassende Flexibilität nicht mehr, der Name ist insofern eine Irreführung. So muss man jetzt am ersten Geltungstag des Tickets losfahren, früher hatte man vier Tage Spielraum. Wurde die Retoure gleich mitgebucht, konnte diese binnen vier Wochen frei gewählt werden. Nun muss auch der Tag der Rückreise im Voraus genau festgelegt werden.

Neben den Flextickets gibt es Spar- und Supersparpreise mit Zugbindung, die unterschiedliche Konditionen haben. Wer besonders billig unterwegs sein will, muss den gebuchten Zug nutzen und bekommt kein Geld zurück, wenn er die Fahrt nicht antritt. Teurere Tickets kann man gegen Gebühr umbuchen. Die Zahl der Spartickets sowie ihre räumliche und zeitliche Verteilung gehört zu den Geschäftsgeheimnissen des Konzerns. Kunden erleben nur: Auf gefragten Verbindungen sind die meist wenigen Schnäppchen schnell weg und nur die oft teuren Flexpreise zu buchen.

Dann können Rabattkarten helfen. Mit der Bahncard 25 oder 50 lassen sich viele Tickets um ein Viertel oder die Hälfte günstiger bekommen. Wer häufiger fährt, für den lohnt sich die Anschaffung. Die Rabattkarten sollen Stammkunden binden. Allerdings wird dieses Ziel durch die Flut von Sonderangeboten konterkariert, die in den Augen vieler Kunden den Kauf einer Bahncard überflüssig machen.

Winfried Wolf vom Bündnis Bahn für Alle hat die Mobilitätskarten einiger Bahnen verglichen. Demnach besaßen 2017 rund 2,5 Millionen Schweizer ein Halbtax-Ticket (50 Prozent Preisreduktion wie bei der BC 50) und fast eine weitere halbe Million das Generalabonnement, das wie die BC 100 für ein Jahr Bahnfahren zum Pauschalpreis ermöglicht. Von 8,5 Millionen Schweizern hatte also mehr als jeder Dritte eine Rabattkarte. In Deutschland dagegen hat sich nach dem PEP-Fehlschlag die Zahl der BC-50-Inhaber auf heute rund 1,4 Millionen halbiert. Hinzu kommen knapp vier Millionen Käufer einer BC 25 sowie nur rund 50 000 Inhaber der Netzkarte BC 100. Zusammen sind das rund 5,4 Millionen BC-Besitzer. Von knapp 83 Millionen Deutschen ist also nur jeder Fünfzehnte ein DB-Stammkunde – weit entfernt vom Schweizer Vorbild.

Einen wesentlichen Grund dafür sieht Wolf in den hohen DB-Preisen. So kostete das Halbtax-Ticket beim Vergleich im ersten Jahr umgerechnet nur 163 Euro und im Abo in den Folgejahren nur 145 Euro. Es halbiert zudem die Preise sowohl in der ersten als auch in der zweiten Klasse. Die BC 50 gibt es dagegen in zwei Ausführungen, sie kostet für die erste Klasse stolze 515 Euro und ist auch für die zweite Klasse mit 255 Euro deutlich teurer. Auch die Netzkarten sind in der Schweiz preiswerter und kosten 5575 Euro für die erste und 3411 Euro für die zweite Klasse. Für die BC 100 dagegen muss man 7225 Euro oder 4270 Euro hinblättern. Das Argument, das Netz in der Schweiz sei viel kleiner und der Vergleich deshalb schief, überzeugt die Bündnis-Experten nicht. Denn Schweizer und Deutsche mit Rabattkarten nutzten die Züge ähnlich intensiv.[21]

Im Berliner DB-Tower reagiert Berthold Huber auf Kritik an hohen Bahnpreisen und undurchsichtigen Tarifen leicht genervt. »Wir haben bereits attraktive Preise und ein Tarifsystem, das jedem das passende Angebot bietet«, meint der Konzernvorstand, der den gesamten Personenverkehr verantwortet. Auch die Forderung, dass die Bahn deutlich günstiger werden müsse, um mehr Menschen zum Umsteigen zu bewegen, stößt bei ihm erwartungsgemäß auf wenig Begeisterung. Es könne »nicht die Regel sein, für 19 Euro quer durch Deutschland zu reisen«. Der Bund erwarte als Eigentümer zu Recht, »dass wir wirtschaftlich arbeiten, um auch zukünftig die notwendigen Investitionen für unsere Kunden finanzieren zu können«. Deshalb sei er sich mit dem Bahnbeauftragten der Regierung, Enak Ferlemann, »völlig einig«, der öffentlich sogar höhere Fahrpreise gefordert hatte.

Anders als die Konzernspitze sehen Kritiker großen Reformbedarf. Die DB verderbe sich mit dem Yield-Management selbst die Preise, betont Bündnis-Experte Knierim. Denn die Kunden würden zu Schnäppchenjägern erzogen. Was bedeutet: Die Normaltarife erscheinen plötzlich viel zu teuer, bei spontanen Fahrten wählt man lieber das Auto, als mühevoll nach einem günstigen Bahnticket zu fahnden.

Für Knierim macht das DB-Preissystem den großen Vorteil des Taktverkehrs zunichte, nämlich mit vielen regelmäßigen Zugverbindungen den Menschen fast so große Flexibilität wie mit dem eigenen Fahrzeug zu ermöglichen. Denn wer weit im Voraus buchen muss, um akzeptable Preise und einen reservierten Sitzplatz zu bekommen, verzichtet im Zweifel lieber auf die Reise mit der Bahn. Für die gewünschte Verlagerung von Verkehr auf die Schiene sei die DB-Preispolitik daher die falsche Strategie. Statt extremer Lockangebote, hoher Normalpreise, riesiger Preisspannen und einem Dickicht wechselnder Tarife mit immer neuen Regeln wünschen sich Fachleute wie Knierim ein einfaches System mit niedrigeren Normalpreisen. So sehen das auch die meisten Fahrgäste. Bei einer VCD-Umfrage erklärten 81 Prozent, dafür gerne auf Sparpreise zu verzichten.

# Zitterpartien

## Von ewigen Baustellen und gefährlichen Achsen

Es ist ein großer Tag für die Schweiz: Am 1. Juni 2016 wird der Gotthard-Basistunnel eröffnet. In nur 17 Jahren haben die Eidgenossen den längsten Eisenbahntunnel der Welt gebaut. Die beiden 57 Kilometer langen parallelen Röhren durchqueren das Gotthardmassiv und verkürzen die Fahrt für Personen- und Güterzüge enorm. Besonders die Wirtschaft hat die Eröffnung sehnlich erwartet. Denn das zwölf Milliarden Franken teure Bauwerk beseitigt einen Engpass auf der wichtigsten Frachtstrecke Europas zwischen Nordsee und Mittelmeer. Um mehr Güter von der Straße auf die Schiene zu bringen, haben die Bundesrepublik und die Schweiz schon 1996 im Staatsvertrag von Lugano vereinbart, den 1300 Kilometer langen Korridor zwischen Rotterdam im Norden und Genua im Süden auf ihren Gemarkungen bis zur Eröffnung des Tunnels auszubauen.

Doch die Bundesrepublik hat ihre Verpflichtungen nicht eingehalten. Hier werden die Züge noch für Jahrzehnte ausgebremst. Ein Großteil der 177 Kilometer Anschlussstrecke im Rheintal von Basel nach Karlsruhe ist bis dato nur zwei- statt wie vorgesehen viergleisig. Zwar wurde das Erweiterungsprojekt bereits 1987 halbherzig gestartet, aber mangels Geldes und wegen Protesten gegen die Trassenführung ist es kaum vorangekommen. Während die Schweizer trotz schwieriger Gegebenheiten in den Alpen ein faszinierendes Jahrhundertbauwerk geschaffen haben, haben es die Deutsche Bahn als Bauherr und die Politik in mehr als 30 Jahren nicht fertiggebracht, auf ebener Strecke zwei zusätzliche Gleise zu legen. Frühestens 2035 wird der Ausbau fertig sein – fast 50 Jahre nach der Vereinbarung und fast 60 Jahre nach Baustart.

Auch in den Niederlanden wirft man den Deutschen deshalb Vertragsbruch vor. Die Holländer haben ihren Teil des Korridors schon 2007 mit der leistungsfähigen Betuwe-Frachtstrecke bis zur Grenze bei Emmerich eröffnet. Dann beginnt der Engpass. Für die Bundesregierung sind die Versäumnisse eine Peinlichkeit sondergleichen. Zumal Kanzlerin Merkel gerne von Klimaschutz redet – in der Praxis aber ewige Baustellen wie im Rheintal das Gegenteil bewirken. Mangels Kapazitäten auf der Schiene rollen die umweltschädlichen Lkw-Kolonnen bis heute weiter auf der parallelen Autobahn. In Deutschland liegt der Anteil der klimaschonenden Frachtbahnen am Güterverkehr wegen solch massiven Versagens beim Ausbau des überlasteten Schienennetzes bei nur 18 Prozent – im Vergleich zu mehr als 40 Prozent in der Schweiz und rund 30 Prozent in Österreich.

Die Glaubwürdigkeit der DB AG und der Bundesregierung hat schwer gelitten. Über viele Jahre wurde beteuert, dass der Ausbau im Rheintal bis 2015 fertig werde. Die Strecke werde »mit Fertigstellung der Neuen Eisenbahn-Alpentransversale (NEAT) in der Schweiz zur Verfügung stehen«, behauptete das Bundesverkehrsministerium noch 2007 in einer Antwort auf eine Anfrage der Grünen.[22] Wichtigster Teil der NEAT ist der neue Gotthard-Tunnel. Schon wenig später musste die DB AG indes einräumen, dass der Ausbau bis 2020 dauere. Und Anfang 2008 wurden interne Bahnunterlagen bekannt, wonach der Konzern erst ab 2021 wieder größere Summen im Rheintal investieren will und das Vorhaben sich bis mindestens 2025 verzögert.

Damit nicht genug: Anfang 2010 kam ein DB-Geheimpapier ans Tageslicht, wonach viele gefeierte Schienenprojekte selbst »bis 2025 nicht gesichert« sind, weil das Geld dafür fehlt. Mindestens einem Dutzend davon drohte demnach die vorläufige Streichung, darunter der Y-Trasse Hamburg–Bremen–Hannover zur besseren Anbindung der Seehäfen, der Fehmarnbelt-Querung und der Rhein-Ruhr-Schnellstrecke Düsseldorf–Duisburg (RRX). »Zur Disposition« stehen damals zudem weitere 29 Projekte, für die eine Vereinbarung zur Finanzierung fehlt, darunter auch der Ausbau im Rheintal.

Mit der vertraulichen Streichliste informierte DB-Chef Rüdiger Grube den neuen Verkehrsminister Peter Ramsauer über die dramatische Unterfinanzierung des Bedarfsplans für Schienenprojekte, der zum Bundesverkehrswegeplan (BVWP) gehört. Bis heute stehen in dieser Vorhabenliste viele dringliche Schienenstrecken, die seit Jahrzehnten von der Politik versprochen, aber nicht realisiert worden sind, weil der Verkehrsetat des Bundes viel zu knapp bemessen ist. Deshalb schlug Grube bei seinem Dienstherrn Alarm und forderte mehr Mittel.

Als die Streichliste bekannt wurde, reagierten Bahnfahrer, Landes- und Kommunalpolitiker schockiert. Denn damit zeigte sich, wie viele wichtige Projekte noch für Jahrzehnte kaum Chancen auf Verwirklichung haben – und wie groß die Kluft zwischen politischen Versprechen und der Realität ist. Dabei stehen sowohl Bahn als auch Bund in der Verantwortung. Der Neu- und Ausbau des Gleisnetzes ist Sache des Konzerns. Die Regierung wiederum sollte damals für Erweiterungen rund 1,8 Milliarden Euro pro Jahr bereitstellen, so sah es der Bedarfsplan des Bundesverkehrswegeplans vor. Doch zeitweise flossen nur zwei Drittel davon, die schwarz-gelbe Koalition sparte massiv bei der Schiene.

Die Folge: Immer mehr Versprechungen – auch gegenüber anderen Staaten – erwiesen sich als leer. So zeigten die internen DB-Dokumente, dass die Bundesregierung mit den Nachbarländern und der EU mehr als 30 grenznahe Schienenprojekte ohne gesicherte Finanzierung vereinbart hatte. Die Erfüllung der Zusagen wurde in den Geheimpapieren auf mindestens 18 Milliarden Euro veranschlagt. Ihre Umsetzung werde »noch stärker« zulasten regionaler und nationaler Bahnprojekte gehen, warnte die DB. Die Anlage 4 zum Leitfaden für das Gespräch Grubes mit Ramsauer listet zwölf Staatsverträge, Regierungsvereinbarungen und Absichtserklärungen auf, mit denen die Ausbauprojekte den Nachbarstaaten teils mit festen Terminen zur Fertigstellung zugesagt wurden. Auch die viergleisige Rheintalstrecke ist darunter mit der Zusage an die Schweiz: Realisierung bis 2015.

Schon damals ist klar, welcher Zündstoff in den Papieren steckt. Einerseits steht die internationale Glaubwürdigkeit der deutschen

Politik auf dem Spiel, andererseits würde bei einer raschen Verwirklichung der grenzüberschreitenden Projekte das Geld für andere zugesagte Bauvorhaben in Deutschland fehlen. Dafür müsse man beim Minister »Problembewusstsein« schaffen, heißt es im vertraulichen Gesprächsleitfaden für Grube wörtlich.

Die teuerste internationale Verpflichtung betrifft damals mit fast 4,4 Milliarden Euro den Ausbau der deutschen Hochgeschwindigkeitspisten für das digitale Zugleitsystem ETCS (European Train Control System). Lange Nord-Süd- und Ost-West-Transitstrecken sollen bis spätestens 2020 technisch aufgerüstet werden, der Rheintal-Korridor schon bis 2015. Doch Papier ist geduldig. Bis heute sind nur ganz wenige deutsche Strecken mit dem teuren System ausgestattet, dessen flächendeckende Einführung inzwischen mit Kosten von mindestens 30 Milliarden Euro veranschlagt wird. Nur ein Bruchteil davon ist in den Etats des Bundes berücksichtigt.

Der Ärger wegen der gebrochenen Vereinbarungen hält an. Besonders in der Schweiz schütteln Verantwortliche nur noch den Kopf über die deutsche Bahnpolitik. Denn auch beim Ausbau der Gäubahn Zürich – Stuttgart hat die Bundesrepublik ihre vertragliche Zusage nicht eingehalten. Laut dem Staatsvertrag von Lugano sollte diese wichtige Nord-Süd-Verbindung Richtung Gotthard-Basistunnel bis zu dessen Eröffnung auf eine Fahrzeit von 2:15 Stunden verkürzt werden. Und was ist seither passiert? Richtig geraten: Die Schweiz hat die Strecke bis Schaffhausen und zur Landesgrenze schon vor Jahren erweitert. Auf deutscher Seite dagegen ist die 150 Kilometer lange Verbindung zu weiten Teilen noch so eingleisig wie nach dem Krieg, zwischen Horb und Tuttlingen auf gut 50 Kilometern. Dabei sollten hier längst Züge mit Tempo 200 unterwegs sein.

Schweizer und deutsche Wirtschaftsverbände fordern im Schulterschluss den Ausbau. Es sei eine Schande, dass Deutschland so weit hinterherhinke, kritisiert Andrea Marongiu vom Verband Spedition und Logistik Baden-Württemberg. Und die Eidgenossen betonen, dass ihre für 20 Milliarden Euro ausgebaute Alpentransversale nur halb so viel wert sei, wenn die Zulaufstrecken im

Norden und Süden nicht ausgebaut werden.[23] Den Schaden haben auch die Umwelt und das Klima. Denn die Schweiz und Deutschland sind wichtige Handelspartner, der Grenzverkehr im Südwesten ist enorm und läuft bisher zwangsläufig vor allem auf den überlasteten Straßen. Den Verbänden zufolge würde der Ausbau der Bahnstrecke mehr als 100 000 Autofahrten einsparen und 561 000 Tonnen Güter vom Lkw auf die Schiene verlagern.

Die ewigen Baustellen sind Symptom für das Chaos in der deutschen Verkehrspolitik, aber auch für die Klientelwirtschaft bei der DB AG. Da der Bund viel zu wenig Geld für die Neu- und Ausbauten bereitstellt, gibt es ein Hauen und Stechen, welche Projekte bevorzugt werden. Darüber stimmen sich DB und Verkehrsministerium jedes Jahr bei der sogenannten Fulda-Runde ab. So wird 2019 die Planung für den Ausbau der Knoten Hamburg, Köln und Hannover beschlossen, der Strecke Regensburg – Mühldorf – und auch der Gäubahn für leistungsfähigen Güterverkehr. Eine erste Finanzierungsvereinbarung für das kleine Teilstück Horb – Neckarhausen wird im April 2019 unterzeichnet, 23 Jahre nach dem Vertrag von Lugano.

Wie fragwürdig die Entscheidungsmechanismen sind, zeigt sich beim umstrittenen Megaprojekt Stuttgart 21, zu dem die ICE-Strecke nach Ulm gehört. Beide Projekte haben in den Planungen des Bundes zu Recht lange keine Priorität, weil die Vorteile anderer Vorhaben wie des Ausbaus der Gütertrasse im Rheintal volkswirtschaftlich viel größer sind. Doch die Politik im Südwesten will das Großprojekt unbedingt, die CDU-Regierung von Baden-Württemberg sagt sogar 950 Millionen Euro Beteiligung an der ICE-Piste zu, deren Finanzierung eigentlich Sache des Bundes ist. So rückt das Tunnelprojekt durch die Schwäbische Alb im vordringlichen Bedarf nach vorne und bekommt die Planungs- und Finanzierungszusagen. S 21 und die ICE-Strecke werden realisiert– mit allen fatalen Folgen bis heute. Eine davon: Die Kosten beider Projekte sind bereits auf mindestens zwölf Milliarden Euro explodiert. Was bedeutet, dass das Geld für andere Vorhaben fehlt, denn allein die Rheintalstrecke wird mindestens ebenso teuer. Zwar stammen die

Mittel teils aus unterschiedlichen Töpfen. Doch bereits 2008 und 2010 ging aus DB-Unterlagen hervor, dass bei den Investitionen das Projekt Stuttgart–Ulm bevorzugt werden soll. Das bestreiten Politiker bis heute. Die drastischen Bau- und Investitionsverzögerungen im Rheintal beweisen jedoch ganz klar, wo die Prioritäten gesetzt wurden.

Ein Jahr nach der Eröffnung des Gotthard-Basistunnels geraten die DB AG und die deutsche Verkehrspolitik noch heftiger in die Kritik. Am 12. August 2017 verbiegen sich bei Rastatt plötzlich die Schienen der Rheintalstrecke. Zum Glück wird das Absacken der Trasse rechtzeitig bemerkt und der gesamte ICE-, Regional- und Güterzugverkehr gestoppt. Sonst hätte Schlimmes passieren können. Schnell ist klar: Beim riskanten Bau eines Bahntunnels direkt unter der Strecke hat es eine Havarie gegeben. Offenbar funktionierte die Vereisung des Untergrunds nicht richtig, das Erdreich geriet in Bewegung. Um weitere Einbrüche zu verhindern, muss die instabile Röhre mit 1300 Lkw-Ladungen Beton verfüllt und der Boden darüber durch eine 120 Meter lange Platte stabilisiert werden. Die millionenteure Tunnelbohrmaschine Wilhelmine ist verloren.

Doch das ist eher ein kleineres Problem. Erst nach sieben Wochen kann die wichtigste Nord-Süd-Strecke wieder befahren werden, über die sonst täglich bis zu 200 Güterzüge und fast so viele Personenzüge rollen. Die Folge: Chaos auf der Schiene. Denn nun zeigt sich in erschreckendem Ausmaß, dass Ausweichrouten fehlen, weil alternative Strecken am Hochrhein und Bodensee wie Stuttgart–Zürich über Jahrzehnte nicht ausgebaut und elektrifiziert wurden. Der volkswirtschaftliche Schaden des Rastatt-Debakels wird auf mehr als zwei Milliarden Euro geschätzt. Millionen Fahrgäste müssen Umwege und längere Reisezeiten in Kauf nehmen, die Frachtbahnen haben hohe Umsatzeinbußen. Zwei Jahre später streiten DB, die ARGE Tunnel Rastatt der Baukonzerne Züblin und Hochtief sowie die Bahnkunden immer noch über Ursachen, Verantwortung und Schadenersatz.

In der Schweiz ist man fassungslos. Die Vollsperrung der Hauptroute gen Norden macht sich hier besonders bemerkbar. An Hohn und Spott über die Bahnversager im Nachbarland fehlt es nicht. Die *Basler Zeitung* bezeichnet die Bundesrepublik als »Drittweltland« und rät der Berner Regierung, das Budget für Entwicklungshilfe aufzustocken, um Planer und Ingenieure »im Krisengebiet vor Ort« einsetzen zu können. Am besten, lästert Kommentator Beni Gafner, sollten auch noch Juristen mitgeschickt werden, die den Deutschen »die Bedeutung von Unterschriften erklären«.[24]

Infolge der Havarie droht die Rheintalstrecke noch später fertig zu werden. Fast ein Jahrzehnt zuvor haben Experten bereits vorgerechnet, dass mit der damaligen geringen Finanzierung der Ausbau erst nach 2040 fertig werde. Im Sommer 2019 heißt es hinter den Kulissen, die letzte Erweiterungsstrecke könne bis 2042 dauern. In jedem Fall werden Schweizer Kommentatoren noch viel Zeit und Grund für weitere bissige Bemerkungen haben.

### Teure Technikprobleme beim ICE

Der Intercity-Express ist der Stolz der Deutschen Bahn. Am 2. Juni 1991 startet auf der Strecke Hamburg – München der erste ICE 1 im Regelbetrieb. Der Paradezug setzt Maßstäbe bei Technik, Komfort und Umweltfreundlichkeit. Und er läutet in Deutschland eine neue Ära im Schienenverkehr ein: Viele Städte und Regionen sind dank Geschwindigkeiten von bis zu 300 km/h schneller erreichbar denn je. Auch bei den Kunden kommt der Zug bestens an. Trotz teils saftiger Preise nutzen die Flotte jeden Tag mehr als 400 000 Fahrgäste, bis 2018 sind es fast 94 Millionen. Mehr als zwei Milliarden Kilometer haben die Züge bereits zurückgelegt.

Fahren im ICE kann richtig schön sein – wenn alles funktioniert. Leider machen viele der 280 Hightechflitzer seit Jahren teure Probleme. Denn ihre Technik ist anfällig, von der Elektronik über Klimaanlagen und Türsteuerungen bis zu Toiletten und der Bordküche. Noch unangenehmer wird es, wenn der Zug ganz ausfällt. Nur noch jeder fünfte ICE fuhr 2018 mängelfrei. Damit ist der Konzern weit von früheren Zielen entfernt. Schon 2015 funktionierten nur noch 48 Prozent der Flotte tadellos, laut Mittelfristplanung der damaligen DB-Fernverkehrschefin Birgit Bohle sollten 2018 immerhin 81 Prozent und bis 2020 alle ICE fehlerfrei unterwegs sein. Eines von vielen Vorhaben, das in der Berliner Konzernzentrale nur auf dem Papier stand.

Besonders die Radsätze der Hochgeschwindigkeitszüge sind anfällig. So endet die Fahrt des ICE 695 von Berlin nach Stuttgart am 20. Mai 2017 vorzeitig in Hildesheim. Alle Fahrgäste müssen umsteigen, manche erreichen ihr Ziel an jenem Samstag nicht mehr. Ein Betroffener berichtet, der ICE 1 sei erst 15 Minuten sehr langsam gefahren und habe dann auf offener Strecke gestoppt. Nach einer Durchsage, es gebe Probleme unter einem Mittelwagen, sei der Lokführer mit Werkzeug unter den Zug gekrochen. »Er klopfte dort eine Viertelstunde herum, Zugbegleiter mit Schutzwesten sicherten« derweil die offene Tür mit einem Seil«, so der Fahrgast. »Das Ganze wirkte extrem absurd.«

Die Deutsche Bahn bestätigt den Vorfall. Während der Fahrt seien »ungewöhnliche Laufgeräusche« am Mittelwagen 5 aufgetreten, erklärt DB-Sprecher Jürgen Kornmann. Sicherheit habe oberste Priorität, der Zug sei deshalb in Hoheneggelsen zur Überprüfung angehalten worden. Die ICE-Triebfahrzeugführer seien im Erkennen und Bewerten von Mängeln geschult, besonders mit Blick auf Drehgestelle, Räder und deren Lager. Beim ICE 695 habe der Lokführer keine Schäden festgestellt. Dennoch sei der Zug vorsorglich langsamer gefahren und später der Radsatz ersetzt worden.

Der Vorfall zeigt einmal mehr, wie sensibel das Thema für das Unternehmen ist. In der Geschichte der Eisenbahn haben Unfälle nach Achs- und Radbrüchen zu vielen Toten geführt. Auch der schlimmste Bahnunfall der letzten Jahrzehnte in Deutschland, die Katastrophe von Eschede, wurde durch einen defekten Radreifen bei einem ICE 1 verursacht. Am 3. Juni 1998 entgleiste der ICE 884 »Wilhelm Conrad Röntgen« zwischen Hannover und Hamburg. 101 Menschen starben, 88 wurden schwer verletzt.

Danach wurden die Radsätze des ICE 1 zwar geändert. Doch auch das neue Zugmodell ICE 3 machte bald Probleme. Hier gibt es erstmals keinen Triebkopf mehr, der wie beim ICE 1 und 2 die Wagen zieht. Im ersten Wagen des ICE 3 kann man daher als Fahrgast direkt hinter dem Glasabteil des Lokführers sitzen. Die Antriebe sind über die gesamte Zuglänge verteilt. Ein Teil der Radsätze unter den Wagen wird von dort angebrachten Elektromotoren beschleunigt. Doch nach einigen Unfällen ist unter Experten strittig, ob sich die Konstruktion der Radsätze für die hohen Geschwindigkeiten und Belastungen des ICE-Verkehrs eignet. Der französische TGV und Japans Shinkansen haben deutlich stärkere Achsen. Vatroslav Grubisic vom Fraunhofer-Institut für Betriebsfestigkeit und Systemzuverlässigkeit LBF warnt über Jahre vergeblich, die Belastungen der Wellen und Räder bei hohem Tempo seien viel größer, als lange Zeit in der Wissenschaft und bei den technischen Vorgaben angenommen wurde.

Im Sommer 2008 kommt es auf der Tempo-300-Strecke zwischen Frankfurt und Köln zum vollständigen Bruch einer ICE-3-Antriebswelle, bei der später Materialmängel und Risse festgestellt werden. Hunderte Fahrgäste des ICE 518 »Wolfsburg« haben sehr viel Glück, dass der Zug erst im Kölner Hauptbahnhof entgleist. Eine Katastrophe wie in Eschede wäre möglich gewesen, heißt es im Prüfbericht.

Die Bahn behauptet damals, es handele sich um einen Einzelfall, systemische Probleme mit der Belastbarkeit der ICE-Radsätze gebe es nicht. Eine Aussage, die sich schnell als unrichtig erweist. Das Eisenbahn-Bundesamt (EBA) zieht einen Teil der ICE-Flotte zeitweise aus dem Verkehr und ordnet bis zu fünfzehn Mal häufigere Achskontrollen an. Die DB streitet mit den Herstellern Siemens, Bombardier und Alstom jahrelang über Ursachen und Schadenersatz. Die Industrie gibt letztlich nach. Mit großem Aufwand werden für den ICE 3 und den Neigezug ICE T neue Achsen entwickelt. Der Austausch von rund 1200 Radsätzen bei 66 ICE 3 läuft 2019 noch immer. Die letzten Züge sollen erst Ende des Jahres repariert sein, fast sechs Jahre später als angekündigt. Auch bei den 70 ICE-T-Neigetechnikzügen, wo sogar 28 Radsätze pro Zug und damit rund 2000 Wellen ersetzt werden müssen, werde der Tausch noch so lange dauern, teilt der Konzern mit.

Die Probleme treffen natürlich auch die Bahnfahrer. Damit eine sichere Fahrt gewährleistet ist, müssen die Züge bis zum Achsentausch viel häufiger zur Kontrolle als früher und fehlen dann im laufenden Betrieb. Umso ärgerlicher für die DB, dass dann auch noch die betagten Radsätze der älteren ICE-Generationen auffällig werden, die bis dahin als dauerfest galten. Im August 2015 informiert die DB das EBA, dass vermehrt Risse an den Bremshohlwellen der Triebköpfe des ICE 1 und 2 aufgetaucht seien und man sich daher »zur Umsetzung von Sofortmaßnahmen« bei den Baureihen 401 und 402 entschlossen habe. So teilt es die Aufsichtsbehörde später auf Presseanfrage mit. Die »auffälligen Befunde« seien bei Routinekontrollen festgestellt worden, Unfälle wegen der Mängel nicht bekannt. Auch DB-Sprecher Kornmann betont mehrfach, es habe wegen der Hohlwellen keine Zwischenfälle im Betrieb und keine Auflagen des EBA gegeben. Durch geänderte Prüfintervalle sei die Sicherheit gewährleistet.

Selbst Experten sind die Probleme neu. Sehr geräuscharm wird konzernintern der Aufsichtsrat informiert und der bis dahin nicht vorgesehene Austausch auch dieser Problemteile beschlossen. Erst auf Nachfrage bestätigt die Bahn, dass an allen Triebköpfen der 59 ICE 1 und der 44 ICE 2 die Bremshohlwellen ersetzt werden. Der Tausch solle bis 2018 »im Wesentlichen abgeschlossen werden«. Damit würden zusätzliche aufwendige Kontrollen vermieden und »die Zuverlässigkeit der Antriebe sichergestellt«. Es geht nicht um Kleinigkeiten. Die Lieferanten für die neuen Wellen sucht der Konzern mit europaweiter Ausschreibung. Demnach sollen 540 Stück bis 2021 geliefert werden, 360 davon sofort. Auftragswert: 17,5 Millionen Euro netto. Anders als bei den ICE-3-Achsen will die Bahn keinen Schadenersatz von den Zugherstellern. Bei den ICE-1- und ICE-2-Zügen sind Garantiefristen ohnehin abgelaufen.

Für Professor Markus Hecht von der TU Berlin sind die Probleme keine Überraschung. Die ersten ICE-Modelle seien für eine Laufzeit von rund 20 Jahren konzipiert gewesen, nun aber schon viel länger im Einsatz. Die hoch belasteten Wellen, die viele Millionen Kilometer gelaufen sind, seien im Rahmen der damaligen Vorgaben richtig dimensioniert gewesen, sagt der anerkannte Fachgutachter. Bei der Modernisierung der älteren ICE-Züge vor einigen Jahren habe der Bahnkonzern dann aber sehr gespart. Leider seien nicht die sonst bei großen Revisionen üblichen umfangreichen Maßnahmen durchgeführt worden, um die Zuverlässigkeit der Züge nachhaltig zu verbessern.

Die Probleme bei den Bremshohlwellen sind laut Hecht aber kein Grund für übertriebene Sorgen. »Kein ICE 1 oder 2 wird deshalb entgleisen«, betont er. Zudem werde der ICE überwiegend elektrisch mit Energierückgewinnung gebremst und nur sehr selten mechanisch über die Bremsscheiben an den Hohlwellen. Das größere Problem sei, dass die knappe Verfügbarkeit der ICE-Flotte durch Kontrollen bis zum Austausch weiter eingeschränkt werde. Den sicheren Betrieb sieht auch das Eisenbahn-Bundesamt durch die verkürzten Prüfintervalle bis zum Austausch der betagten Bauteile gewährleistet. Über die weitere Entwicklung will die Behörde gleichwohl auf dem Laufenden gehalten werden.

Künftig soll der ICE 4 die Verspätungs- und Kapazitätsprobleme im Fernverkehr lindern. Für rund sechs Milliarden Euro hat die DB 137 Züge bestellt, die Siemens und der Partner Bombardier bis 2024 liefern sollen. Seit Ende 2017 sind die ersten 25 Flitzer auf den Hochgeschwindigkeitsstrecken zwischen Hamburg, Berlin, München, Frankfurt und Köln unterwegs. Die Begeisterung bei den Fahrgästen hält sich in Grenzen. Zwar wird von Stammkunden die Laufruhe gelobt. Doch der geringe Sitzabstand, die steile Schlafstellung der Schalensitze, die engen Gänge in den langen Großraumwagen und die Platzierung mancher Tische an der Wand statt an den Fenstern ärgern Bahnkenner und lösen in Internetforen wie *Drehscheibe online* kritische Debatten aus. Tenor: Bei 50 000 Euro Kosten pro Sitzplatz kann man deutlich mehr erwarten.

Anfang April 2019 wird die Auslieferung des ICE 4 ohnehin gestoppt. Der Grund: falsch gesetzte Schweißnähte an den stählernen Wagenkästen von fünfzehn Zügen. Bis ein Reparaturkonzept vorliege, werde man keine weiteren Fahrzeuge mehr abnehmen, betont die DB. Alle bisherigen ICE 4 seien aber »jederzeit sicher«. Davon will sich auch das EBA überzeugen. Die Aufsicht hat den Zügen zuvor im vereinfachten Verfahren die Zulassung erteilt und wird von den Herstellern über die Probleme informiert. Generell sind Bahnunternehmen seit der Marktliberalisierung selbst für den sicheren Betrieb verantwortlich. Das EBA greift aber ein, falls es Auffälligkeiten gibt. So hat die Behörde beim Probebetrieb des ICE 4 bereits die Neubewertung des Radverschleißes verlangt, als der Zug ab Tempo 230 stärker vibrierte.

Erst im Juli 2019 wird die Auslieferung des ICE 4 fortgesetzt, die restlichen 112 Züge sollen bis 2024 ohne weitere Verzögerungen kommen. Die schwierige Reparatur der 15 Züge soll ab 2020 beginnen, zu Schadenersatzforderungen an die Hersteller will die DB noch nichts sagen. Tatsächlich ist der Konzern wieder einmal Leidtragender von Qualitäts- und Produktionsproblemen der Bahnindustrie. Nicht zum ersten Mal wird dabei Bombardier auffällig. Das kanadische Unternehmen, das in Deutschland zahlreiche Werke vor allem in der ehemaligen DDR übernommen hat, steht bereits wegen drastischer Lieferverzögerungen unter anderem bei den Stuttgarter Netzen und in der Schweiz in der Kritik. Auch der doppelstöckige Intercity 2 für die DB kam verspätet und mit vielen Fehlern, unter anderem beim Bordcomputer und der Zugsicherung.

Bei der in Berlin ansässigen Zugsparte Bombardier Transportation (BT) hat es bereits zahlreiche Personalwechsel gegeben. Besonders pikant: Nun soll ausgerechnet der frühere DB-Chef Grube als neuer Aufsichtsratsvorsitzender für Besserung sorgen, der den 8000-seitigen Mega-Auftrag für den ICE 4 im Mai 2011 mit dem damaligen Siemens-Chef Peter Löscher unterzeichnet hat. Rund zwei Milliarden Euro Umsatz und 30 Prozent Produktionsanteil entfallen dabei auf Bombardier. Das Unternehmen liefert Drehgestelle, Innenausbauten und die kompletten lackierten Rohbauten der Wagen, die aus Görlitz an der Grenze zu Polen kommen.

Aus Kostengründen hat BT viele Arbeiten nach Osteuropa verlagert. Die stählernen, rund 28 Meter langen Wagenkästen wurden im polnischen Werk Wrocław geschweißt. Dort soll ein einzelner Arbeiter nicht nach Vorschrift gearbeitet haben. Das habe Bombardier »im Rahmen des Qualitätsmanagements festgestellt«, heißt es Anfang April in einer knappen Mitteilung von Siemens und BT. Das EBA als Aufsichtsbehörde sei deshalb »proaktiv« informiert worden. Dem Schweißer fehlte dem Vernehmen nach auch das nötige Zertifikat.

In der Öffentlichkeit bemühen sich die Beteiligten, das peinliche Versagen herunterzuspielen. Denn als der erste ICE 4 fast zehn Jahre nach der Ausschreibung, langer Probezeit und einigen Verzögerungen endlich im Regelbetrieb startete, hofften alle, dass es weniger massive Technikprobleme gebe als bei der bisherigen Fernzugflotte. Doch schon bald machten Türsteuerungen und Bremsen einige Sorgen. Hier sei man aber »auf gutem Weg«, betont der zuständige DB-Vorstand Berthold Huber Mitte April im Interview. In seiner Zeit beim Konzern habe er noch keinen neuen Zug ohne »Kinderkrankheiten« erlebt.

An der Basis allerdings sind wieder mal ganz andere Aussagen zu hören. Demnach kommen die Instandhaltungswerke kaum hinterher mit Wartung und Reparaturen bei der ICE-Flotte. Das zunehmende Alter und die hohe Belastung mit täglich oft mehr als 1000 Kilometer Fahrtstrecke führen häufig zu Problemen. Eine DB-Sprecherin dagegen betont, von den rund 280 ICE seien alle »einsatzfähig« – bis auf den im Herbst 2018 bei Montabaur ausgebrannten ICE 3, der verloren ist. Im Juni 2019 kündigt der Konzern an, dass sieben ICE-Instandhaltungswerke für 500 Millionen Euro ausgebaut und mit weiteren 500 Mitarbeitern verstärkt werden sollen. Die größte Investition ist im ICE-Werk Berlin-Rummelsburg geplant: Dort werden längere Hallen errichtet, damit dort künftig der neue 13-teilige ICE 4 gewartet werden kann – denn der längste Zug der Flotte misst stolze 373 Meter.

# Stuttgart 21

## Das schwäbische Milliardengrab

Es ist ein absehbares Desaster. Doch die Hoffnung, dass die Politiker im Südwesten zur Vernunft kommen, erfüllt sich nicht. Zu viele geldwerte Interessen sind im Spiel, als Ende 2009 die Landesregierung Baden-Württemberg, die DB AG, der Bund und die Stadt entscheiden, mindestens vier Milliarden Euro Steuergeld im Projekt Stuttgart 21 zu versenken. Schon damals ahnen viele: Am Ende könnten der neue Tunnelbahnhof und die Neubaustrecken am Neckar auch doppelt so viel kosten.

Es fehlt nicht an Warnrufen von kritischen Bahnexperten und Akteuren vor Ort. Zum Beispiel, dass es viel wichtigere Schienenprojekte gebe, gerade im Südwesten. Schon seinerzeit ist klar: Für die Bahnfahrer, die Wirtschaft und das Klima bringen attraktive Regional- und S-Bahn-Strecken in der Fläche oder der zügige Ausbau der Gütertrasse im Rheintal mehr. Zudem ist Stuttgart exzellent ins Bahnnetz eingebunden, ein Umbau des historischen Kopfbahnhofs und der Ausbau bestehender Gleise reichten völlig aus. Doch trotz der öffentlichen Finanznot wird das Prestigeprojekt nicht gestrichen. Zwar lassen der damals neue DB-Chef Grube, Verkehrsminister Ramsauer und der designierte neue Ministerpräsident in Stuttgart, Stefan Mappus, Kosten und Risiken von S 21 und der ICE-Neubaustrecke nach Ulm nochmals prüfen. Aber das Trio vergibt die Chance zum Ausstieg.

Viele Menschen lehnen damals Stuttgart 21 ab. Das zeigen Meinungsumfragen. Laut Infratest befürworten die Pläne im Juni 2009 nur 39 Prozent der Stuttgarter. Zahlreiche Bürger befürchten, dass die Kosten explodieren, das Geld für wichtigere Projekte fehlt und es ein jahrelanges Baustellen- und Verkehrschaos geben wird, zudem die Tunnelbauten ihre Häuser gefährden könnten und die Mineralwasserquellen im geologisch hochsensiblen Stuttgarter Talkessel.

Tatsächlich gibt es zu solchen Befürchtungen allen Grund. S 21 ist ein gigantisches Projekt. Der Bahnverkehr in Stuttgart soll komplett in den Untergrund verschwinden, um Platz für Neubauten in der Stadtmitte zu schaffen, der markante Hauptbahnhof von Paul Bonatz teils abgerissen und durch eine unterirdische Durchgangsstation ersetzt werden. Die Züge werden künftig in 59 Kilometer langen Tunneln unter der Stadt fahren und in neuen Schleifen direkt an den Flughafen auf der Filderhöhe und eine ICE-Neubaustrecke nach Ulm angebunden werden.

Überregional bleibt der Protest lange überschaubar. Denn Politik und Konzern tun alles dafür, die unterirdische Neuordnung des Bahnknotens Stuttgart als ganz großen Wurf für den deutschen Schienenverkehr anzupreisen und die Kosten für das angeblich »bestgeplante Projekt Deutschlands« schönzurechnen – vor allem gegenüber einer viel preiswerteren Modernisierung der bewährten oberirdischen Anlagen. Das Ergebnis ist bekannt: Anfang 2010 startet der Bau und soll 2019 fertig werden. Doch inzwischen ist die Eröffnung mehrfach auf nun Ende 2025 verschoben worden.

Neben der Endlosbaustelle am Berliner Flughafen BER ist S 21 der größte und peinlichste Problemfall unter den missratenen deutschen Infrastrukturprojekten. Am Neckar wie an der Spree haben sich Kalkulationen und Terminpläne ein ums andere Mal als leere Versprechen offenkundig überforderter und unfähiger Manager erwiesen. Ironie der Geschichte: Bei beiden Skandalprojekten spielt Hartmut Mehdorn eine Rolle. Als neuer Bahnchef hat er das bereits beerdigte Großprojekt S 21 um die Jahrtausendwende zu neuem Leben erweckt, nach seinem unfreiwilligen Abgang bei der DB versuchte er ab 2013 als BER-Sanierer an der Spree vergeblich sein Glück.

Maßgeblich verantwortlich für die Fehlentwicklungen sind jedoch andere. Bei beiden Projekten hat die Politik stur ökonomisch unsinnige Prestigeprojekte durchgesetzt. In Berlin wird ausgerechnet der schlechteste Standort beim stadtnahen Schönefeld für den Bau eines Großflughafens gewählt, obwohl von vornherein klar ist, dass Lärmschutz und Nachtflugverbote den Bau enorm verteuern, den Betrieb beeinträchtigen und die Wirtschaftlichkeit gefährden würden. In Stuttgart wiederum haben sich die Projektkosten schon vor dem ersten Spatenstich wegen der enormen Risiken massiv erhöht, ohne dass die Verantwortlichen die waghalsigen Pläne aufgeben. Im Gegenteil: S 21 wird zum Politikum – zur Machtfrage für die Kanzlerin und ihre schwarz-gelbe Regierung. Im Herbst 2010 erklärt Angela Merkel das auch intern heftig umstrittene Projekt gar zum Maßstab für die Zukunftsfähigkeit Deutschlands. S 21 müsse kommen, sonst sei das Land unregierbar, Europa in Gefahr und kein Großvorhaben mehr durchsetzbar.[25]

Das ist natürlich absurd, verfehlt aber die beabsichtigte Wirkung nicht. Die meisten Kritiker in Regierungskreisen verstummen, auch der anfangs zweifelnde neue Bahnchef Grube wird rasch auf Linie gebracht. Der Aufsichtsrat des Konzerns stimmt fortan mehrfach der Weiterführung zu, trotz wachsender Baurisiken, steigender Mehrkosten und krasser Unwirtschaftlichkeit für die DB AG. Juristen wie Eisenhart von Loeper vom Aktionsbündnis gegen S 21 stellen deshalb wiederholt Strafanzeigen wegen Untreueverdachts gegen Vorstände und Aufsichtsräte, darunter auch der frühere Leiter des Bundeskanzleramts, der CDU-Politiker Ronald Pofalla, der politisch Einfluss genommen hat. Doch die Berliner Staatsanwaltschaft belässt es bei Vorermittlungen.

Die Strafanzeigen und Untreue-Vorwürfe gegen die DB-Spitze sind nicht aus der Luft gegriffen. Tatsächlich schadet S 21 der Bahn viel mehr als es nutzt. Das hat der Konzern nach langem Abstreiten mittlerweile eingeräumt. Im Verkehrsausschuss des Bundestages gibt der neue DB-Chef Richard Lutz im April 2018 zu, dass der Staatskonzern mit dem Vorhaben mindestens 2,2 Milliarden Euro Verlust machen wird. Eine vertrauliche interne DB-Analyse für Lutz und Pofalla rechnet auf acht Seiten vor, dass S 21 für die DB AG nur 656 Millionen Euro »positive Effekte« bringt und 1,15 Milliarden aus dem Verkauf von Gleisgelände. Dem stehen aber vier Milliarden Euro eigene Kosten gegenüber. Das bestätigt die zentrale Kritik aller Gegner: Die Bahn baut sich mit S 21 ein Milliardengrab.

Die Frage ist: Nahm die Spitze des Staatskonzerns die massiven Nachteile des Prestigeprojekts wegen des politischen Drucks fortgesetzt in Kauf? Das wäre für ein Aktienunternehmen sehr problematisch, weil ein Vorstand sich in der Tat der Untreue schuldig macht, wenn er zum Schaden seines Konzerns handelt. Lutz, seit 1994 in Führungspositionen im Konzern, bestreitet den Vorwurf. Wären die Belastungen 2009 vor Baubeginn bekannt gewesen, »hätten wir das Projekt nicht gemacht«, erklärte er vor den Experten des Bundestags. Auch Abgeordnete sehen das bis heute als bloße Schutzbehauptung. Denn schon 2008 warnte der Bundesrechnungshof die Bundesregierung vor Mehrkosten in Milliardenhöhe, deren Finanzierung offen sei. Im Untersuchungsbericht heißt es explizit, das Projekt berge »bedeutende finanzielle Risiken« für alle Steuerzahler, ausreichende Transparenz und Kontrolle fehlten.[26]

Es gibt viele Indizien, dass sich auch für die DB-Spitze sehr früh abzeichnete, dass S 21 ein brutales Verlustgeschäft mit vielen Nachteilen werden würde. Zumal der Bahnknoten Stuttgart sehr gut funktionierte und der Kopfbahnhof zu den Stationen mit der bundesweit besten Pünktlichkeit gehörte. So ließ der damalige Bahnchef Johannes Ludewig das »Jahrhundertprojekt« seines Vorgängers Heinz Dürr bereits Ende der 1990er Jahre stoppen. Nicht zu verantworten, hieß es damals intern.

## Die Schwaben-Connection und ihr Immobilienprojekt

Dabei erscheint die Grundidee erst mal einleuchtend: Durch die Verlegung von Bahnhof und Gleisen unter die Erde werden in bester Innenstadtlage fast 100 Hektar wertvolle Bauflächen für neue Läden, Wohnungen und Büros frei, deren Vermarktung die hohen Projektkosten locker finanziert. So weit die Theorie. In der Praxis werden ähnliche Pläne für Frankfurt 21 oder München 21 bald wieder aufgegeben. Zu teuer, zu riskant, erkennt man dort. Da hilft es auch nichts, dass PR-Strategen die strittigen Projekte geschickt in Bezug zur Nachhaltigkeitsstrategie Agenda 21 von Rio setzen. Trotz des grünen Anstrichs bleibt nur S 21 übrig. Denn im reichen

Stuttgart zieht eine »Schwaben-Connection« von CDU-Politikern mit dem vormaligen Daimler-Manager und AEG-Chef Dürr die Strippen für den viele Milliarden schweren Immobiliendeal.

Als am 18. April 1994 zum ersten Mal die »Ideenskizze« am Neckar präsentiert wird, sitzen mit Dürr gute Bekannte auf dem Podium. Bundesverkehrsminister Matthias Wissmann ist hochrangiger CDU-Funktionär aus dem Südwesten und schwärmt von einem »großartigen Projekt«, Stuttgart könne Modell für andere Städte werden. Baden-Württembergs CDU-Ministerpräsident Erwin Teufel sieht eine »Riesenchance für ein neues Stuttgart«, auch sein Parteifreund und Oberbürgermeister Manfred Rommel lässt sich überzeugen.[27]

Vom Schienenverkehr ist an diesem Tag weniger die Rede, dafür viel von Stadtentwicklung, Immobilienverkäufen und Konjunkturprogrammen für die regionale Wirtschaft. Die enormen Kosten und Risiken des Projekts im schwierigen Stuttgarter Untergrund werden von Beginn an schöngeredet. Ebenso wie die Nachteile für den Bahnverkehr. So wird die neue Durchgangsstation in der Tiefe nur noch acht Gleise haben und nicht mehr 16 wie der denkmalgeschützte Stuttgarter Kopfbahnhof – und damit deutlich weniger Kapazität, was künftiges Wachstum und attraktiven Taktverkehr fast unmöglich machen könnte. Zudem muss die 400 Meter lange Tiefstation wegen vorhandener S-Bahn- und U-Bahn-Röhren in problematischer Schräglage gebaut werden. Der Höhenunterschied zwischen Anfang und Ende der Bahnsteige beträgt sechs Meter – was die Unfallgefahren erhöht. Der Brandschutz gilt wegen der engen Fluchtwege im Untergrund ebenfalls als Problem. Das zuständige Eisenbahn-Bundesamt, eine weisungsgebundene Behörde der Bundesregierung, gibt die Bauvorhaben dennoch frei.

Schnell wird klar, dass S 21 von Beginn an ein Immobilienprojekt ist, dem die Interessen des Schienenverkehrs untergeordnet werden. Dürr und seine Schwaben-Connection nutzen dabei die neue Freiheit der Bahn, die Anfang des Jahres zur Aktiengesellschaft umgewandelt worden ist und mit ihren Gleisanlagen und Bahnhöfen zu den größten Grundstücksbesitzern Deutschlands gehört. Es sei ja »unglaublich, wie viel totes Kapital hier herumliegt«, betont Dürr bei der ersten Präsentation und setzt fortan auf die lukrative Flächenvermarktung. Dazu kann der Konzern erreichen, dass entgegen der Festlegungen der Bahnreform auch die meisten bundeseigenen Grundstücke, die nicht mehr für den Betrieb nötig sind, im Besitz der neuen Aktiengesellschaft bleiben. Das freut die Immobilienbranche, die Milliardengeschäfte wittert.

Bei der Architektur-Biennale 1996 in Venedig werden die 21er-Projekte sogar groß präsentiert. Titel: »Renaissance der Bahnhöfe als städtebaulicher Nukleus«. Träger ist der Bund Deutscher Architekten, der mit der DB AG gleich noch einen teuren Katalog herausgibt, der an die Medien verschickt wird und in dem Dürr (»Bahn frei für die neue Stadt«) für die unterirdischen Vorhaben wirbt.[28] Schon Ende 1993 bespricht der DB-Chef die Tunnelprojekte unter anderem mit dem Hamburger Architekten Meinhard von Gerkan, der sich gerne einbinden und seinen Einfluss spielen lässt, um die »lukrative Verwertbarkeit nicht benötigter Liegenschaften« voranzubringen. Die staatlichen Bahnen hätten ihr Tafelsilber verrotten lassen, anstatt damit zu wuchern, schreibt Gerkan damals im Werbekatalog.

Trotz allen Werberummels und schöner Zukunftsvisionen zeigt sich schnell, dass das anfängliche Versprechen unhaltbar ist, die Tunnelprojekte finanzierten sich quasi von selbst. Bereits die erste Machbarkeitsstudie veranschlagt Anfang 1995 die Kosten auf 2,5 Milliarden Euro. Auf dieser Basis unterzeichnen Bund, Land, Stadt und DB Ende des Jahres die erste Rahmenvereinbarung. Wenige Tage später gründet der Kunstmaler Gangolf Stocker mit »Leben in Stuttgart – Kein Stuttgart 21« die erste Protestbewegung gegen S 21, die einen Bürgerentscheid fordert. Mit dem Wechsel an der DB-Spitze scheint sich das Projekt ohnehin erledigt zu haben. Dürrs Nachfolger Johannes Ludewig lässt Mitte 1999 die Planungen stoppen, verliert aber bereits wenige Monate später sein Amt.

Unter dem neuen Bahnchef Mehdorn wird am 24. Juli 2001 der Vertrag für S 21 geschlossen. Der Konzern lässt sich die Zusage teuer bezahlen. Die Stadt kauft ihm Grundstücke für 459 Millionen

Euro ab. Das Land bezuschusst die bundeseigene ICE-Neubaustrecke gen Ulm mit 950 Millionen Euro, um die zu S 21 gehörende Piste vorrangig gegen andere Bundesprojekte durchzusetzen, und schanzt der DB zudem einen hoch lukrativen milliardenschweren Zehnjahres-Monopolvertrag für den Regionalverkehr im Südwesten zu – ohne Ausschreibung.

Dennoch bleibt die Realisierung wegen langwieriger Planungen, vieler Klagen gegen Genehmigungen, steigender Kosten und fehlender Finanzierung lange ungewiss. Zumal das Hauen und Stechen um die immer knapper werdenden Steuermittel für Verkehrsprojekte zunimmt und andere Bundesländer zu Recht fürchten, dass S 21 so teuer wird, dass Geld für andere Bahnprojekte fehlt. Auch der Widerstand der Bürger wächst, je mehr Ungereimtheiten und Rechentricks ans Licht kommen. S 21 löst eine der größten und anhaltendsten Protestbewegungen in Deutschland aus, mit bereits 472 Montagsdemos bis Juli 2019 und durchgehenden Mahnwachen in der Stuttgarter Innenstadt.[29]

Als am 30. September 2010 Parkschützer im Schlossgarten gegen Abholzungen auf dem Baufeld demonstrieren und die Landesregierung die Polizei mit Wasserwerfern unangemessen hart durchgreifen lässt, rückt das Thema auch bundesweit ins angemessene Blickfeld. Die Politik versucht, die Wogen mit einer Schlichtung zu glätten. An neun Tagen kommt es Ende 2010 zwischen Befürwortern und Gegnern des Projekts zu harten Wortgefechten, die Sitzungen unter Leitung von Heiner Geißler werden live im Fernsehen übertragen.[30] Mageres Ergebnis ist unter anderem, dass die DB eine Simulation durchführen muss, ob der Tiefbahnhof ausreichend Kapazitäten hat. Dieser »Stresstest« liefert die vom Konzern gewünschten Leistungsdaten, ist aber bis heute sehr umstritten. Geißler schlägt ganz am Ende überraschend auch ein interessantes Kombimodell mit dem Erhalt oberirdischer Bahnanlagen vor, das aber von den S 21-Anhängern schnell und pauschal für unrealistisch erklärt wird.

Bei der Wahl erhält die CDU-Landesregierung in Baden-Württemberg die Quittung vom Volk und wird nach 58 Jahren Herrschaft abgelöst. Am 12. Mai 2011 kommt mit Winfried Kretschmann erstmals in Deutschland ein grüner Ministerpräsident an die Macht. Noch eine Ironie der Geschichte: In der Regierung setzen seither die Grünen als vormalige erklärte Gegner des Projekts die Verträge mit den Projektpartnern um. Dazu sieht Kretschmann das Land verpflichtet, weshalb mancher Anhänger der Partei schwer enttäuscht den Rücken gekehrt hat. Fakt ist: Bei der Volksabstimmung am 27. November 2011, die der Koalitionspartner SPD durchgesetzt hat, stimmen die Bürger im Südwesten knapp gegen den Ausstieg des Landes aus der Finanzierung und damit faktisch für die Fortsetzung.

Allerdings bekommen die DB und die Bundesregierung mit dem neuen Landesverkehrsminister Winfried Hermann einen unbequemen Projektpartner in den S 21-Gremien. Schon als Bundestagsabgeordneter hat der grüne Verkehrsexperte S 21 massiv kritisiert und hält es für »das unsinnigste Projekt der Bahngeschichte«. Die Übernahme von Mehrkosten lehnt das Land bisher ab.

### Schönrechnen und Verschweigen

Für die Bahn wird das Großprojekt wie erwartet zur schweren Last. Wegen vieler Probleme im schwierigen Stuttgarter Untergrund hat sich die Fertigstellung mehrfach auf aktuell Ende 2025 verschoben. Dann werden 40 Jahre seit der ersten Rahmenvereinbarung für S 21 vergangen sein. Wie befürchtet haben sich die Kosten seit Baustart nochmals auf offiziell bis zu 8,2 Milliarden Euro verdoppelt. Die gesamten Mehrkosten muss im schlimmsten Fall die DB AG als verantwortlicher Bauherr tragen, da die Projektpartner Land, Stadt, Region und Flughafen Stuttgart eine Beteiligung unter Verweis auf die Verträge verweigern. Die DB AG klagt vor Gericht.

Sollte ihr der Erfolg auf dem Rechtsweg verwehrt bleiben, müsste das ohnehin schon hochverschuldete und ertragsschwache Bundesunternehmen nach jetzigem Stand 5,2 Milliarden Euro für S 21 aus eigener Kasse aufbringen, wie der Bundesrechnungshof ermittelt hat.[31] Das ist mehr als drei Mal so viel wie einst geplant und fast das Zehnfache des Jahresüberschusses von 2018. Der bisherige Bau wurde fast komplett aus Steuer- und Fördermitteln bezahlt, nun ist die DB AG an der Reihe. Wie das gehen soll, ohne dass andere Bahnprojekte und der gesamte Konzern darunter leiden, ist offen.

Gewarnt hat die Prüfbehörde die Regierung immer wieder, trotzdem wurde weitergebaut, stets mit dem fragwürdigen Argument, ein Ausstieg wäre noch teurer und hinterlasse eine Investitionsruine. Der Rechnungshof vertiefte seine Prüfungen, nachdem der DB-Aufsichtsrat im Frühjahr 2013 beschlossen hatte, S 21 trotz erneuter großer Bauprobleme und Verzögerungen, hoher Mehrkosten, ungeklärter Finanzierung und fraglicher Wirtschaftlichkeit fortzuführen. Die Behörde nahm viele vertrauliche Dokumente auch direkt vor Ort in der Berliner DB-Zentrale unter die Lupe, ebenso bei den drei Bundesministerien, die mit Staatssekretären im Aufsichtsrat vertreten sind. Dadurch sind die Prüfer gut informiert. Da viele Informationen aber als Geschäftsgeheimnisse der DB AG gelten, liegen einige Berichte in der Geheimschutzstelle des Bundestags unter Verschluss und sind nur unter strengen Auflagen für Abgeordnete einsehbar.

Dazu zählt das Gutachten vom Herbst 2016 zu den Gesamtkosten von S 21, die darin schon damals auf knapp zehn Milliarden Euro veranschlagt werden. Der Inhalt des Prüfberichts für den Bundestag wird kurz vor der Grundsteinlegung für den Tiefbahnhof bekannt. Darin warnt der Rechnungshof vor weiteren Kosten- und Baurisiken bei S 21 zulasten der Steuerzahler und fordert eine viel strengere Überwachung durch die Bundesregierung. Beim Festakt behauptete die Bahn jedoch weiterhin, Kosten von 6,5 Milliarden Euro würden nicht überschritten und auch der Starttermin 2021 werde eingehalten – obwohl auch diese Ziele intern längst als unhaltbar galten und schon bald darauf ein weiteres Mal korrigiert werden.

Das Schönrechnen und Verschweigen hat bei S 21 unselige Tradition. Bereits 2009 warnte der Bahnexperte der Beratungsfirma KCW, Michael Holzhey, dass S 21 und die ICE-Piste nach Ulm statt der damals veranschlagten 6,5 Milliarden Euro mindestens zehn Milliarden kosten und die Mittel für andere Projekte fehlen würden. »Die Kritik ist realitätsfern«, empörte sich DB-Projektsprecher und Landtagsvizepräsident Wolfgang Drexler (SPD). Mittlerweile sind für beide Projekte bereits rund zwölf Milliarden Euro veranschlagt – und das Geld für neue und laufende Vorhaben fehlt der Bahn und der Regierung hinten und vorne. Die Bahn sei »Täter und Opfer zugleich«, weil der Konzern ein unwirtschaftliches Vorhaben baue und dazu von der Politik gezwungen werde, kritisierte Holzhey damals. Der Berater rechnete zudem vor, wie der Konzern auch seine eigene Bilanz durch die Einnahmen aus den Grundstücksverkäufen zunächst schönen könne und DB-Chef Grube deshalb kein Interesse habe, noch rechtzeitig aus dem waghalsigen Tunnelprojekt auszusteigen.

Nachdem die Grünen erstmals die Regierung in Stuttgart übernommen hatten, kam überdies heraus, dass die Bahn eine Kostenexplosion von mehr als 900 Millionen Euro bei den geplanten Tunneln fast ein Jahr lang verheimlicht hat. Erst nach der Unterzeichnung des umstrittenen Finanzierungsvertrags zum Bau von S 21 am 2. April 2009 wurden Land und Stadt damit konfrontiert. Das beweisen interne Dokumente des zuvor CDU-geführten Verkehrsministeriums aus dem Jahr 2009. Die zutage geförderten Akten sind besonders brisant, weil S 21 kaum beschlossen worden wäre, hätten die Verantwortlichen die vielfach höheren Tunnelkosten nicht lange wider besseres Wissen verleugnet.

So darf sich niemand wundern, dass der Politikverdruss wächst. Denn die ganze Wahrheit über Bau-, Kosten- und Terminrisiken erfahren die Bürger und Steuerzahler, die letztlich für S 21 aufkommen müssen, meist nur stückweise nachträglich aus den Medien und selten von den Verantwortlichen selbst. Über viele Jahre hinweg werden die Bürger faktisch für dumm verkauft. Das gilt auch für die Volksabstimmung zur Weiterführung des Projekts. Erst danach kamen mehrere weitere drastische Verteuerungen und Verspätungen heraus. So verliert die Bahn ihre Glaubwürdigkeit, ebenso ihre wechselnden Projektsprecher. Kritiker sind bis heute überzeugt, dass die Mehrheit der Wähler die Weiterfinanzierung abgelehnt hätte, wenn die wahren Risiken und Kosten bekannt gewesen und nicht von den Befürwortern und der DB AG bestritten worden wären.

Die kritische Bilanz, die der Bundesrechnungshof Anfang 2019 in seinem Bericht zu 25 Jahren Bahnreform zieht, könnte jedenfalls auch hinsichtlich S 21 kaum deutlicher ausfallen. Das Projekt wird ausdrücklich als Beispiel für viele Fehlentwicklungen bei der DB AG und in der Verkehrspolitik genannt. Es sei »eine Fehlinvestition« und auch nach DB-Angaben unwirtschaftlich.[32] Das Geld fehle an anderer Stelle für dringende Maßnahmen, zumal die DB AG seit 2017 ihre Investitionen nicht mehr aus laufenden Einnahmen finanzieren könne. Das Fazit der Prüfer im Wortlaut:

»Der Bundesrechnungshof bezweifelt, dass derartige Investitionen zum Erreichen der verkehrs-, umwelt- und klimaschutzpolitischen Ziele der Bundesregierung beitragen. Im Gegenteil: Für falsche Schwerpunkte verwendete oder unwirtschaftlich eingesetzte Investitionsmittel fehlen der DB AG bei betriebsnotwendigen Vorhaben und beeinträchtigen die gewünschten Fortschritte bei der Eisenbahn in Deutschland.«

Der Bahnexperte Winfried Wolf, der zu den Aktivisten gegen S 21 zählt und mehrere Bücher dazu verfasst hat, geht mit Blick auf Kosten- und Baurisiken noch weiter: Beim größten deutschen Bauprojekt würden aus Gründen der Staatsräson sogar die Gesetze der Logik, Physik und Geologie missachtet. Für eine gigantische Summe Steuergeld werde am Neckar die Kapazität der Bahn nicht vergrößert, sondern verkleinert.[33]

## Probleme beim Bau

Doch die Politik und die Bahn halten an ihrem Kurs fest. Konzernchef Lutz erklärt nach seinem Amtsantritt, er sei »finster entschlossen«, S 21 zu Ende zu bauen. Man könnte ergänzen: Koste es, was es wolle. Mitte 2019 muss der DB-Aufsichtsrat bereits die Risikoreserve von 495 Millionen Euro freigeben, die eigentlich bis zur Eröffnung Ende 2025 reichen soll. Damit zeichnet sich ab, dass auch 8,2 Milliarden Euro Baukosten überschritten werden.

Denn die Ausgaben bei den Tunneln und dem Tiefbahnhof wachsen weiter, auch wegen des enormen Mehraufwands, den das Anhydrit im Stuttgarter Untergrund erfordert. Das Kalkgestein kann bei Wasserkontakt aufquellen und selbst meterdicke Tunnel so beschädigen, dass kein Gleis mehr befahrbar ist. Eine jahrelange Sperrung der Röhren zur Sanierung wäre nötig, ähnlich wie bei mehreren schon ähnlich beschädigten Straßentunneln, die später zu enorm teuren Sanierungsfällen wurden.[34]

Bei S 21 führen mehr als 15 Kilometer der Röhren durch das problematische Gestein. Inzwischen seien 44 Kilometer und damit drei Viertel der Tunnel ausgehoben, teilte die DB Anfang März 2019 mit. Bisher habe es keine wesentlichen Anhebungen gegeben. Allerdings sind die sehr teuren und extrem aufwendigen Abdichtungen der Tunnel, bei denen Kunststoffmassen ins umgebende Gestein injiziert werden, erst zu 40 Prozent abgeschlossen. Mit den bisher unerprobten Pilotverfahren wird versucht, die Tunnelumgebung gegen Wasserzutritt zu schützen. Ob das auf Dauer gelingt, halten Geologen für fraglich. Falls nicht, hätten später die Stuttgarter und die Steuerzahler die teuren Folgen zu tragen. Bei Tunnelsperrungen wäre ein Verkehrschaos am Neckar programmiert, weil bisher kein Plan B für eine solche Blockade im Untergrund existiert.

Auch von der DB beauftragte Gutachter und der Rechnungshof warnen explizit vor den Tunnelrisiken und den langfristigen Kosten. Kritiker fordern daher den Erhalt oberirdischer Anlagen und eine Kombi-Lösung, die bereits bei der S 21-Schlichtung vorgeschlagen wurde. Die Bahn könnte dann ober- und unterirdisch fahren, hätte Ausweichmöglichkeiten und mehr Kapazitäten. Doch dafür sind teure Umplanungen nötig, zudem könnte ein Teil der Gleisflächen nicht vermarktet werden – weshalb sich die DB diesem zukunftsweisenden Vorschlag bisher verweigert.

Im Frühjahr 2019 sind für S 21 laut internen Unterlagen immer noch Aufträge in Milliardenhöhe zu vergeben. Da die Baupreise stark gestiegen sind, scheint eine weitere Kostenexplosion nur eine Frage der Zeit zu sein. Die Bauprobleme bleiben enorm. So muss für den extrem aufwendigen Tiefbau das 15 000 Tonnen schwere frühere Direktionsgebäude der Bundesbahn frei auf Betonstelzen gestellt werden. Beim Tunnel nach Obertürkheim laufen auf einem Abschnitt von 300 Metern rund 30 Liter Grundwasser pro Sekunde von oben in das Bauwerk und müssen laufend weggepumpt werden. Monatelang ruhen die Arbeiten deshalb weitgehend, um alternative Abdichtungsmethoden zu erproben, darunter eine Vakuumtechnik und das Verpressen von Zementgemisch.

Mitte 2018 räumte ein hochrangiger Beteiligter offen ein, dass solche Risiken zwar bekannt gewesen sind, bei den Kostenrechnungen aber von Beginn an außen vor gelassen wurden, um das Projekt politisch durchzusetzen: Thilo Sarrazin. Die AfD hatte ihn als Experten für die S 21-Anhörung im Bundestags-Verkehrsausschuss benannt. Vor seiner Tätigkeit als Bundesbanker und Berliner Finanzsenator war er Netzvorstand der Deutschen Bahn und Chef der DB-Konzernrevision gewesen – und davor wiederum sieben Jahre lang im Bundesfinanzministerium federführend zuständig für die Genehmigung der Wirtschaftspläne der damaligen Deutschen Bundesbahn.

Im Ministerium sei er bereits Ende der 1980er Jahre mit den S 21-Plänen konfrontiert worden, die er für »utopisch« gehalten habe, so Sarrazin. Als ihn Hartmut Mehdorn im Jahr 2000 zur DB holte, sei das Projekt »praktisch eingefroren« gewesen, weil es »als besonders unrentabel galt«. Im Auftrag Mehdorns habe er die geplanten DB-Großprojekte nach Rentabilität berechnet. Dabei habe S 21 den »mit Abstand hintersten Rangplatz« eingenommen. Umso erstaunter sei er gewesen, als Mehdorn im Herbst 2000 erklärte, das Projekt dennoch wiederbeleben zu wollen. Maßgeblich sei die Zusage der damaligen CDU-Landesregierung gewesen, dafür den milliardenschweren Nahverkehrsvertrag ohne jede Ausschreibung langfristig an den Konzern zu vergeben. Sarrazin führte nach eigener Aussage die Verhandlungen und schloss die wichtige Rahmenvereinbarung der DB mit der Stadt, dem Land Baden-Württemberg sowie dem Verband Region Stuttgart am 24. Juli 2001.

Damals sei aber »völlig klar« gewesen, dass »die wie immer berechnete Wirtschaftlichkeit des Projekts Stuttgart 21 so oder so in sich zusammenbrechen würde, wenn sich nur ein kleiner Teil der Risiken, etwa im Tunnelbau, materialisierte«. Bereits im März 2001 habe ein PWC-Gutachten die Mehrkostenrisiken bei S 21 auf 930 Millionen DM taxiert und gewarnt, dass die Risikozuschläge äußerst knapp bemessen und viele Probleme, vor allem bei den Tunneln, »nicht abschätzbar« seien. Nur mit der Ausklammerung aller Risiken habe die Wirtschaftlichkeitsrechnung »ein knapp positives Ergebnis« gebracht, so der frühere DB-Vorstand. Zuvor habe schon 1999 ein Wibera-Gutachten gezeigt, dass S 21 unwirtschaftlich sei.

Dennoch hält der Ex-Manager inzwischen eine Einstellung des Projekts wegen der hohen Vorleistungen beim Tunnelbau für »verfehlt«. Gewinner seien Stuttgart und Baden-Württemberg. Denn durch ihre begrenzten Finanzierungsbeiträge seien die schöngefärbte Wirtschaftlichkeit von S 21 scheinbar sichergestellt und Bahn wie Bund »in ein großes finanzieller Risiko getrieben« worden. Dieses Risiko sei aber mindestens den beteiligten sachkundigen Beamten im Finanzministerium und DB-Mitarbeitern »vollständig bekannt« gewesen.

Für Alexander Eisenkopf von der Zeppelin Universität Friedrichshafen steht dagegen fest: Wenn die DB AG ein privates Unternehmen wäre, hätte sie S 21 längst gestoppt. Als Staatskonzern sei sie aber nicht konkursfähig, und letztlich werde der Steuerzahler einspringen. »S 21 ist ein Lehrbuchbeispiel für Risiken und Fehler bei politisch beeinflussten Großprojekten«, kritisiert der Professor, der im wissenschaftlichen Beirat des federführenden Bundesverkehrsministeriums sitzt.

# Lieferdebakel
## Wenn Europas größte Güterbahn ins Abseits fährt

Eine schöne Initiative: Anfang 2019 fährt ein von Künstlern bunt bemalter Zug von der Weltklimakonferenz im polnischen Katowice gen Wien, macht halt in Berlin und steuert über Paris sein Ziel Brüssel an. Die pfiffige Werbefahrt von »Noah's Train« hat eine klare Botschaft: Die Politik soll endlich die Weichen stellen, damit der enorm wachsende Güterverkehr in Europa mehr auf die Schiene verlagert wird. Der Marktanteil der Güterbahnen, die hinter der Aktion stecken, liegt bei kaum 19 Prozent. Wenigstens 30 Prozent sollen es bis 2030 sein, so das Ziel.[35]

Für den Klimaschutz wäre das eine zentrale Maßnahme. Ein Güterzug stößt fünf Mal weniger Schadstoffe pro Tonne und Kilometer aus als ein Lkw. Dennoch kommt die Verlagerung seit Jahrzehnten nicht voran – vor allem, weil die Politik viel zu wenig dafür tut. So rollt der allergrößte Teil der Fracht über die Straßen. Und das mit weiter steigender Tendenz und Folgen in ganz Europa: überlastete Autobahnen, erhöhte Unfallrisiken, massive Luft- und Lärmbelastung.

Der Vorteil von Lkw-Transporten: Sie sind oft schneller, billiger und zuverlässiger. Ein Grund dafür ist, dass sich Europas größte Frachtbahn, die DB Cargo AG, »in keinem guten Zustand« befindet, wie es vornehm in der internen »Agenda für eine bessere Bahn« von Konzernchef Richard Lutz heißt. Man könnte es deutlicher sagen: Die Lage bei dem Unternehmen mit europaweit fast 29 000 Mitarbeitern und Sitz in Mainz ist katastrophal. Das zeigen die vertraulichen Papiere für den Aufsichtsrat.[36] Bereits seit der Finanzkrise, als die Wirtschaft weltweit einbrach, sei die wirtschaftliche Situation von DB Cargo »nicht zukunftsfähig«.

In Zahlen: Seit 2000 hat sich der Marktanteil des Ex-Monopolisten beim Schienengüterverkehr in Deutschland fast halbiert. Das

Transportvolumen schrumpfte um mehr als ein Drittel auf nur noch 186 Millionen Tonnen. Neue private Güterbahnen operieren erfolgreicher und jagen dem schwerfälligen Marktführer lukrative Aufträge ab. Die Verluste lägen »über den Erwartungen«, heißt es selbstkritisch. Die Folge: Seit 2015 hat das Staatsunternehmen mit seiner Frachtbahn 545 Millionen Euro Verlust vor Zinsen und Steuern (EBIT) eingefahren, allein 190 Millionen 2018. Obwohl der Güterverkehr stark wächst, schrumpfte zudem der Umsatz auf knapp 4,5 Milliarden Euro. Als Ursachen der Misere werden neben margenschwachen Geschäften ausdrücklich »operative Schwächen« und eine »instabile Produktion« benannt.

Der Niedergang der DB Cargo AG gilt als krasses Beispiel für Missmanagement. Seit 2008 hat es sechs Sanierungskonzepte und mehr als 20 Wechsel im Vorstand gegeben, fast die Hälfte davon im wichtigsten Bereich Produktion. Mehrere Tausend Stellen wurden gestrichen, Loks verkauft, Waggons verschrottet, viele Verladestellen geschlossen. Das alles aber habe »den Verfall nur beschleunigt«, kritisierte die Gewerkschaft EVG schon vor Jahren, als neue Sparpläne Unruhe auslösen.

Der damalige Bahnchef Rüdiger Grube bekam den Ärger der Beschäftigten zu spüren. Denn Ende 2015 wurden durch Medienberichte Details seines mit McKinsey erarbeiteten Rotstiftplans »Zukunft Bahn« bekannt: 18 von 39 deutschen Standorten der Frachtbahn sollten wegfallen, dazu 500 der 1500 Verladestellen und bis zu 5000 der 31 000 Stellen. Gleichzeitig kam heraus, dass die Bahn mittelfristig weitere fünf Milliarden Euro in Auslands- und Logistikgeschäfte stecken wolle.[37] EVG-Chef Alexander Kirchner kündigte an, dagegen mobil zu machen. »Das ist kein Zukunftskonzept, sondern eine Kapitulation«, schimpfte Cargo-Betriebsratschef Jörg Hensel. Unter dem Motto »Stoppt den Kahlschlag!« demonstrierten die Beschäftigten Mitte 2016 vor dem DB-Tower in Berlin.

Das zeigte Wirkung. Im Konzernaufsichtsrat verweigerten Arbeitnehmer- und auch SPD-Vertreter auf der Eigentümerseite mehrfach die Zustimmung – ein bis heute einmaliger Fall. Dennoch hielt die DB-Spitze zunächst an der Schließung vieler Verladestellen fest. Ende 2016 drohte die totale Blockade im Aufsichtsrat. Kurz nach Grubes Rücktritt Ende Januar 2017 kam es jedoch zunächst zu einem überraschenden Interessenausgleich zwischen Vorstand und Betriebsrat, bei dem der Abbau von 1935 Stellen ohne betriebsbedingte Kündigungen vereinbart wurde.

Mit dem Konzept »Güterarbeit 2030« legten Betriebsrat und EVG eine eigene Wachstumsstrategie vor. Doch Union und SPD zerstritten sich vor den Bundestagswahlen im September 2017 zusehends in der Frage des richtigen Bahnkurses. So wurde auch die Berufung des ungeliebten Cargo-Chefs Jürgen Wilder in den Konzernvorstand blockiert, der darauf die DB im Oktober 2017 ebenfalls verließ. Wegen des Streits blieben Spitzenposten monatelang unbesetzt. Erst nach acht Monaten Hängepartie konnte der Konzern drei neue Vorstände bestellen. Der Investmentbanker Alexander Doll wurde für Güterbahn und Logistik zuständig, wenig später der frühere Daimler-Manager Roland Bosch zum neuen Chef der Frachtsparte berufen.

Damit übernahm Bosch eine schwere Aufgabe. DB Cargo hatte viele Kunden an effizientere Konkurrenten verloren. Wichtige Auftraggeber aus der Stahl- und Chemiebranche kritisierten wiederholt massive Lieferprobleme, die sogar die laufende Produktion gefährdeten. Die wochenlange Sperrung der zentralen Rheintalstrecke wegen der Tunnelhavarie bei Rastatt vergraulte Mitte 2017 zudem viele Kunden nachhaltig und verursachte auch wegen unzureichender Ausweichstrecken Milliardenschäden.

Die Rotstiftpläne Grubes wurden nun zwar eingedampft, statt Stellenabbau sollten sogar 2000 neue Leute eingestellt werden. Doch die wichtige regionale Präsenz verringerte sich durch stärkere Zentralisierung weiter. Die Umstrukturierung vom grünen Tisch habe in der Praxis nur zu noch mehr Problemen geführt, heißt es intern. Die Bilanz von Konzernbetriebsratschef Jens Schwarz im Mai 2019 fällt eindeutig aus: »Zukunft Bahn ist gescheitert.«

Nach dem jahrelangem Schrumpf- und Sparkurs fehlen nun in der Cargo-Sparte wie im Personenverkehr Personal, Züge und

Infrastruktur für erfolgreiches Wachstum. Die »belastete Betriebs-qualität« bei DB Cargo werde vor allem durch »akuten Ressourcen-mangel« verursacht, räumt die vertrauliche Agenda der DB-Spitze ein. Das Ergebnis: Allein 2018 kommen 5300 bestellte Zugliefe-rungen nicht zustande, und weitere 5900 Anfragen müssen gleich abgelehnt werden, weil Wagen, Lokführer oder die benötigten Netztrassen nicht verfügbar sind. Das gibt die Bundesregierung auf FDP-Anfrage im April 2019 zu.[38] Kein Wunder, dass die Zu-friedenheit der DB-Kunden auf einen Tiefstand gesunken ist.

Die Antworten der Regierung zeigen das ganze Ausmaß des Niedergangs. Anstatt kräftig in die Zukunft zu investieren und vom stark wachsenden Güterverkehr zu profitieren, hat DB Cargo seit 2004 jede dritte Lok ausgemustert. Die knapp 1900 noch vor-handenen Fahrzeuge sind im Schnitt bereits 28 Jahre alt, nur 200 sind bisher mit dem neuen Sicherheitssystem ETCS ausgerüstet. Der Bestand an Güterwagen ist seit 2000 sogar um fast die Hälfte auf noch 65 000 geschrumpft. Durchschnittsalter: rund 30 Jahre. Beim Personal sieht es nicht besser aus. Im Inland arbeiten noch rund 17 000 Beschäftigte, 3000 weniger als vor zehn Jahren. Im Frühjahr 2019 fehlen 300 Lokführer, 450 Rangierer und 100 Wagen-meister, um Aufträge erledigen zu können – also Mangelwirtschaft auf ganzer Linie.

Zudem gehen die Verbindungen zur verladenden Industrie dra-matisch verloren. Neue Gewerbegebiete entstehen zuhauf in der Nähe von Autobahnen, Bahnanschlüsse fehlen meist ganz. Seit 2000 ist die Zahl aller privaten Gleisanschlüsse um mehr als die Hälfte von 5700 auf nur noch 2300 geschrumpft. 1993 gab es so-gar noch mehr als 13 000 direkte Anschlüsse von Unternehmen ans Bahnnetz. Doch nach der Bahnreform verlagerte die Deut-sche Post ihren Brief- und Paketverkehr von Zügen auf Lastwagen und gab Verteilzentren bei den Bahnhöfen auf. Die beiden zuvor staatlichen Unternehmen stellten ihre enge Zusammenarbeit ein, zum Nachteil der Schiene. 2001 folgte unter Konzernchef Mehdorn das Schrumpfprogramm »Mora C«. Die DB kündigte alle wenig ertragreichen Gleisanschlüsse und schloss viele kleinere Rangierstationen. Die Lkw-Branche freute sich. Fast parallel übernahm der DB-Konzern mit Schenker eine der größten Straßenspeditionen – der Einstieg in schienenfremde Geschäfte.

**Wende zum Guten oder neue Milliardenabschreibungen?**
Nach dem langen Niedergang will DB-Chef Lutz die Güterbahn endlich wieder nach vorne bringen. »Wir wollen wachsen – und die schlechten Jahre der Vergangenheit hinter uns lassen«, verspricht die Konzernspitze in ihrem 200-seitigen Strategiepapier. DB Cargo werde vom wachsenden Güterverkehr in Europa und der unumgänglichen Verlagerung auf die Schiene profitieren und »bis 2030 eine erfolgreiche Wachstumsstory schreiben«. Solche Versprechen hört auch die Bundesregierung gerne. Schließlich haben Union und SPD den Wählern im Koalitionsvertrag versprochen, mehr Güter auf die Schiene zu bringen. Der Bahnbeauftragte Enak Ferlemann will mit einem Schienenbündnis den Marktanteil der Frachtbahnen bis 2030 auf wenigstens 25 Prozent erhöhen.

Bessere Qualität und Verlässlichkeit will der Bahnkonzern mit der längst überfälligen Anschaffung neuer Frachtloks und Güterwagen, effizienterer Organisation sowie mehr Personal erreichen. Für höheren Frachtumsatz sollen Aufträge aus der Auto-, Erz- und Logistikbranche sorgen, zusätzliche Umschlagterminals in Europa und die Kooperation mit Chinas Staatsbahn für noch mehr Transporte aus und nach Fernost. 2,1 Milliarden Euro will die DB-Spitze zwischen 2018 und 2023 für die erhoffte Wende investieren. 2023 soll die Frachtbahn dann 340 Millionen Euro Gewinn einfahren und den Umsatz um ein Drittel auf sechs Milliarden Euro erhöht haben. Ob das gelingt, ist völlig offen.

Das vormalige Ziel, 2018 die Verlustzone im Frachtverkehr zu verlassen, wurde jedenfalls weit verfehlt. Auch aus diesem Grund muss Lutz in der vertraulichen Mittelfristplanung bis 2023 die insgesamt erwarteten Betriebsgewinne des Konzerns um fast 2,9 Milliarden Euro nach unten korrigieren.[39] Schon 2015 hat die Krise der Cargo-Tochter zu massiven Gewinnkorrekturen geführt. Mehr als eine Milliarde Euro Sonderabschreibungen waren nötig, weil die Frachtbahn zusehends an Substanz und Produktivität verloren hatte. Das führte sogar dazu, dass der gesamte DB-Konzern in die Verlustzone rutschte. Der FDP-Bundestagsabgeordnete Christian Jung befürchtet, dass es bald erneute Milliarden-Abschreibungen geben könnte: »Dann wäre das finanzielle Chaos im gesamten DB-Konzern noch größer als bisher zugegeben.« Nach seiner Einschätzung würde es die Frachtsparte ohne Quersubventionierung heute nicht mehr geben.

Auch 2019 fährt DB Cargo weiter tief in den roten Zahlen und sehr unzuverlässig. »Wirtschaft und Logistikunternehmen können sich auf den Transport auf der Schiene nicht verlassen«, kritisiert Jung. Wie eine FDP-Anfrage ergab, kamen 2018 exakt 39,3 Prozent aller Güterzüge zu spät ans Ziel, die privaten Betreiber eingerechnet. Das ist die schlechteste Quote in diesem Jahrzehnt.[40] Seit 2010 hat es zudem kein einziges Jahr gegeben, in dem der Anteil verspäteter Frachtzüge unter 32,6 Prozent lag. Ein wesentlicher Grund dafür sind aber auch die vielen Engpässe bei der Infrastruktur. Auch die privaten DB-Konkurrenten können deshalb ihre Potenziale nicht ausschöpfen.

Im Sommer 2019 startet die DB-Spitze mit der Dachstrategie »Starke Schiene« einen neuen Versuch, aus der Krise zu kommen. Das vertrauliche 174-Seiten-Dokument soll den Staatskonzern stärker auf das Kerngeschäft in Deutschland ausrichten und auch die Frachtbahn voranbringen. Erklärtes Ziel ist mehr Klimaschutz durch Verlagerung von Verkehr auf die Bahn. Demnach soll der Marktanteil der Schiene im Güterverkehr bis 2030 auf 25 Prozent steigen und dazu die Verkehrsleistung (Fracht in Tonnen multipliziert mit der Transportstrecke in Kilometer) um 70 Prozent erhöht werden. So könnten 13 Millionen Lkw-Fahrten pro Jahr vermieden werden. Dazu will der Konzern bis 2023 insgesamt 100 neue Multisystem-Loks anschaffen und den internationalen Verkehr ausbauen. Außerdem soll die Flotte automatisiert und mit digitaler Technik ausgerüstet werden.

Hauptziel ist die Gesundung des hoch defizitären Einzelwagenverkehrs, der mit 1,4 Milliarden Euro rund 30 Prozent des Cargo-

Umsatzes bringt, aber mit 211 Millionen Euro Minus allein 2018 auch massive rote Zahlen. Seit 2014 haben sich hier sogar mehr als 800 Millionen Euro Verluste angehäuft. Dennoch gilt das flächige Netzwerk von mehr als 1000 verknüpften Verladestellen als unersetzliches Rückgrat des Schienengüterverkehrs, weil es täglich 15 000 Lkw-Fahrten und so pro Jahr zwei Millionen Tonnen schädliche Treibstoffgase vermeidet. Stahl-, Papier, Holz-, Auto- und Chemieindustrie und auch DB Netz nutzen den Einzelwagenverkehr, den so nur DB Cargo in Deutschland betreibt.

Der Konzern hofft auf weitere finanzielle Förderung zum Erhalt der Angebote. Die Konkurrenz der Privatbahnen sieht eine einseitige Unterstützung aber kritisch und als unzulässige Subvention. Die Bundesregierung hat bereits die Trassenpreise für den Güterverkehr auf der Schiene halbiert und will mit einem »Masterplan« alle Frachtbahnen voranbringen. Dafür wird es nach zahlreichen Fehlentwicklungen höchste Zeit.

# II. Ausgebremst – Wie die Politik bei der Bahn versagt

Andreas Scheuer, Richard Lutz und sein Vize Ronald Pofalla ahnen, welch unangenehme Wahrheiten bald auf den Tisch kommen. Der Bundesrechnungshof hat für den 17. Januar 2019 einen Sonderbericht angekündigt, in dem es um die drastischen und für alle Steuerzahler teuren Fehlentwicklungen bei der Deutschen Bahn AG gehen wird. Der Verkehrsminister, sein Bahnchef und der frühere Leiter des Bundeskanzleramts können sich denken, dass die oberste Prüfbehörde der Bahnpolitik und dem größten Staatskonzern ein wenig erfreuliches Zeugnis ausstellen wird.

Was also tun? Das Trio und seine gewieften PR-Abteilungen setzen wieder mal auf die proaktive Medienstrategie: für positive News sorgen, bevor die Bombe platzt. Kurz vor der Veröffentlichung des kritischen Berichts werden gleich zwei Treffen Scheuers mit der DB-Spitze organisiert, die im Abstand von nur drei Tagen im Ministerium an der Berliner Invalidenstraße stattfinden. Die zweite Frühstücksrunde beginnt morgens um sieben nur drei Stunden vor der Pressekonferenz des Rechnungshofs.

Die politischen Inszenierungen haben ein klares Ziel. Der mediale Hype um die Frühstückstreffen soll dem Wahlvolk signalisieren, dass die Krise der Deutschen Bahn AG nun Chefsache ist und zügig angegangen wird. Alles halb so schlimm, macht euch keine Sorgen, wir haben die paar Probleme im Griff – so lautet die unterschwellige Botschaft. Nach den Kaffeerunden läuft die Phrasen-Dreschmaschine auf Hochtouren. Es sei bereits zuvor »ein Bündel von Maßnahmen« fixiert worden, verkündet der smarte Minister. Es gehe darum, die Bahn zur »Bürgerbahn« zu machen. Es werde »zu wenig über die positiven Entwicklungen bei der Bahn geredet«. Die Investitionen in die Schienen-Infrastruktur seien auf Rekordhöhe: »Noch nie gab es so viel Geld im System Bahn.« DB-Chef Lutz präsentiert zudem einen »Fünf-Punkte-Plan« mit schon bekannten Maßnahmen. Kurzum: Viele schöne Worte und noch mehr heiße Luft.

Wie die Realität aussieht, offenbart wenig später der Sonderbericht, den der Rechnungshof einige Hundert Meter entfernt im Berliner Regierungsviertel vorstellt und dem Deutschen Bundestag übergibt. Doch der Plan der PR-Strategen geht auf. Die meisten Medien berichten über die brisante Generalabrechnung mit der missratenen Bahnpolitik der Regierung weit weniger als über die Kaffeekränzchen des Ministers. Aber es gibt ja das Internet. Auf der Homepage der obersten Prüfbehörde kann seither jeder interessierte Bürger auf 29 Seiten nachlesen, welch krasse Fehlentwicklungen die Bundesregierung seit der Bahnreform 1994 hingenommen hat.[41] Und zwar weitgehend »tatenlos«, wie BRH-Präsident Kay Scheller auf der Pressekonferenz ausdrücklich betont.

Die Prüfer lassen im Sonderbericht keinen Zweifel daran, dass sie für die Bahn-Misere in allererster Linie die Bundesregierung verantwortlich machen. Die Politik habe »durch eigene Entscheidungen und Versäumnisse« wesentlich die Fehlentwicklungen verursacht. Es sei zudem »nicht nachvollziehbar«, dass der Bund auch zehn Jahre nach dem abgebrochenen Börsengang »kein Konzept hat, was für eine Bahn und wie viel Bahn er haben möchte«.

Der Rechnungshof ist besorgt, dass der größte Zuschussempfänger des Bundes endgültig zum Fass ohne Boden wird. Allein 2017 erhielt die DB 6,7 Milliarden Euro fürs Schienennetz und 4,7 Milliarden Euro für den Nahverkehr, rechnen die Experten vor. Zudem musste der Bund dem inzwischen mit 20 Milliarden Euro verschuldeten Konzern mit einer Milliarde Euro Eigenkapital und weiteren 1,4 Milliarden Euro Dividendenverzicht helfen. Zusammen sind das 13,8 Milliarden Euro in einem einzigen Jahr.

Damit nicht genug. Die Prüfer warnen, dass die riesigen Summen in hochgradig ineffiziente Strukturen mit viel zu wenig Kontrolle und Transparenz fließen. So sei die bundeseigene Infrastruktur, die der Bahnkonzern in Ordnung halten soll, trotz der hohen Staatszuschüsse teils völlig überaltert und marode. Umso kritischer verfolgt die Behörde die Verhandlungen über weitere 25 bis 30 Milliarden Euro, die in den nächsten fünf Jahren an die DB für den Erhalt des bundeseigenen Schienennetzes gehen sollen.

Rechnungshof-Präsident Kay Scheller ist selbst überzeugter Bahnfahrer, wie er betont. So kennt der Chef der Bonner Behörde die vielen Verspätungen, Zugausfälle und Qualitätsmängel bei der

Bahn auch als Leidtragender. Sein Urteil: Die Koalition vernachlässigt ihren Verfassungsauftrag, für ein funktionierendes Schienennetz zu sorgen – und für zuverlässigen Verkehr darauf. Ein schlechteres Zeugnis können Politiker wohl kaum bekommen. Note sechs, setzen. Für Scheller ist klar: »Es ist höchste Eisenbahn – und zwar für den Bund.« Der Sonderbericht beschreibt ein Versagen auf mehreren Ebenen und sieht dringenden Handlungsbedarf:

Erstens fehlen demnach seit der Bahnreform 1994 klare politische Leitlinien und eine verkehrsträgerübergreifende Strategie für besseren Bahnverkehr.

Zweitens sei der Bund in seiner Rolle als Eigentümer viel zu wenig aktiv, besonders im Aufsichtsrat.

Drittens sei offen, ob die Bahn vorrangig dem Gemeinwohl oder der Gewinnorientierung verpflichtet sein soll.

Viertens beanstandet der BRH, dass im DB-Konzern die bundeseigene, hoch subventionierte Infrastruktur und die im Wettbewerb stehenden Transportsparten (Fern-, Regional- und Güterverkehr) unter einem Dach arbeiten. Die Struktur der Bahn und die Trennung von Netz und Betrieb sollten geprüft werden. Ebenso, ob Infrastruktur und Transportsparten künftig als GmbH statt als Aktiengesellschaften geführt werden.

Fünftens kritisiert die Prüfbehörde, dass der Bund über viele Jahre die teure Expansion der DB AG geduldet hat. Der Staatskonzern müsse sich auf das Kerngeschäft des Schienenverkehrs in Deutschland konzentrieren, anstatt sich in 140 Ländern als »Global Player« mit Staatsgarantie zu verzetteln. Die Auslandsgeschäfte seien überhaupt nicht vom Verfassungsauftrag der Bahn gedeckt. Dennoch habe die Regierung noch Ende 2018 den Kauf weiterer Anteile an Auslandsfirmen erlaubt.

Sechstens verlangt der Rechnungshof deshalb, dass »nicht benötigte Unternehmensteile vollständig verkauft werden«. Das betreffe besonders die Arriva plc und die Schenker AG, zwei international tätige Verkehrs- und Logistikunternehmen mit 127 000 Mitarbeitern, die einst teuer für 5,4 Milliarden Euro übernommen wurden.

Die Politik und die DB-Spitze lassen die öffentliche Generalabrechnung mit ihrem Versagen erwartungsgemäß weitgehend unkommentiert. Es soll schnell Gras darüber wachsen. Intern allerdings herrscht Alarmstimmung. Denn auch der Haushaltsauschuss des Bundestags und das Finanzministerium erhalten den Sonderbericht, und dort sieht man die wachsende Verschuldung des größten Staatskonzerns besonders kritisch.

Die Lage ist zu diesem Zeitpunkt für alle Beteiligten wieder mal heikel. Der Verkehrsminister spielt auf Zeit und verspricht Verbesserungen bei Qualität und Pünktlichkeit der Bahn. Das Ziel seien »sichtbare Fortschritte im ersten Halbjahr«, heißt es nach den Frühstücksrunden. Solch schwammige Aussagen lassen natürlich bewusst viel Spielraum für Interpretationen. Denn wenn die Bahn nicht liefern kann, könnte die Politik DB-Chef Lutz als Schuldigen präsentieren, um vom eigenen Versagen abzulenken. Er würde vermutlich seinen Job verlieren. Dabei wissen alle: Der große Wurf ist so schnell nicht zu erwarten. Zu komplex sind die Probleme der Bahn, die sich über sehr lange Zeit angehäuft haben. Die operativen und strukturellen Defizite, die Steuerungs- und Kontrollmängel beim Bund und die Fehlentwicklungen in der Verkehrspolitik lassen sich nicht auf Befehl beseitigen.

Anton Hofreiter schüttelt über die morgendlichen Kaffeekränzchen des Ministers mit den DB-Vorständen den Kopf: »Das ist bloßer Aktionismus, wie seit Jahren.« Der Grünen-Fraktionschef im Bundestag kritisiert, dass Scheuer das Ausmaß der Probleme nicht verstehe: »Was ihm fehlt, ist ein verlässlicher Fahrplan hin zu Nachhaltigkeit und umweltschonendem Schienenverkehr.« Ohne Verkehrswende komme die Bahn nicht aus der Krise. Für ein Hauptproblem hält Hofreiter die fehlende Bahnexpertise und mangelnde Handlungsbereitschaft im Verkehrsministerium. Deshalb seien weitere Wechsel an der DB-Spitze keine Lösung: »Auch der nächste Bahnchef scheitert, wenn die zuständige Bundesregierung keinen Plan hat, zu wenig Geld für die Schiene gibt und falsche Schwerpunkte setzt.« Besonders ärgert den Grünen, dass die Regierung immer wieder versuche, ihre politische Verantwortung für die Bahn-Krise auf den Konzern und einen Sündenbock im Management abzuschieben: »Ich finde das ziemlich armselig, um nicht zu sagen schäbig.«

Dabei hat DB-Chef Lutz seinen Job erledigt und dem Aufsichtsrat im November 2018 seine 200-seitige »Agenda für eine bessere Bahn« vorgelegt, für deren Umsetzung der Konzern zunächst vier, dann sogar fünf Milliarden Euro zusätzlich verlangt, als Ende 2018 der mehr als 1,1 Milliarden Euro teure Tarifabschluss noch dazukommt. Scheuer und die Experten von Union und SPD kennen bei den Krisentreffen Anfang 2019 also bereits seit Monaten alle Pläne und Zahlen. Denn unter den 20 Mitgliedern des DB-Aufsichtsrats ist die Politik auf der Eigentümerseite stark vertreten, darunter mit drei Staatssekretären aus dem Verkehrs-, Finanz- und Wirtschaftsministerium. Aufsichtsratschef Michael Odenwald war über viele Jahre selbst Verkehrsstaatssekretär. Für die Regierung können die Fehlentwicklungen also keine Überraschung sein. Was fehlt, ist das Gegensteuern.

Seit Jahren sind sich die Regierungsparteien uneins. Doch der Druck wächst, endlich zu handeln. 25 Jahre nach der Umwandlung der Bundesbahn in eine private AG zeigt die kritische Bilanz, dass der Konzern zwar Hunderte Milliarden Euro Steuergeld erhalten hat. Doch weder im Personen- noch im Güterverkehr auf der Schiene wurden dafür Zuverlässigkeit und höchste Qualität geliefert. Immerhin hat die Bahnreform 1994 wenigstens den weiteren Niedergang des Schienenverkehrs gestoppt. In den Jahrzehnten zuvor verlor die Deutsche Bundesbahn immer mehr Marktanteile an den Straßenverkehr und drohte vollends ins Abseits zu fahren. Das wird oft vergessen. Für viele autoaffine Verkehrspolitiker war die Bahn damals nur noch ein lästiges, unnötiges, anachronistisches und viel zu teures Anhängsel.

# Stilllegung
## Von der Goldenen Ära in die Krise

In Deutschland beginnt das Zeitalter der Eisenbahn an einem Wintertag. Am 7. Dezember 1835 bringt der »Adler« rund 200 Ehrengäste in nur neun Minuten von Nürnberg nach Fürth. Eine Sensation: Auf den sieben Kilometern der ersten deutschen Bahnstrecke ist die Dampflok mit Tempo 30 drei Mal so schnell wie Postkutschen. Als das rauchende Ungetüm mit neun angehängten Wagen vorbeidampft, bejubelt eine große Menschenmenge den britischen Lokführer William Wilson und seinen Nürnberger Heizer Johann Georg Hieronymus. Andere bekommen es mit der Angst zu tun, wie Zeitzeugen berichten.

Der »Adler« wird ein Riesenerfolg, fährt fortan im Stundentakt und bringt dank großer Nachfrage hohe Gewinne.[42] Damit hat sich das Risiko für den Kaufmann Georg Zacharias Platner und den Politiker Johannes Scharrer gelohnt. Das Duo aus Nürnberg hat zwei Jahre zuvor die Ludwigs-Eisenbahn-Gesellschaft gegründet, benannt nach dem bayerischen König. Als Direktoren trieben sie mit dem Industriellen Johann Wilhelm Spaeth den Bau der Strecke voran. So sollte die regionale Wirtschaft belebt werden. Das nötige Kapital von 170 000 Gulden brachten die neue Aktiengesellschaft und ihre Investoren auf.

Der »Adler« kommt aus Newcastle in England, dem Mutterland der Eisenbahn. Dort hat der Konstrukteur Richard Trevithick bereits 1804 die Idee, eine Dampfmaschine auf ein Fahrgestell zu montieren. Stahl und Kohle werden zu Beginn der Industrialisierung mit Pferdebahnen transportiert. Die Dampflok soll die Tiere im Stahlwerk Penn-y-darren in Wales ersetzen, doch die gusseisernen Schienen brechen auf der 15 Kilometer langen Strecke unter dem tonnenschweren Gewicht.

Neue Technologien wie härterer Walzstahl lösen das Problem

in den nächsten Jahrzehnten. Der Durchbruch gelingt Eisenbahnpionier George Stephenson und dessen Sohn Robert am 27. September 1825 mit der Eröffnung der Stockton and Darlington Railway im Norden der britischen Insel. Es ist die weltweit erste öffentliche Fahrt einer Eisenbahn. Die von einer Dampfmaschine angetriebene »Locomotion No. 1« zieht 34 Wagen mit Hunderten Passagieren und tonnenschwerer Kohlefracht über die rund 40 Kilometer lange Neubaustrecke. 1829 folgt der Sieg der legendären »Rocket« gegen mehrere Konkurrenten beim Rennen von Rainhill und damit der erste Großauftrag für Stephenson. Er darf acht Loks für die Strecke Liverpool–Manchester bauen und wird gefragter Lieferant in vielen Ländern Europas. Die Rad-Schiene-Technik erobert in wenigen Jahrzehnten die Welt.

Doch Kritik an der neuen Technologie bleibt nicht aus. Ärzte warnen vor Gehirnkrankheiten und Lungenentzündungen, Kutscher und Binnenschiffer sorgen sich um ihre Jobs. Ein Pfarrer in Schwabach verdammt die Bahn als »Teufelsding«. Jeder, der damit fahre, komme »geradezu in die Hölle hinein«. Den phänomenalen Erfolg halten solche Verdikte nicht auf.

Der württembergische Liberale Friedrich List sagt den Siegeszug der Eisenbahnen auch in Deutschland schon früh voraus. Die Technik werde »ganze Welttheile, Hochlande, Sandwüsten und Niederungen schiffbar machen, trotz Sturm und Gewitter, im Winter wie im Sommer«. Getreide, Wein und Steinkohle könnten künftig zehn Mal so weit geliefert werden wie bisher: »Die Fabriken werden blühen, und Deutschland wird erfahren, was Binnenhandel ist.«

So kommt es. Wie zuvor in England, den USA und Frankreich reißen sich die Geldgeber schon bald um die Aktien neu gegründeter Bahngesellschaften, die hohe Kursgewinne und üppige Dividenden versprechen. Für die geplante Taunusbahn Frankfurt–Wiesbaden sammeln die Banken 1837 in kurzer Zeit 21 Millionen Gulden ein, mehr als das Vierzigfache der erhofften Summe. Es herrscht Goldgräberstimmung, die Spekulation blüht. Die 1841 eröffnete Bahn befördert nach zwei Jahren bereits fast 300 Mal so viele Fahrgäste wie zuvor die Postkutschen.

Der Schienenverkehr bringt einen gewaltigen Aufschwung und wird zum größten Arbeitgeber. Hunderttausende Menschen finden beim Streckenbau Jobs. Im weithin zersplitterten Deutschen Bund entstehen ziemlich ungeordnet zahlreiche Bahnstrecken, fast alle werden von privaten Geldgebern finanziert. Städte und Fabriken wollen Anschluss bekommen, Konzessionen sind hart umkämpft. Der Wildwuchs nimmt zu. In begehrten Knotenpunkten wie Leipzig stehen bald mehrere Bahnhöfe nebeneinander, Start- und Endpunkt von Verbindungen in alle Himmelsrichtungen. Jede Bahngesellschaft hat eigene Stationen und eigene Vorschriften.

Derweil produzieren Maschinenbauer wie Borsig, Maffei, Hartmann und Henschel Tausende Loks und erobern bald auch den Markt in Europa. Schon 1858 tauft Borsig in Berlin als größter Hersteller auf dem Kontinent die tausendste Lok. Zwanzig Jahre zuvor ist mit der »Saxonia« das erste in Deutschland gebaute Stahlross gestartet, es fährt auf der ersten deutschen Fernbahnstrecke zwischen Leipzig und Dresden. Das Kapital dafür wird 1835 in nur zwei Tagen aufgebracht. Die Bahn macht die Deutschen so mobil wie nie zuvor und manche Investoren in kurzer Zeit steinreich. Um 1850 existieren bereits 6000 Kilometer Strecken.

### Der Staat übernimmt die Regie

Die erste Krise kommt mit der Pleite von Bethel Henry Strousberg. Der Berliner Eisenbahnkönig hat rund 1700 Kilometer Bahnstrecken gebaut und beschäftigt in seinem Imperium zeitweise mehr als 100 000 Menschen. Dabei bezahlt er als Generalunternehmer die Lieferanten mit Aktien der Projektgesellschaften. Die waghalsige Finanzkonstruktion stürzt zusammen, als sich Anfang der 1870er Jahre im »Gründerkrach« das wirtschaftliche Klima eintrübt und die Gewinne vieler Bahnen einbrechen.

Seit der Gründung des Deutschen Reiches 1871 übernimmt zunehmend der Staat die Regie und die meisten Privatbahnen. Unter Kanzler Otto von Bismarck werden die Preußischen Staatsbahnen und andere Länderbahnen wie die in Bayern, Württemberg und Baden zu großen Konglomeraten mit eigenen Vereinen und

Gaststätten, strenger Hierarchie und riesiger Bürokratie. Um 1890 kontrollieren die staatlichen Eisenbahnverwaltungen bereits fast 90 Prozent der rund 40 000 Kilometer langen Strecken. Das Reichskursbuch schafft erstmals einen Überblick zu allen Verbindungen und allgemeinverbindliche Regeln, per Gesetz wird eine einzige verbindliche Eisenbahnzeit eingeführt. Zuvor gab es in der deutschen Kleinstaaterei unterschiedliche Bahnzeiten je nach Region.

Zugleich wird das zerfaserte Bahnnetz enger geknüpft, das zuvor vor allem in den starken Wirtschaftsregionen um Berlin und Hamburg, Köln, Frankfurt, München und Nürnberg entstanden ist. Über den Bau neuer Strecken bestimmt im Kaiserreich verstärkt militärisches und politisches Kalkül. Mit riesigen Monopolgewinnen kann auch die Anbindung ländlicher Gebiete finanziert werden, die zuvor von den renditegetriebenen Privatbahnen meist ignoriert worden sind. In der Blütezeit um die Jahrhundertwende entstehen zudem prächtige Bahnhofskathedralen wie der Anhalter Bahnhof in Berlin (1880), Köln (1884), Frankfurt / Main (1888), Dresden (1897) und Hamburg (1906). Als Krönung wird am 4. Dezember 1915 der Hauptbahnhof Leipzig eingeweiht, mit 26 Gleisen und einer 300 Meter breiten Hallenkonstruktion aus Stahl und Glas darüber.

Bis 1913 wächst das deutsche Schienennetz auf die Rekordgröße von 63 000 Kilometer, fast doppelt so viel wie heute. Allein die Staatsbahnen beschäftigen 700 000 Menschen, ein großer Teil sind Beamte vom Lokführer über den Bahnhofsvorsteher bis zum Direktor. Über die Schiene rollen praktisch der gesamte Personenverkehr und die allermeiste Fracht. Auch kleine Dörfer haben Anschluss über Nebenbahnen und einen Güterschuppen mit Verladerampe.

Doch die beiden Weltkriege führen zum Niedergang des Schienenverkehrs. Ab 1914 werden die Länderbahnen Teil der Mobilmachung und unter zentrale Verwaltung des Reiches gestellt. Züge befördern Millionen Soldaten Richtung Front, viele kommen nicht mehr zurück. Der Waffenstillstand mit der Entente wird 1918 in einem Salonwagen der Franzosen unterzeichnet. Im

Jahr darauf legt die Weimarer Verfassung fest, dass die erste demokratische Republik Deutschlands die Bahnen zentral in ihrem Eigentum führt. Die Regierung übernimmt die Verwaltung, erst 1924 wird das »Unternehmen Deutsche Reichsbahn« gegründet. Hohe Reparationsleistungen an die Siegermächte, zu denen auch das neue Staatsunternehmen beitragen muss, bedeuten zunächst eine schwere finanzielle Last. Zudem machen die galoppierende Inflation, später die Weltwirtschaftskrise und der bereits stark zunehmende Pkw- und Lkw-Verkehr der Bahn zu schaffen. Nach der Machtergreifung Hitlers 1933 wird die Reichsbahn zum Bau der Autobahnen verpflichtet und im Zweiten Weltkrieg vom NS-Regime zum Transport von Millionen jüdischer Mitbürger in die Vernichtungslager missbraucht.

1945 liegt Deutschland in Trümmern und hat mehr als 50 Millionen Tote zu verantworten. Der Krieg hat Bahnhöfe, Strecken, Brücken, Züge, Fabriken und Reparaturwerke zerstört. Auch viele Bahnbeschäftigte haben ihr Leben verloren. Die siegreichen Alliierten demontieren zahlreiche Anlagen der Reichsbahn. Vor allem die Sowjets bauen als Entschädigung für die Verwüstungen, die die Wehrmacht in ihrer Heimat angerichtet hat, ganze Produktionsstätten und Strecken zwischen Rostock und Chemnitz ab. Aber auch die Franzosen demontieren im Südwesten Gleise und Weichen, die mancherorts bis heute nicht ersetzt worden sind. Deutschland verliert zudem seine Territorien östlich von Oder und Neiße und wird geteilt. Damit schrumpft auch das Bahnnetz, 49 Strecken werden fortan durch die innerdeutsche Grenze zerschnitten.

## Vom Niedergang der Bahnen in BRD und DDR

Im Westen beginnt die Deutsche Bundesbahn, im Osten die Deutsche Reichsbahn mit dem Wiederaufbau. Doch auf beiden Seiten kommt man nur mühsam voran. Vor allem im Westen läuft in den kommenden Jahrzehnten das enorme Wachstum der Mobilität weitgehend an der Bundesbahn vorbei. Zwar steigt in absoluten Zahlen die Verkehrsleistung der Schiene auch in den folgenden Jahrzehnten. Doch sie büßt dramatisch Marktanteile ein. Im Personenverkehr fallen sie von 37 Prozent (1950) in den Wirtschaftswunderjahren auf nur noch 17 Prozent (1960) und weiter auf marginale neun Prozent (1970). Im Vereinigungsjahr 1990 sind es gerade einmal sechs Prozent. Im Güterverkehr verliert die Schiene ebenfalls bereits im ersten Nachkriegsjahrzehnt den Anschluss und fällt danach immer weiter zurück. Der Marktanteil in Tonnenkilometern sinkt von 56 Prozent (1950) auf 37 Prozent (1960), bröckelt weiter auf 33 Prozent (1970) und liegt nach vierzig Jahren nur noch bei 21 Prozent (1990).

In der DDR dagegen bleibt die Reichsbahn trotz ständiger Mangelwirtschaft eine Macht, weil das SED-Regime auch den Verkehr stark reguliert und die Autoproduktion weit hinter der Nachfrage zurückbleibt. Auf einen neuen Trabant warten die Ostdeutschen viele Jahre. So kann die Schiene im Personenverkehr einen Marktanteil von über 40 Prozent halten. Erst nach dem Fall der Mauer folgt in kürzester Zeit der Absturz auf 14 Prozent (1990), weil viele Ostdeutsche sich mit dem Kauf moderner Westautos einen Lebenstraum verwirklichen, die abgewirtschafteten Züge fortan links liegen lassen und zusehends Strecken stillgelegt werden.

Im Güterverkehr bleibt der Anteil der Reichsbahn bis zur Wende mit 77 Prozent auf erfreulich hohem Niveau. Der einfache Grund: In der DDR ist per Gesetz vorgeschrieben, dass der Gütertransport ab 50 Kilometer Entfernung auf der Schiene erfolgen muss, wenn Versender und Empfänger einen Gleisanschluss haben. Ab 1981 gilt die Vorschrift sogar bereits ab zehn Kilometer. Mit dem Untergang des zweiten deutschen Staates fällt auch diese Regel. Der Lkw erobert den Osten, und der Marktanteil der Reichsbahn sinkt schon 1990 auf 41 Prozent.

Im Osten wie im Westen werden der Erhalt und die Modernisierung des bestehenden Netzes sträflich vernachlässigt. Die Bahn wird in beiden deutschen Staaten auf Verschleiß gefahren, der Investitionsstau bei Zügen, Bahnhöfen und Gleisanlagen wächst bis zur Wiedervereinigung auf dreistellige Milliardensummen. Allein bei der völlig maroden DDR-Reichsbahn wird der Nachholbedarf zur Wende auf weit über 100 Milliarden Euro veranschlagt.

Wie konnte es so weit kommen? Für den Osten ist die Antwort einfacher. Das SED-Regime sorgt durch strenge Regulierung für ausreichende Auslastung der Bahn. In der sozialistischen Mangelwirtschaft fehlen zwar die Ressourcen, das System zu modernisieren und leistungsfähiger zu machen. Da die Autoproduktion aber begrenzt ist und Fahrzeuge aus dem Westen nicht erhältlich, bleiben den meisten Pendlern und Reisenden zwangsläufig nur Züge und Busse.

Ganz anders im Westen. Die Bundesrepublik fördert den Pkw- und Lkw-Verkehr mit immer mehr Geld, vielen Freiheiten und noch mehr Vergünstigungen. Die Bahn dagegen bleibt streng reguliert, dem Gemeinwohl verpflichtet, wird zum vernachlässigten Stiefkind und zum Verkehrsmittel zweiter Klasse für jene, die sich kein Auto leisten können.

Die Jahrzehnte nach dem Krieg zeigen in der Bundesrepublik besonders deutlich, wie krass die Schiene von der Politik benachteiligt worden ist. Zwischen 1960 und 1992 fließen 230 Milliarden Euro in den Straßenbau, aber nur 29 Milliarden Euro in neue Bahnstrecken. In diesen 32 Jahren werden 150 000 Kilometer Verkehrswege für Pkw und Lkw errichtet und lediglich 700 Kilometer zusätzliche Gleise für Personen- und Güterzüge. Die Politik lässt ihre Bahn verkümmern.

So wächst in den 1950er Jahren zunächst der Lkw-Verkehr rasant, in den 1960er Jahren wird der preisgünstige VW-Käfer zum Symbol der Massenmotorisierung. Der Straßenverkehr bringt der Wirtschaft niedrigere Transportkosten und höhere Flexibilität, der erste eigene Pkw verschafft immer mehr Bürgern persönliche Freiheit und ein neues Lebensgefühl. Für den Traumurlaub in Italien, fürs Zelten an der Nordsee, den Wandertrip im Schwarzwald, die Fahrt zum Arbeitsplatz oder zum Einkaufen werden Bahn und Bus nicht mehr gebraucht.

Der Konflikt zwischen Straße und Schiene wird bereits in der frühen Bundesrepublik klar zugunsten von Pkw und Lkw entschieden. Denn der Schienenverkehr bekommt viel zu wenig Geld für den Neustart. Gesetze zur Stärkung der Bahn scheitern, obwohl die

1949 gegründete Deutsche Bundesbahn von Beginn an rote Zahlen schreibt und mit wachsenden Schulden kämpft, weil sie hohe Alt-, Folge- und Sonderlasten der vormaligen Reichbahn, des Krieges und der Währungsunion ohne angemessenen Ausgleich aufgebürdet bekommt.

Schon 1952 steht das Unternehmen am Rande der Zahlungsunfähigkeit. Ein Krisentreffen bei Kanzler Konrad Adenauer wird nötig, an dem auch bereits der Multifunktionär Hermann Josef Abs von der Deutschen Bank teilnimmt, der später von 1960 bis 1972 den Verwaltungsrat der Bundesbahn leitet. Es geht um hohe Kredite, damit die Bahn Löhne und Gehälter weiter zahlen kann. Mitte der 1950er Jahre sind jeden Monat 486 000 Mitarbeiter und 300 000 Ruheständler, Witwen und Waisen zu versorgen.

### Reformversuche scheitern, und Masterpläne fehlen

Grundlegende Reformen bleiben auch in den folgenden Jahrzehnten aus. Die wechselnden Regierungen beseitigen die Wettbewerbsnachteile der Schiene nicht, sorgen weder für eine ausreichende Kapitalausstattung noch für klare Vorgaben, welche Bedeutung die Bahn eigentlich haben soll. Statt nötigen Masterplänen für eine neue Goldene Ära bestimmen Finanznot, Sparkonzepte, Stellenabbau und Stilllegungen die Agenda.

Über manche Fehlentwicklungen und die rigorose Einflussnahme der Politik kann man heute nur den Kopf schütteln. So wird die Bundesbahn in der 1950er Jahren verpflichtet, Kriegsheimkehrer, Flüchtlinge und Spätaussiedler einzustellen. Auch muss das Unternehmen den Wiederaufbau der kriegszerstörten Anlagen selbst finanzieren, noch 1960 ist ein erheblicher Teil der Schäden nicht beseitigt. Die Regierung bestimmt zudem über Jahrzehnte Angebote, Tarife, Preisgestaltung, Investitionen und Personalzahlen. Je nach Interessenlage wird die Bahn zum Spielball der Sozial-, Beschäftigungs-, Struktur-, Regional- und Haushaltspolitik. Das Unternehmen sei damals der Politik vollständig ausgeliefert gewesen und »regelrecht ausgeplündert« worden, urteilt später Martin Henke vom Verband Deutscher Verkehrsunternehmen (VDV).

In der Fachliteratur werden vier Reformversuche genannt, die allesamt keine nachhaltige Besserung bringen. 1960 erstellt die »Brand-Kommission« unter Leitung des Beraters Friedrich Brand im Auftrag von Verkehrsminister Hans-Christoph Seebohm (CDU) einen Bericht zur Sanierung der Bundesbahn und schlägt den massiven Abbau von Arbeitsplätzen und Nebenstrecken vor. Gewerkschaften und Bundesländer protestieren. Die Politik rudert zurück, erlässt der Bahn Schulden und gibt Finanzhilfen, hebt aber auch die Tarifbindung im Güterverkehr auf. Daraufhin können Lkw-Spediteure billigere Angebote machen, die Frachtbahnen verlieren weiter dramatisch Kunden und das Netz an Auslastung.[43]

1967 unternimmt in der ersten Großen Koalition Verkehrsminister Georg Leber (SPD) einen neuen Versuch. Bis 1972 soll die Bahn mehr als zwölf Milliarden D-Mark für die Modernisierung von Anlagen und Zügen bekommen; durch zeitweise Fahrverbote und höhere Steuern für Lkw-Transporte sollen Güter wieder zurück auf die Schiene gebracht werden. Um die Bahn aus der Verlustzone zu bringen, soll sie schrittweise 6500 Kilometer Nebenstrecken aufgeben und 82 000 Stellen streichen. Doch wegen des Widerstands der Union im Bundestag kann der »Leber-Plan« nur zu geringen Teilen umgesetzt werden. Die Fahrverbote kommen nicht, die Steuererhöhung für Lkw-Transporte fällt zu gering aus, Stilllegungen und Personalabbau werden nach Protesten der Bundesländer und Gewerkschaften nicht umgesetzt.

Unter den sozialliberalen Regierungen von Willy Brandt und Helmut Schmidt (1969–1982) gewinnt die Bahn wieder an Bedeutung. Die Ölpreiskrise führt 1973 erstmals allen vor Augen, dass fossile Energie ihren Preis hat und nicht unendlich verfügbar ist. Auch beim Autoverkehr wird zunehmend nach den Grenzen des Wachstums gefragt. Der öffentliche Nahverkehr wird neu entdeckt, in großen Städten entstehen Verkehrsverbünde, das Park-and-Ride-System wird ausgebaut. Damals startet der neue Bundesbahn-Präsident Wolfgang Vaerst einen Anlauf, das immer höher verschuldete Unternehmen mit einem ehrgeizigen Neu- und Ausbauprogramm attraktiver zu machen, Reisezeiten zu verkürzen und die Kosten durch Automation zu senken. Die Expansionspläne sind beim Bund allerdings nicht durchsetzbar, Verkehrsminister Kurt Gscheidle (SPD) verlangt einen weiteren Schrumpfkurs. Vaerst legt darauf 1976 das Sanierungsprogramm »Betriebswirtschaftlich optimales Netz« (BON) vor. Das noch 29 000 Kilometer umfassende westdeutsche Gleisnetz soll auf nur noch 16 000 Kilometer reduziert werden und das Personal um 60 000 Mitarbeiter. Auch dieser radikale Reformansatz scheitert an den Ländern.

Mittlerweile fährt die Bahn vier Milliarden D-Mark Verlust pro Jahr ein, zeitweise sind allein die Personalkosten höher als die Betriebserlöse. Die Schulden der Bundesbahn wachsen von 1970 bis 1990 um mehr als das Dreifache von 14 auf 47 Milliarden D-Mark und führen zu erdrückenden Zinslasten in Milliardenhöhe. Auch das Reformkonzept »Strategie DB 90«, das der neuen Bahnchef Reiner Maria Gohlke 1983 entwickelt, bringt zwar Produktivitätsfortschritte und erste Verkehrsverträge mit Bundesländern, kann die rasante Fahrt in tiefrote Zahlen aber nicht aufhalten. Jedem ist klar: So kann es nicht mehr weitergehen.

Mit der deutschen Einheit am 3. Oktober 1990 starten in West und Ost zwei schwere Sanierungsfälle in eine ungewisse Zukunft. Das Netz der Bundesbahn ist zwischen 1949 und 1989 um ein Zehntel auf 27 000 Kilometer geschrumpft, die Belegschaft hat sich von 539 000 auf 255 000 mehr als halbiert. Die Reichsbahn hat noch fast ebenso viel Personal an Bord und den Schrumpfprozess auch beim maroden Netz erst noch vor sich. Das ganze wirtschaftliche Drama legt 1991 ein Bericht der Regierungskommission Bundesbahn offen, den Verkehrsminister Friedrich Zimmermann vorstellt. Demnach könnten sich die Verluste der beiden Staatsbahnen bis zur Jahrtausendwende auf 266 Milliarden D-Mark summieren, der gemeinsame Schuldenberg auf über 140 Milliarden Euro wachsen und der Finanzbedarf auf mehr als 400 Milliarden explodieren. Beide Bahnen sind nach dem Urteil der Experten faktisch bereits weit überschuldet und handelsrechtlich sogar insolvent, was aber in den Bilanzen durch überbewertete Anlagen kaschiert werde.

So wächst der Druck auf die Politik enorm, endlich eine umfassende Strukturreform einzuleiten. Zumal der Vertrag zur deutschen Einheit vorsieht, dass beide Bahnen am 1. Januar 1994 zusammengeführt werden sollen. Damit würden die meisten Reichsbahner wie viele Bundesbahn-Kollegen verbeamtet, was für den Staatsetat noch höhere Kosten mit sich brächte. Druck kommt auch aus Brüssel: Die Richtlinie 91/440/EWG gibt vor, dass Bahnen unabhängiger vom Staat werden. Betrieb und Infrastruktur sollen getrennt abgerechnet und Netzmonopole aufgebrochen werden. Der Einfluss der Politik soll sinken, der Bahnmarkt im gemeinsamen Markt dereguliert und liberalisiert werden.

Die Regierungskommission unter Vorsitz des früheren Preussag-Chefs Günther Saßmannshausen schlägt die Zusammenführung und Umwandlung der beiden deutschen Bahnen in eine bundeseigene Deutsche Eisenbahn AG und die Übernahme aller Schulden und Beamten durch den Bund vor. Die neue AG soll mit den Sparten Fahrweg, Personen- und Güterverkehr kaufmännisch und transparent geführt werden. Auch Wettbewerb ist vorgesehen. Alle Bahnunternehmen sollen um Trassen auf dem Netz konkurrieren und für die Nutzung von Gleisen und Bahnhöfen bezahlen. Der Betrieb von wenig rentablen Strecken in der Fläche soll im Interesse des Allgemeinwohls durch regionale Auftraggeber bezahlt werden. Mit diesen Vorschlägen wird die Basis zur tiefgreifendsten Bahnreform der bundesdeutschen Geschichte gelegt.

# Bahnreform
## Viel versprochen – wenig gehalten

Am 5. Januar 1994 wird die Deutsche Bahn AG als Nachfolger der Bundes- und Reichsbahn ins Handelsregister der Stadt Berlin eingetragen. Die Bahnreform der Regierung von Kanzler Helmut Kohl soll ein großer Wurf werden. Aber ist sie das? Oder ein grandioser Fehlschlag? Das bleibt auch 25 Jahre später umstritten. Befürworter halten den Umbau der alten Staats- und Behördenbahn zu einer global agierenden Aktiengesellschaft für gelungen, gemessen an der desaströsen Ausgangslage. Kritiker sehen die Reformziele verfehlt, gemessen am gewaltigen Aufwand. Der größte Erfolg der Bahnreform sollte bei allen Ärgernissen des Alltags auf der Schiene nie aus den Augen verloren werden: Erstmals seit dem Krieg ist ein weiterer Niedergang dieses Verkehrssystems verhindert worden.

Im internationalen Vergleich steht Deutschland noch gut da. Man denke nur an das Verschwinden vieler stolzer Bahngesellschaften in den USA, das britische Reformdebakel oder den Zustand der meisten Staatsbahnen in Osteuropa, denen anders als der DDR-Reichsbahn ein starker Partner nach dem Zusammenbruch der sozialistischen Plan- und Kommandowirtschaft fehlte. Wenige Länder verfügen über ein so modernes und leistungsfähiges öffentliches Transportsystem wie Deutschland. Das wird jeder bestätigen, der etwas in der Welt herumgekommen ist.

Allerdings ist der Preis dafür enorm hoch. Die zentrale Frage lautet: Wären mit diesem Riesenaufwand nicht bessere Ergebnisse möglich gewesen? Allein von 1994 bis 2012 hat der Bund nach DB-Rechnung rund 334 Milliarden Euro für den Schienenverkehr ausgegeben. Damit wurden Bahnhöfe, Gleise und Züge modernisiert und erneuert, Nahverkehr und unrentable Nebenstrecken finanziert. Aber auch die Abwicklung der maroden ostdeutschen Reichsbahn bezahlt, Pensionen für Zehntausende Bahnbeamte und die Abfederung von mehr als 150 000 Beschäftigten, deren Stellen schon im ersten Jahrzehnt der Reform gestrichen wurden. Schon diese unvollständige Aufzählung lässt ahnen, wie schwierig sich der Umbau von Beginn an gestaltete.

Die ökonomische Ausgangslage war unstrittig katastrophal. Nach dem Fall der Mauer fahren Bundesbahn und Deutsche Reichsbahn weiter tief im Minus. 1993 weisen beide Unternehmen fast 16 Milliarden D-Mark Verlust aus. In den Bilanzen stehen 84 Milliarden D-Mark Kredite und Rückstellungen, aber weniger als neun Milliarden Eigenkapital. Allein die jährliche Zinslast beträgt 4,6 Milliarden D-Mark. Der Personalaufwand für die 388 000 Beschäftigten beträgt 26 Milliarden D-Mark – und ist damit um mehr als 50 Prozent höher als die gesamten Umsatzerlöse. Schlimmer kann ein Sanierungsfall kaum aussehen.[44]

## Schwieriger Start in eine neue Ära

Mit der Bahnreform soll endlich der Start in »eine neue Ära« gelingen, wie der damalige Vorstandschef Heinz Dürr schwärmt. Die Reform hat zwei Hauptziele: erstens mehr Verkehr auf die Schiene zu bringen, zweitens den Bundeshaushalt zu entlasten. Hoheitliche und unternehmerische Aufgaben sollen fortan sauber getrennt werden. Dazu werden die Behördenbahnen in die bundeseigene Deutsche Bahn AG umgewandelt und sollen künftig strikt unternehmerisch handeln. Bei Bund und Ländern bleibt die hoheitliche Verantwortung für die staatliche Infrastruktur und den Regionalverkehr auf der Schiene, der in der Fläche ohne Zuschüsse nicht finanzierbar ist. Fern- und Güterverkehr soll die DB AG fortan ohne Subventionen im Wettbewerb fahren.

Am 9. April 1992 präsentiert Verkehrsminister Günther Krause (CDU) das Konzept zur Bahnreform. Neben einer Änderung des Grundgesetzes sind sieben neue Gesetze und über 130 Gesetzesänderungen nötig. Im Februar 1993 beschließt das Kohl-Kabinett von Union und FDP die Entwürfe. Auch die Opposition und die meisten Bundesländer lassen sich überzeugen. Im Dezember stimmen der Bundestag mit großer Mehrheit von 97 Prozent und der

Bundesrat mit 92 Prozent zu. Das Gesetz zur Neuordnung des Eisenbahnwesens tritt zum Jahreswechsel in Kraft.

Zum Start wird das neue Unternehmen komplett entschuldet. Der Staat übernimmt 34 Milliarden Euro Verbindlichkeiten. Die Altlasten und Einheitskosten der Reichsbahn, die Verwaltung der Beamten und deren Pensionslasten sowie nicht betriebsnotwendige Immobilien bleiben bei einer gesonderten Gesellschaft, dem Bundeseisenbahnvermögen (BEV). Zudem verpflichtet sich der Staat mit dem Bundesschienenwege-Ausbaugesetz, die Infrastruktur der Bahn zu finanzieren. Bauvorhaben sollen über einen Bedarfsplan priorisiert werden, der mit dem Bundesverkehrswegeplan abzustimmen ist. Mit dem Regionalisierungsgesetz wird 1996 ergänzt, dass die Bundesländer ausreichenden Nahverkehr als Aufgabe der Daseinsvorsorge zu organisieren und zu verantworten haben. Der Bund stellt dafür zunächst 5,3 und inzwischen mehr als acht Milliarden Euro pro Jahr bereit.

Im neu formulierten Grundgesetzartikel 87e heißt es fortan: »Eisenbahnen des Bundes werden als Wirtschaftsunternehmen in privatrechtlicher Form geführt.« Gleichzeitig aber wird dort explizit festgelegt: »Der Bund gewährleistet, dass dem Wohl der Allgemeinheit, insbesondere den Verkehrsbedürfnissen, beim Ausbau und Erhalt des Schienennetzes der Eisenbahnen des Bundes sowie bei deren Verkehrsangeboten auf diesem Schienennetz, soweit diese nicht den Schienenpersonennahverkehr betreffen, Rechnung getragen wird.«

Diese Sätze beschreiben das ganze Spannungsfeld, in dem die DB AG und die Bahnpolitik seither agieren. Einerseits soll der Konzern wirtschaftlich nach Aktienrecht handeln und für den Staat als Eigentümer Gewinne erzielen, also nicht mehr wie zu Behördenzeiten dem Dienst- und Haushaltsrecht sowie dem Diktat des Verkehrsministers und der Regierung unterworfen sein. Der Einfluss der Politik soll sich auf Rahmenbedingungen für den Verkehrsmarkt, die Finanzierung und die Kontrolle im Aufsichtsrat beschränken. Anderseits hat der Staat aber gemäß der Verfassung eine weitreichende Fürsorgepflicht dahin gehend, dass die Verkehrsangebote auf der Schiene den Bedürfnissen der Menschen entsprechen und die Infrastruktur dafür vorhanden und ausreichend ist.

Für attraktiven Schienenverkehr können seit der Reform auch neue Anbieter sorgen. Der Zugang von Dritten zum Netz und die Öffnung der Infrastruktur für Wettbewerb werden gesetzlich geregelt. Als Kontroll- und Zulassungsbehörde wird das Eisenbahn-Bundesamt (EBA) in Bonn gegründet, das zahlreiche Mitarbeiter von Bahn und Ministerien aufnimmt. Seit 2006 soll die Bundesnetzagentur den fairen Zugang garantieren und Diskriminierungen sowie zu hohe Nutzungspreise für die Infrastruktur verhindern. Die Deutschen öffnen als erstes Land in Europa das Streckennetz vollständig, und tatsächlich wächst der Wettbewerb im Regional- und Güterverkehr rasant. Schon 1999 sind mehr als 150 externe Bahnen unterwegs.

In den ersten Jahren haben Bahnchef Heinz Dürr und sein Nachfolger Johannes Ludewig, der 1997 übernimmt, alle Hände voll mit der Neuausrichtung der Behördenbahnen zu tun. Das bedeutet vor allem eine Umorganisation von oben bis unten, Rationalisierung und Stellenabbau. Die Rotstiftaktionen sind massiv. Von 1994 bis 2001 sinkt die Mitarbeiterzahl um 35 Prozent von 331 000 auf 214 000. Fast alle Beschäftigten arbeiten in der deutschen Schienenbranche, die internationale Expansion hat noch nicht begonnen. Durch einen Sozialpakt mit den Gewerkschaften und eine Auffanggesellschaft werden betriebsbedingte Kündigungen vermieden.

In der Bilanz kann die neue DB AG gleich im ersten Jahr einen kleinen Betriebsgewinn vor Steuern ausweisen, was die Bundesbahn zuvor über Jahrzehnte nicht geschafft hat. Der Vergleich ist allerdings unfair. Denn der neue Konzern profitiert bis 2002 von hohen Ausgleichszahlungen des Bundes für Altlasten bei der Reichsbahn. Bereinigt um Sondereffekte steht unterm Strich auch 1994 noch ein hoher Verlust von zwei Milliarden Euro vor Zinsen, Steuern und Abschreibungen (EBITDA).

Auch die radikale Neubewertung des Bahnvermögens verschafft

der DB AG vom Start weg massive Erleichterung. Im Ergebnis liegt der Wert aller Anlagen mit nur noch 13,3 Milliarden Euro plötzlich um 76,5 Prozent niedriger als zum Ende der beiden Behördenbahnen 1993. Für den neuen Konzern fallen nun viel niedrigere Abschreibungen an als zuvor, die den Gewinn schmälern. Verkehrsexperten wie Karl-Dieter Bodack kritisieren diese drastische Abwertung scharf. Der frühere Bahnmanager rechnet 2006 im Bundestags-Verkehrsausschuss vor, dass die neue DB AG dadurch pro Jahr nur noch eine Milliarde Euro auf Anlagen abschreiben muss statt 2,5 Milliarden Euro wie die Vorgänger. Allein dadurch verbessert sich die Ertragslage um 1,5 Milliarden Euro.[45] Zudem werden alle neuen und vom Bund finanzierten Bahnstrecken und Anlagen seit 1994 nicht mehr in der Bilanz erfasst und abgeschrieben, anders als bei der Bundesbahn. Bis 2007 bleiben demnach Investitionen von rund 60 Milliarden Euro außen vor und die DB AG auch von dieser riesigen Bilanzbelastung verschont.

Anders als zuvor Bundesbahn und Reichsbahn kann die DB AG überdies den massiven Stellenabbau durchsetzen, damit die Kosten reduzieren und die Arbeitsproduktivität stark verbessern. Trotz all dieser Vorteile und Bilanztricks bleibt 1999 unterm Strich nur noch ein kleiner Gewinn übrig. Zudem hat das bundeseigene Unternehmen, das erst fünf Jahre zuvor lastenfrei gestartet ist, unter den Augen der Politik bereits wieder 14 Milliarden Euro Schulden aufgehäuft.

### Privatisierungsversuche

Im Dezember 1999 übernimmt Hartmut Mehdorn den Chefsessel im Staatskonzern. Der frühere Luftfahrtmanager der Daimler-Tochter Dasa hat die Heidelberger Druckmaschinen AG geleitet und gilt als Wunschkandidat von Bundeskanzler Gerhard Schröder, der im Jahr zuvor mit seiner rot-grünen Regierung angetreten ist. Mit Mehdorn beginnt eine rasante und teure internationale Expansion. Das Ziel ist die materielle Privatisierung der DB an der Börse. Die Rendite auf das eingesetzte Kapital (ROCE) gilt fortan als wichtiger Maßstab der Geschäftspolitik, als Ziel werden hohe zehn Prozent festgelegt. 2000 liegt das ROCE erst bei 1,6 Prozent – 2008 aber schon bei 8,9 Prozent.

Dafür greift Mehdorn radikal durch und kappt ab 2002 bisherige Kerngeschäfte. Mit der Rotstiftaktion »Marktorientiertes Angebot Personenverkehr« (MORA P) wird eine ganze Zuggattung eingestellt, die beliebten Interregio-Züge. Mit dem »Marktorientierten Angebot Cargo« (MORA C) werden viele Verladestellen in der Fläche aufgegeben und der Einzelwagenverkehr reduziert. Die MORA-Programme lösen massive Kritik und Proteste aus. Doch der Rückzug der Bahn aus der Fläche wird von der rot-grünen Regierung und dem damaligen Verkehrsminister Manfred Stolpe (SPD) geduldet. Sein Vorgänger und Parteikollege Kurt Bodewig ist auch wegen des Zwists um die richtige Bahnpolitik im Herbst 2002 nach den Bundestagswahlen aus dem Kabinett Schröder ausgeschieden.

Mehdorn gilt als Vertrauter des Kanzlers und kauft mit dessen Rückhalt zahlreiche Firmen auf, die zumeist im Ausland aktiv sind, darunter Europas größte Lkw-Spedition Schenker (2002), den US-Logistiker Bax (2005) und die britische Güterbahn EWS (2007). Auch in Asien folgen zahlreiche Akquisitionen im Speditions- und Logistiksektor. In Dänemark kommt die Busfirma Pan Bus (2007) unters DB-Dach, in England Laing Rail (2007). Mehdorn rechtfertigt die Expansion im Ausland auch mit der wachsenden Konkurrenz im Regional- und Güterverkehr auf dem deutschen Heimatmarkt.

In Mehdorns Amtszeit werden große Neubau- und Ausbauprojekte eröffnet: die ICE-Pisten Köln – Frankfurt (2002), Hamburg – Berlin (2004), Nürnberg – München, Berlin – Leipzig und der Berliner Hauptbahnhof (alle 2006). Um die schwankenden Bundesmittel fürs Schienennetz mittelfristig besser berechenbar zu machen, wird 2009 die erste Leistungs- und Finanzierungsvereinbarung (LuFV) abgeschlossen, die der DB Netz für fünf Jahre Milliardenbeträge fürs Bestandsnetz garantiert.

Die politisch heftig umstrittenen Privatisierungspläne verdrängen nach der Jahrtausendwende lange Zeit die viel nötigeren Debatten zur Zukunft der Schiene. Der Börsengang mit Schienennetz scheitert am Widerstand der SPD-Basis, die zu Recht den Ausverkauf der wertvollen Infrastruktur befürchtet. Ein geändertes Modell, bei dem nur die Transportsparten der eigens gegründeten Zwischenholding DB Mobility Logistics AG im Oktober 2008 auf dem Aktienmarkt platziert werden sollen, wird kurz zuvor angesichts der weltweiten Finanzkrise aufgegeben. Danach verliert Mehdorn wegen eines Daten- und Spitzelskandals seinen Job. Die DB-Spitze hat unzulässigerweise unter anderem den Mailverkehr von Mitarbeitern ausforschen lassen, die Kritiker der Privatisierung waren. Auch weitere Manager werden deshalb geschasst.

Mehdorns Nachfolger Rüdiger Grube verspricht, das »Butter-und-Brot-Geschäft« mit dem Schienenverkehr in Deutschland zu stärken, tut aber das Gegenteil. 2010 kauft er mit Arriva in England eines der größten Busunternehmen Europas und gibt mit der Strategie »DB 2020« das waghalsige Ziel aus, den Umsatz weltweit auf 70 Milliarden Euro zu verdoppeln. Danach folgen bis 2018 weitere teure Übernahmen von Bus- und Bahnanbietern in Europa.

Immerhin wird in Deutschland bis 2011 mit Bundesmitteln knapp die Hälfte der Bahnhöfe modernisiert, zudem die längst überfällige Überholung der betagten Intercity- und ICE-2-Flotte gestartet und mit dem ICE 4 endlich ein dringend benötigter neuer Fernzug bestellt. Beim Stellwerkchaos in Mainz zeigt sich 2013, wie groß die Personalnot im Konzern mittlerweile ist. Bessere Schlagzeilen macht die DB als Umweltvorreiter, durch starkes Engagement bei Wind-, Wasser-und Solarkraft können immer mehr klimaneutrale Fahrten angeboten werden. 2014 eröffnet in Kerpen-Horrem der erste grüne Bahnhof, der komplett mit Erdwärme und Sonnenenergie versorgt wird. Zudem werden Tausende Güterwaggons zur Lärmminderung umgerüstet.

2015 verschlechtert sich die wirtschaftliche Lage erheblich. Bis zum Frühjahr behindern neun mehrtägige Streiks der Lokführer den Bahnverkehr. Die billigeren Fernbusse jagen den ICE-Zügen viele Kunden ab. Daraufhin startet der Konzern eine Angebotsoffensive mit Sparpreisen und verspricht 190 Direktverbindungen in 50 Städte, jedoch erst bis 2030. Im Güterverkehr werden derweil Milliardenabschreibungen nötig, die dem ganzen Konzern erstmals wieder tiefrote Zahlen bescheren. Mit dem Konzept »Zukunft Bahn« will Grube ab 2016 gegensteuern, doch die geplante weitere Schrumpfung bei der Frachtbahn DB Cargo ist im Aufsichtsrat nicht durchsetzbar. Anfang 2017 wirft der Manager hin und wird von Richard Lutz abgelöst.

### Die positiven Seiten der Reform

Was hat die Bahnreform unterm Strich gebracht? Die Deutsche Bahn und die Bundesregierung sehen erwartungsgemäß die wichtigsten Ziele erreicht. Demnach gibt es mehr Verkehr auf der Schiene, der Bundesetat wurde entlastet, und es herrscht reger Wettbewerb auf dem Schienennetz, das viel intensiver befahren wird als zuvor. Die Bahnreform sei eines der größten und erfolgreichsten Reformprojekte im wiedervereinigten Deutschland, bilanzierte Ex-Bahnchef Grube zwanzig Jahren nach dem Start der DB AG.

Für diese positive Bewertung gibt es einige gute Argumente. Gemessen an den Zuständen vor der Reform hat sich für Reisende vieles spürbar verbessert. Statt fast flächendeckend in alten Waggons über marode Gleise zuckeln zu müssen, bietet ihnen die Bahn heute vielerorts schnelle Verbindungen in modernen Zügen, auch wenn es noch viel Nachholbedarf gibt. Bahnhöfe sind renoviert, manche in attraktive Einkaufszentren verwandelt worden. Der Service ist meist kompetent und zuvorkommend, Kunden werden nicht mehr als lästiger Beförderungsfall behandelt. Und wer einen Fahrschein braucht, kann ihn auch daheim bequem am Computer oder mobil mit dem Smartphone buchen.

Die absoluten Zahlen zur Verkehrsleistung sind auf den ersten Blick ebenfalls beeindruckend. So haben es 1994 alle Fern- und Regionalzüge gerade mal auf 65 Milliarden Personenkilometer (Pkm) gebracht, 2017 waren es mit knapp 96 Milliarden fast 50 Prozent mehr. Im Güterverkehr ist die Verkehrsleistung im gleichen Zeitraum sogar um mehr als 85 Prozent von 70 auf 130 Milliarden

Tonnenkilometer (Tkm) gestiegen. Auch hier konnte die schwache Entwicklung bis zur Bahnreform umgekehrt werden.

Die Erfolge der Bahnreform sind allerdings in ganz beträchtlichem Ausmaß neuen Anbietern zu verdanken und weniger der DB. Im Regionalverkehr haben die Konkurrenten rund ein Drittel des Marktes erobert. Auf den Gleisen und in den Bahnhöfen ist es bunt geworden, neben den roten und weißen DB-Zügen bestimmen nun in vielen deutschen Regionen die andersfarbigen Züge von Transdev, Netinera, Abellio oder Go-Ahead mit das Bild. Bei der Fracht fahren die Wettbewerber sogar bereits die Hälfte der Tonnagen.

Für die Steuerzahler hat die Bahnreform nach Rechnung des Konzerns ebenfalls positive Effekte gebracht. Allein in den ersten zehn Jahren flossen zwar weitere 188 Milliarden Euro aus der öffentlichen Hand. Aber diese Summe lag laut DB 39 Milliarden unter der früheren Prognose der Regierung – und mehr als 100 Milliarden Euro unter den befürchteten Kosten, wenn es keine Reform gegeben hätte. Zwanzig Jahre nach dem Start der DB AG rechnete der Konzern vor, dass sich die nominelle jährliche Belastung des Bundeshaushalts zwischen 1994 und 2012 von 20,5 auf 16,7 Milliarden Euro vermindert habe. Die staatlichen Ausgaben sanken demnach auf 7,1 Milliarden Euro für den Regionalverkehr, 5,5 Milliarden für das Bundeseisenbahnvermögen und 3,8 Milliarden für Erhalt und Ausbau der Schienenwege.

Bis 2012 zahlte die Bahn zudem rund 13 Milliarden Euro zinslose Darlehen an den Bund zurück, in der Summe enthalten sind auch einige Dividenden in besseren Jahren. Insgesamt sind bis dahin nach Konzernangaben fast 141 Milliarden Euro in die Modernisierung des Schienenverkehrs geflossen, davon 67 Milliarden aus DB-Eigenmitteln.

Auch die veröffentlichte unternehmerische Bilanz kann sich nach den ersten zwei Jahrzehnten sehen lassen, zumindest auf den ersten Blick. So wuchs der Umsatz von 1994 bis 2012 von 14,8 auf 39,3 Milliarden Euro um fast das Dreifache. Das Ergebnis vor Steuern verfünffachte sich auf 1,5 Milliarden Euro. Insgesamt fuhr die DB AG seit dem Start 11,9 Milliarden Vorsteuergewinn ein, erzielte fast durchweg wenigstens auf dem Papier Betriebsgewinne und nur von 2001 bis 2003 ein Minus. Die Finanzflüsse sind seit der Bahnreform jedoch extrem komplex, ebenso die DB-Bilanzen. Es gibt viele Möglichkeiten der Darstellung. Alle Zahlen sind daher immer mit Vorsicht zu betrachten.

### Die negativen Seiten der Reform

Die schönen Erfolgsbilanzen zur Bahnreform werden durch eine Vielzahl negativer Entwicklungen relativiert, die in den letzten Jahren noch deutlicher geworden sind. Die massiven Angebots- und Qualitätsmängel im ausgedünnten Personen- und Güterverkehr, das überlastete und überalterte Schienennetz sowie der wachsende Finanzbedarf und die hohe Verschuldung der DB AG sind dabei an erster Stelle zu nennen. Kritiker ziehen deshalb eine negative Bilanz der Reform und sehen die Ziele nicht erreicht. Tatsache ist: Die niedrigen Marktanteile der Schiene im Personen- und Güterverkehr sind seit 1994 kaum gestiegen, die DB AG hängt weiter am Tropf des Staates und ist zudem auch wegen krasser Managementfehler ein zuverlässiger Lieferant abschreckender Meldungen.

Zu einem ähnlichen Fazit gelangte zehn Jahre nach der Reform auch Norbert Hansen, damals Vorsitzender der Bahngewerkschaft Transnet und Vizechef des DB-Aufsichtsrats: »Es wurde leider kaum Verkehr auf die Schiene verlagert. Die Bahn profitiert zwar vom allgemeinen Verkehrswachstum, hat aber kaum Marktanteile gewonnen. Damit wurde das wichtigste Ziel der Bahnreform nicht erreicht.« Auch die Vorgabe, für gleiche Wettbewerbsbedingungen zwischen Schiene, Straße, Schifffahrt und Luftverkehr zu sorgen, habe die Politik verfehlt. Nachdem Hansen die Seiten gewechselt hatte und DB-Personalvorstand wurde, waren solch kritische Äußerungen allerdings nicht mehr von ihm zu hören.

Natürlich sind viele Urteile über die Bahnreform von Interessen und politischen Grundhaltungen geprägt. Keine Gewerkschaft wird eine Reform feiern, die in den ersten sieben Jahren mehr als

100 000 Jobs gekostet hat. Mancher Freund der alten Bundesbahn hält ohnehin bis heute das gesamte Konstrukt einer staatlichen Bahn AG für verfehlt. Umso gewichtiger ist auch hier die Bewertung durch den Bundesrechnungshof. Die oberste Prüfbehörde unseres Landes soll der Politik genau auf die Finger schauen, damit mit dem Geld der Steuerzahler vernünftig umgegangen wird. Die Finanzexperten sind unabhängig, haben weitreichende Prüfrechte und tiefe Einblicke in verborgene Vorgänge und Unterlagen – bei der Regierung ebenso wie beim Staatskonzern.

Das Fazit des Sonderberichts vom Januar 2019 ist eindeutig: Der Staat hat bei der Bahn versagt, die Kernziele der Reform wurden verfehlt.[46] Der Konzern verliere Marktanteile, habe große Qualitätsprobleme und Schulden – und viel Geld im Ausland verschleudert, das für das hiesige Kerngeschäft und das marode deutsche Schienennetz fehle. Bei den Verkehrszielen der Reform nimmt der Rechnungshof nicht Transportzahlen als Maßstab, sondern untersucht die Entwicklung der Marktanteile beim Verkehr insgesamt und beim Staatskonzern im Besonderen. »Im Verhältnis zur Straße kam seit Gründung der DB AG nicht mehr Verkehr auf die Schiene«, so Präsident Kay Scheller. Es gebe »keine generelle Trendwende zugunsten der Eisenbahn«, stellt der Prüfbericht nüchtern fest. Demnach stieg im Personenverkehr der Marktanteil der Schiene von 1990 bis 2016 nur leicht von 7,1 auf 7,9 Prozent. Der allergrößte Teil läuft weiter über die Straße. Im Güterverkehr brach der Anteil sogar nochmals von 26 auf unter 18 Prozent ein, vor allem, weil nach dem Fall der Mauer die Reichsbahn viele Aufträge an Lkw-Speditionen verloren hat.

Die Schattenseiten der Bahnreform sind unübersehbar. So stellt sich mehr denn je die Frage, ob es auf Dauer einen riesigen Staatskonzern für attraktive Bahnangebote braucht. Das Gesetz zur Bahnreform sieht als weitere Stufe vor, die DB-Holding aufzulösen und die Fern-, Regional- und Güterverkehrsunternehmen an Investoren zu übergeben. Der Staat wäre dann nur noch für eine intakte Infrastruktur und einen leistungsfähigen Verbund mit allen Bahnunternehmen verantwortlich – so wie es mittlerweile Großbritannien erfolgreich praktiziert. Derzeit gibt es dafür allerdings keine Mehrheit im Bundestag.

Das Versagen des Staates bei der Bahn, das der Bundesrechnungshof konstatiert hat, betrifft viele Aspekte – und letztlich die Verkehrspolitik insgesamt. Um die wichtigsten Fehler der Politik soll es im Folgenden gehen.

# Irrfahrten
## Fehler der Bahn- und Verkehrspolitik

### 1. Vorfahrt für Auto und Flieger – und die Bahn rollt aufs Abstellgleis

Bei manchen Verkehrspolitikern ist Andreas Knie nicht sonderlich beliebt. Denn der Mobilitätsforscher am Wissenschaftszentrum Berlin (WZB) scheut sich seit Jahren nicht, auch ziemlich unbequeme Wahrheiten auszusprechen: »Deutschland hat jahrzehntelang vor allem aufs Auto gesetzt. Jetzt stehen wir in der Sackgasse – mit mehr als 46 Millionen Fahrzeugen, die der Umwelt und dem Klima schaden.« Der Professor würde die Blechkarawanen am liebsten aus den Städten verbannen: »Wir müssen die Straße zurückerobern«, lautet seine Maxime. »Wir brauchen endlich eine ehrliche Debatte über die wahren Kosten des Auto- und Flugverkehrs und über bessere Alternativen.«

Der Wissenschaftler hat in seinen Vorträgen anschauliche Beispiele für Irrwege der Verkehrspolitik: »Nach dem Krieg plante Westberlin ein gigantisches Autobahnnetz. 1953 hat der Senat sogar entschieden, die Straßenbahn abzuschaffen, die noch 80 Prozent des Verkehrs bestritt. Sämtliche Tempolimits wurden aufgehoben, danach gab es 70 000 Verkehrstote in nur vier Jahren – erst dann wurde die Geschwindigkeit auf 60 km/h begrenzt.«

Bis heute werde der Kfz-Verkehr vielfach bevorzugt: »Wer in Berlin wohnt, bekommt über die Parkraumbewirtschaftung einen Stehplatz für 10,20 Euro pro Jahr. Die tatsächlichen Kosten auf öffentlichem Grund liegen aber umgerechnet bei 10 bis 15 Euro pro Tag.« Allein hier brächte eine ehrliche Rechnung dem Staat gigantische Einnahmen, betont der Experte. Zudem würden Bürger bei höheren Kosten die Anschaffung eines Autos in der Stadt mehr hinterfragen. Ohnehin stünden die Fahrzeuge 94 Prozent der Zeit nur nutzlos herum und blockierten viele öffentliche Flächen für sinnvollere Nutzungen.[47]

Der Mobilitätsforscher plädiert darüber hinaus für die Abschaffung der milliardenteuren Dieselsteuer- und Dienstwagen-Privilegien. Allein mit der geringeren Dieselsteuer verzichte der Staat jedes Jahr auf riesige Summen. Wäre die Steuer so hoch wie beim Benzin, hätte das allein 2018 rund 8,2 Milliarden Euro Mehreinnahmen gebracht und in den letzten drei Jahren zusammen fast 25 Milliarden Euro. Das bestätigte die Bundesregierung auf eine Anfrage der Grünen zu zehn Jahren Verkehrspolitik unter Kanzlerin Merkel.[48] »Die Abschaffung des Privilegs brächte dem Staat also riesige Summen für eine Verkehrswende hin zu mehr Bahn und Bussen«, betont Knie. Mit weiteren mindestens 3,5 Milliarden Euro pro Jahr werden Dienstwagen steuerlich vom Staat und damit von der Allgemeinheit begünstigt. Unternehmen und Selbstständige können Kaufpreis und Unterhalt ihrer Fahrzeuge beim Finanzamt geltend machen und so ihre Steuerlast verringern. Wer dieses Privileg besitzt, hat wenig Grund, auf die Bahn umzusteigen.

### Viele Milliarden Euro für noch mehr Straßen

Die Vorfahrt fürs Auto zeigt eine Studie des Netzwerks Europäischer Eisenbahnen (NEE).[49] Beim Schienennetz gab es demnach seit der Bahnreform nur bescheidene 1709 Kilometer Neubaustrecken und dazu mehr als 6000 Kilometer Stilllegungen. Das Straßennetz dagegen wuchs inklusive kommunaler Infrastruktur um rund 250 000 auf 900 000 Kilometer und damit um fast 40 Prozent. Im Vergleich bekamen also Autos und Lkw 146 Mal mehr zusätzliche Verkehrswege als die Bahn. Auch in den letzten Jahren wurde das Straßennetz den Berechnungen zufolge weiter um im Schnitt 192 Kilometer Länge pro Woche verdichtet, pro Jahr kamen rund 10 000 Kilometer hinzu. Dagegen wurden pro Woche nur 1,3 Kilometer Schienen neu in Betrieb genommen. Berücksichtigt sind dabei Neubauten und kapazitätserweiternde Modernisierungen.

»Die Zahlen belegen, welchen Vorsprung die Straße an Netzdichte und Kapazitätsangebot durch die langjährige massive Investitionstätigkeit der öffentlichen Hand erlangt hat«, betont NEE-Geschäftsführer Peter Westenberger. Das Netzwerk vertritt viele große Güterbahnen und weist darauf hin, dass nach den Angaben des Bundesverkehrsministeriums bereits von 1967 bis 1994 rund 106 000 Kilometer neue Straßen errichtet worden sind – während parallel fast keine neuen Schienenstrecken entstanden und im Gegenteil viele Anlagen stillgelegt wurden.

Wegen der steigenden Fahrgastzahlen und Gütermengen ist das Schienennetz nun an vielen Stellen überlastet. Westenberger macht dafür wie andere Experten den mangelnden Weitblick der Politik verantwortlich. Insgesamt gab es laut NEE seit 1994 nur 58 Inbetriebnahmen neuer Strecken, darunter lediglich fünf Verbindungen mit über 100 Kilometer Länge: München–Berlin, Hamburg–Berlin, Hannover–Berlin, Köln–Frankfurt und Teile von Karlsruhe–Basel. Zudem wurden auch für den Güterverkehr, der seit zwei Jahrzehnten fast ununterbrochen wächst, laut Westenberger lange Zeit fast keine neuen Strecken gebaut: »Das Geld für die Schiene floss vor allem in ICE-Strecken, S-Bahn-Gleise und die Anbindung von Flughäfen.« Umso größer seien nun die Engpässe.

So wundert es nicht, dass der allergrößte Teil des ungebremst wachsenden Verkehrs weiter über das zusehends überlastete Straßennetz rollt. Die Verlagerung kommt kaum voran, wie die Regierung Merkel auf die Grünen-Anfrage im Mai 2019 einräumt. Seit 2009 ist der Straßenanteil beim Personenverkehr nur leicht von 87,4 auf 85,8 Prozent gesunken. In absoluten Zahlen stieg die Verkehrsleistung weiter an. Die Eisenbahn konnte ihren Anteil lediglich von 7,4 auf 8,3 Prozent steigern, der Luftverkehr seinen von 5,2 auf 5,9 Prozent. Bei der Fracht ist der Anteil des umweltbelastenden Lkw-Verkehrs sogar weiter von 71,3 auf 71,7 Prozent gewachsen, in absoluter Transportleistung gerechnet gar um mehr als ein Fünftel. Immerhin konnte die Schiene ihren Anteil deutlicher von 16,4 auf 18,9 Prozent erhöhen und im Tkm-Vergleich sogar um rund 40 Prozent, vor allem dank erfolgreicher privater Frachtbahnen. Doch das Ziel von wenigstens 25 Prozent Anteil bis 2030 ist noch sehr weit entfernt.

Auch beim Vergleich der Verkehrsnetze zeigt sich die Dominanz des Automobils. Schon die bundeseigenen Straßen sind mehr als 51 000 Kilometer lang. Neben 13 000 Kilometer Autobahnen gibt es 38 000 Kilometer Bundesstraßen. Hinzu kommen geschätzt mehr als 800 000 Kilometer kommunale Straßen. Das bundeseigene Schienennetz umfasst nur noch 33 298 Kilometer, weitere 5000 Kilometer gehören anderen. Bereits das bundeseigene Straßennetz ist also deutlich größer als das Gleisnetz. Daran hat die Regierung Merkel wenig geändert. Auch bei der Finanzierung der Verkehrswege herrscht Schlagseite. Für den Neu- und Ausbau von Autobahnen und Bundesstraßen flossen knapp 21 Milliarden Euro, für die Schiene kaum mehr als die Hälfte: 11,4 Milliarden Euro. Auch 2018 war der Unterschied noch eklatant: Fast 2,4 Milliarden Euro bekam der Straßenbau, die Schiene rund 800 Millionen Euro weniger.

Beim Unterhalt ist das Verhältnis ausgewogener. Für Autobahnen und Bundestraßen gab der Bund voriges Jahr knapp 4,5 Milliarden Euro, für die Schiene 320 Millionen weniger. Im Zehnjahresvergleich erhielt die Straße 29,3 Milliarden, die Bahn gut 300 Millionen mehr. Richtig ist allerdings auch: Gemessen an den Verkehrsanteilen – weniger als ein Zehntel im Personenverkehr und weniger als ein Fünftel bei der Fracht – bekommt die Schiene weit überproportional viel Geld. Umso größer müsste das Interesse der Politik sein, diese Infrastruktur bestens in Schuss zu halten und gut auszulasten, nicht zuletzt durch faire Rahmenbedingungen für den Wettbewerb. Nicht nur daran aber mangelt es.

### Wie teuer Auto- und Flugverkehr wirklich sind

Die wahren Kosten der Verkehrsträger für die Gesellschaft und die Umwelt sind seit Jahrzehnten ein heftig umstrittenes Thema. Klar ist: Der Autoverkehr schneidet dabei nicht gut ab, auch wegen der hohen Unfall- und Umweltfolgekosten. Das bleibt der Öffentlichkeit aber verborgen, weil keine transparenten Gesamtbilanzen und Vergleiche existieren, wie viele Zuschüsse Auto-, Schienen-, Flug- und Schiffsverkehr bekommen und welche Kosten und externen Belastungen in Summe verursacht werden. »In der Schweiz werden diese Daten schon seit einigen Jahren erhoben«, sagt Per Rummel, Verkehrsexperte der Monopolkommission. Das Gremium berät die Bundesregierung in Wettbewerbsfragen, hat bereits in mehreren Gutachten Hindernisse im Verkehrssektor und bei der Bahn gerügt und empfohlen, Kosten und Nutzen der einzelnen Verkehrsträger durch eine neutrale Stelle ermitteln zu lassen.

Das NEE hat diesen Vorschlag aufgegriffen und von Professor Christian Böttger eine Studie zu den »Kosten der Verkehrsträger im Vergleich« erstellen lassen. Der Experte von der HTW Berlin kommt zu einem klaren Ergebnis. Demnach verursacht der Straßenverkehr pro Jahr mindestens 60 Milliarden Euro direkte und indirekte Kosten, die durch Einnahmen aus Steuern und Maut nicht einmal zur Hälfte gedeckt werden.[50] Böttger hat für seine Studie sämtliche Zahlungen an die Verkehrsträger untersucht, darunter auch die Entlastungen durch fehlende Besteuerung. Im zweiten Schritt wurden tatsächliche Kosten soweit möglich berechnet. Sein Fazit: »Für Investitionen und Betrieb der Straßeninfrastruktur werden jährlich in Deutschland etwa 30 Milliarden Euro aufgewandt. Hinzu kommen weitere 30 Milliarden Euro für die Verkehrspolizei und zahlungswirksame Unfallfolgekosten.«

Allein 2018 starben 3265 Menschen im deutschen Straßenverkehr. Bei mehr als 300 000 Unfällen gab es zudem rund 400 000 Verletzte. Dabei entstehen enorme Folgekosten, die von der Allgemeinheit getragen werden. Allein Sozialversicherung und Sozialhilfe zahlen rund 17,5 Milliarden Euro pro Jahr direkt für die Versorgung der Opfer und Hinterbliebener, so Böttger. Daneben gebe es schwer zu ermittelnde nicht zahlungswirksame Kosten, vor allem weitere Unfallfolgekosten in Höhe von 27 Milliarden Euro und Umweltschäden von weiteren mindestens 7,5 Milliarden Euro. Nach Böttgers Rechnung verursacht der Autoverkehr in Deutschland also in Summe fast 100 Milliarden Euro Gesamtkosten – vorsichtig gerechnet.

»Die anrechenbaren Einnahmen aus Energiesteuern und Lkw-Maut liegen hingegen nur bei etwa 22 Milliarden Euro«, so Böttger. »Es ist daher ganz sicher falsch, wenn sich Pkw-Fahrer und der Lkw-Verkehr als Melkkühe der Nation betrachten.«

Unstrittig ist, dass die Bahn zumeist viel umweltschonender und sicherer als Pkw und Lkw unterwegs ist – und deshalb auch viel weniger externe Kosten verursacht. Mit ehrlichen und transparenten Kostenvergleichen würden daher die Vorteile des Schienenverkehrs für die Volkswirtschaft, die Finanzen und das Klima viel deutlicher sichtbar.

Bei den Unfallkosten schneidet die Bahn als sicherstes Verkehrsmittel besonders gut ab. Das Todesrisiko ist bei einer Zugfahrt 75 Mal geringer als im Auto und sechs Mal geringer als im Bus, so die Allianz pro Schiene. Das Verletzungsrisiko ist beim Pkw sogar 127 Mal höher als bei der Bahn. Für den Straßenverkehr verkündet die Politik zwar seit Jahren gerne die »Vision Zero« von null Verkehrstoten. Doch Fakt ist, dass es 2018 eine Zunahme gab. Immerhin hat sich die Zahl von mehr als 11 000 Verkehrstoten im Straßenverkehr, die noch 1991 zu beklagen waren, seither trotz wachsender Blechkolonnen stark reduziert.

Böttger sieht die Schiene auch im Vergleich zu Flugzeug, Binnenschiff und Fernbus benachteiligt, bei denen staatliche Unterstützungen ebenfalls intransparent seien und manche Kosten nicht angelastet würden: »So werden die Binnenwasserstraßen den Nutzern grundsätzlich abgabenfrei zur Verfügung gestellt.« Beim Frachttransport auf der Schiene dagegen muss für jeden Kilometer und jeden Bahnhof ein Nutzungsentgelt bezahlt werden. Auch die Luftfahrt profitiere von zahlreichen direkten und indirekten Subventionen und sei weitgehend von Steuern und Abgaben befreit, die andere Verkehrsträger zahlen. Dem Fernbus wiederum helfe die Mautfreiheit und die geringe Vorschriften- und Kontrolldichte. Im Schienenverkehr dagegen müssten Energiesteuern, Emissionsabgaben und EEG-Umlagen gezahlt werden.

Auch Böttger kritisiert wie die Monopolkommission Lücken in der Berichterstattung: »Während Übersichten über Zahlungen für die Schiene transparent und zeitnah vorliegen, werden die Zuschüsse der öffentlichen Hand für die anderen Verkehrsträger oft unvollständig, verspätet oder gar nicht ausgewiesen.« Teil einer rationalen Verkehrspolitik müsse mehr Kostentransparenz sein.

## Wie der Flugverkehr begünstigt wird

Europa-Flüge ab Berlin für 4,99 Euro? Kein Problem, Ryanair und Ableger Lauda machen's möglich. Im Mai 2019 startet der irische Billigflieger eine neue Tiefpreisaktion. In der Branche wird das als gezielter Angriff auf Marktführer Lufthansa verstanden. Deren Chef Carsten Spohr hat noch kurz davor gewarnt, mit Schleuderpreisen fürs Fliegen werde die Akzeptanz des Luftverkehrs in der Gesellschaft gefährdet. Sein Urteil: »Ökonomisch unverantwortlich, ökologisch unverantwortlich – und auch politisch unverantwortlich.« Das sind bemerkenswert offene, aber auch zwiespältige Aussagen für einen Konzernchef, dessen Unternehmen wie Eurowings ebenfalls Flugtickets zum Taxipreis anbieten. Wer als Airline Kunden in seine Flieger locken will, dem bleibt indes kaum eine Wahl. Seit die Politik den Luftverkehr weltweit liberalisiert hat, ist der Wettbewerb am Himmel unerbittlich und wird vor allem über den Preis ausgetragen.

Flugreisen sind billig wie nie – und so fliegen mehr Menschen denn je durch die Gegend. Daran hat auch die deutsche Luftverkehrssteuer wenig geändert. Allein deutsche Airports zählten 2018 mehr als 244 Millionen Ankünfte und Abflüge, rund vier Prozent mehr als im Vorjahr. Jeder fünfte Reisende fliegt nur innerdeutsch, oft von und nach Berlin, Frankfurt oder München zu Geschäftsterminen oder zum Umsteigen. Gerade diese Kurzflüge gelten als besonders umweltschädlich. Und häufig sind sie auch unnötig, denn mit der Bahn gibt es auf vielen Verbindungen eine viel nachhaltigere Alternative.

Die Flugbranche kennt ihren besonders wunden Punkt und spürt, dass sich der politische Wind dreht. So forderte Grünen-Chef Robert Habeck vor der Europawahl 2019, für mehr Klimaschutz die Inlandsflüge am besten ganz abzuschaffen. Deshalb wird das Problem gerne verschwiegen oder verharmlost. Beim Flughafenverband ADV muss man schon genau hinschauen, um die Kurzflüge in den Statistiken zu finden. Dann stellt man fest: Mit mehr als 47 Millionen Passagieren ist das umstrittene innerdeutsche Passagieraufkommen im Jahr 2018 fast unverändert geblieben.[51] Den-

noch versucht der Bundesverband der Deutschen Luftverkehrs-
wirtschaft (BDL), der Öffentlichkeit mit Statistiktricks ein anderes
Bild zu vermitteln. »Innerdeutscher Luftverkehr geht zurück«,
meldete der BDL-Newsletter im April 2019 mit einer farbigen
Grafik, in der große Balken ein Minus von 22 Prozent anzeigen.
Nur wer den kleingedruckten Hinweis liest, erkennt, dass hier die
Entwicklung seit 2004 gezeigt wird und zudem die Zahl der Flüge,
nicht die der Reisenden. So etwas grenzt schon an Irreführung.[52]

Die Luftfahrt-Lobby nutzt solche Tricks häufiger, und nicht wenige Politiker fallen allzu gerne darauf herein. Bisher hat sich noch
kein Verkehrsminister nachsagen lassen wollen, er habe den Bürgern das innerdeutsche Fliegen verboten. Dabei gäbe es dafür gute
Gründe. Ein Flugreisender belastet die Umwelt mit 280 Gramm
Treibhausgas pro Kilometer extrem. Die Deutsche Bahn hingegen
befördert die 148 Millionen Reisenden in ihren Fernzügen mit
100 Prozent Ökostrom und damit nahezu $CO_2$-frei.

Eine einfache Möglichkeit, zumindest Kurzflüge zu reduzieren,
wären hohe Steuern, ähnlich wie auf Autobenzin oder Zigaretten.
Doch beim Fliegen tut die Politik genau das Gegenteil: Der Flugverkehr profitiert davon, dass auf Kerosin überhaupt keine Energiesteuern gezahlt werden müssen. Im innerdeutschen Verkehr
verzichtete der Staat dadurch allein 2018 auf 584 Millionen Euro
Einnahmen, seit 2009 auf fast 5,7 Milliarden Euro.[53]

Auch bei der Mehrwertsteuer auf Tickets wird der Schienenverkehr von der deutschen Politik benachteiligt. Flüge zwischen
EU-Staaten sind generell steuerbefreit. Deshalb müssen in den
allermeisten Ländern Europas auch Bahnkunden für grenzüberschreitende Fahrten keine Mehrwertsteuer zahlen. Die Bundesrepublik dagegen gehört zu den ganz wenigen Ländern neben Kroatien und Griechenland, wo bis zur Grenze der volle Steuersatz von
19 Prozent fällig wird.

In den nächsten zwanzig Jahren soll sich der Luftverkehr welt-
weit nochmals verdoppeln, so die Wunschprognose der Branche.
Die Zahl der Passagiere soll von 4 auf 8,2 Milliarden wachsen, die
Zahl der Maschinen von 24 000 auf mehr als 48 000, die Summe der

geflogenen Kilometer von 190 auf 473 Millionen Erdumrundungen. Damit würde auch die Schadstoffbelastung nochmals enorm zunehmen. Für das Klima auf der Erde wäre diese Entwicklung verheerend.

Die Quittung für ihre missratene Verkehrspolitik bekommt die Bundesregierung in den Klimabilanzen. Das Ziel, die Emissionen der Treibhausgase zwischen 1990 und 2020 um 40 Prozent zu senken, hat Deutschland weit verfehlt. Das steht bereits fest. Bis 2018 gelang nur bei den privaten Haushalten eine Reduzierung von immerhin 38 Prozent, in der Industrie von 33 Prozent, im Energiesektor von 30 Prozent und in der Agrarbranche von 16 Prozent. Kein Bereich schneidet also derart schlecht ab wie der Verkehr, wo sich die Schadstoffe nur minimal um 0,8 Prozent verringert haben. Sein Anteil an den gesamten $CO_2$-Emissionen in Deutschland wuchs seit 2009 sogar von 16,9 auf 18,5 Prozent. Dafür ist fast allein der Straßenverkehr verantwortlich, dessen Anteil an den $CO_2$-Verkehrsschadstoffen mehr als 96 Prozent beträgt. Besonders stark nimmt dabei der Schadstoffanteil der Lkw zu, der von 29 auf mehr als 33 Prozent nach oben schoss.

»Der Verkehr ist das Sorgenkind des Klimaschutzes«, sagt Dirk Flege, Geschäftsführer der Allianz pro Schiene. Nirgendwo sonst gebe es so dringenden Handlungsbedarf, mahnt er das Klimakabinett der Regierung Merkel: »Mit Klein-Klein und endlosen Debatten wird die Verkehrswende hin zu einer klimagerechten Mobilität scheitern.«[54]

## 2. Rendite vor Gemeinwohl – ein Aktienkonzern denkt nur an sich

Die Deutsche Bahn AG leidet an schweren Geburtsfehlern und Strukturdefiziten. Mit der Umwandlung von Bundesbahn und Reichsbahn in eine Aktiengesellschaft hat die Politik den gesamten Schienenverkehr mitsamt der Infrastruktur unter Renditedruck gesetzt. Das mögen viele Verantwortliche zwar nicht hören, es ist aber Tatsache: Die DB AG hat wie jedes privatwirtschaftliche Unternehmen vom ersten Tag an die Aufgabe gehabt, möglichst profitabel zu wirtschaften. Das Problem: Es bleibt dem Konzern und seinen Managern weitgehend freigestellt, wie und womit Gewinne erzielt werden. Ständige Konflikte mit gesellschaftlichen Gruppen und der Politik waren damit programmiert.

Denn die DB ist eben kein Unternehmen wie andere. Als größter Anbieter von Transportleistungen auf der Schiene ist sie für viele Bürger und Firmen unentbehrlich. Außerdem wurde sie ja bei der Reform per Grundgesetz auf das Allgemeinwohl verpflichtet – und der Bund als Eigentümer hat dies zu gewährleisten.[55] Seitdem erhitzt der Konflikt zwischen Gewinnmaximierung und Allgemeinwohl die Gemüter. Und die Ergebnisse nach 25 Jahren Bahnreform zeigen, dass das Allgemeinwohl dabei viel zu oft unterliegt. Dafür gibt es Beispiele zuhauf. Schon der massive Stellenabbau in der ersten Phase vermied zwar rote Zahlen und steigerte die Arbeitsproduktivität, doch Angebote und Kundenservice wurden dadurch gewiss nicht besser.

Mit der Umwandlung in eine AG haben sich Bahn und Politik außerdem massive und teure Konflikte mit den Gewerkschaften eingehandelt, die zudem auf dem Rücken der Kunden ausgetragen werden. Kostensenkungen, schlechte Bezahlung und hohe Arbeitsverdichtung sorgten für Unmut bei den Beschäftigten, nach dem Scheitern von Tarifverhandlungen legten wiederholt Streiks der Lokführer bundesweit den gesamten Bahnverkehr lahm und verursachten riesige Schäden für die Wirtschaft und die Allgemeinheit. Politik und Bahn schoben sogleich der Lokführergewerkschaft GDL die Schuld zu. Deren Chef Claus Weselsky sollte der böse Bube sein, manche Medien starteten unwürdige Hetzkampagnen.

Den Schlamassel hat den Fahrgästen aber nicht Weselsky, sondern die Politik eingebrockt. Die Beschäftigten nehmen nur ihr gesetzliches Streikrecht wahr, um bessere Löhne, Arbeitszeiten und Schichtregelungen durchzusetzen. Denn seit der Bahnreform dürfen Lokführer streiken wie andere Angestellte auch. Zuvor waren sie aus gutem Grund Beamte und damit zum Dienst verpflichtet. Der Staat sorgte für gute Löhne und Arbeitsbedingungen, dafür fuhren die Züge zuverlässig – gelungene Daseinsvorsorge für Mitarbeiter wie Bahnkunden. Kein billiges System, aber es funktionierte. Kein Reisender blieb wegen Streiks fluchend am Bahnsteig stehen, keine verfeindeten Gewerkschaften kämpften mit hohen Tarifforderungen und scharfen Worten um Einfluss und Mitglieder. Doch das bewährte hoheitliche System hat die Politik mit der Umwandlung der Behördenbahnen zur AG abgeschafft – und damit auch hier die negativen Folgen fürs Gemeinwohl billigend in Kauf genommen.

Noch deutlicher wurden die Widersprüche, als Hartmut Mehdorn den Chefsessel übernahm. Das Aus für die beliebten und preisgünstigen Interregio-Fernzüge, die vor allem mittelgroße Städte verbanden, betraf rund 70 Millionen Kunden pro Jahr. Besonders fragwürdig: Ein Angebot des Konkurrenten Connex zur Übernahme der Züge lehnte Mehdorn barsch ab, Wettbewerb war nicht erwünscht. Denn Connex-Manager Hans Leister plante, die Interregio-Flotte mithilfe der Länder als günstige Alternative zu den ICE- und Intercity-Zügen der DB zu platzieren – Bahnfahrer hätten also mehr Auswahl gehabt. Doch die Bundesregierung ließ Mehdorn freie Hand. Denn für den Staatskonzern rechnete sich die Einstellung und damit auch für den Bund als Eigentümer, der sich drohende Verlustausgleiche sparte. Lukrative Interregio-Linien nämlich fuhr die DB AG fortan als teurere Intercity-Verbindung, teils sogar mit den bisherigen Zügen, die gerade mal neu lackiert wurden. Und die unrentablen Linien durften bei Interesse die Länder weiterführen und bezahlen, der Konzern fuhr die Angebote dann als Regionalverkehr und kassierte die Zuschüsse.

Für die betroffenen Bahnkunden bedeutete die Einstellung des Interregios, entweder höhere Preise für IC und ICE zu zahlen oder schlechtere Verbindungen mit Regionalzügen und Umsteigen auf sich zu nehmen. Der Fahrgastverband Pro Bahn warf dem Konzern vor, die Interregios durch Vernachlässigung »systematisch leergefahren« zu haben, um die teureren Fernzüge zu füllen. Klar ist: Die

Abschaffung dieser Zuggattung diente mit Sicherheit nicht dem Ziel der Bahnreform, mehr Verkehr auf die Schiene zu bringen, und schadete dem Allgemeinwohl, weil einige Angebote ersatzlos wegfielen und Kunden aufs umweltbelastende Auto umstiegen. Von 1998 bis 2007 sank die Zahl der Bahnkunden in Fernzügen von 171 Millionen auf nur noch 128 Millionen. Fazit: Die DB profitiert, Kunden und Wettbewerber haben die Nachteile.

Dieser Rückblick zeigt übrigens auch, dass die »Fahrgasterekorde«, die der Konzern seit einigen Jahren im Fernverkehr meldet, gar keine sind. 2019 werden mehr als 150 Millionen Kunden in der ICE- und IC-Flotte erwartet – also noch immer deutlich weniger als vor dem Aus der Interregios.

Fehlsteuerungen der Bahnreform zeigten sich ebenso an der weiteren massiven Ausdünnung der Güterbahn in der Fläche. Unrentable Verladestellen und Rangierbahnhöfe wurden unter Mehdorn aufgegeben, viele Kunden verloren den Zugang zur Bahn und nutzten fortan umweltschädliche Lkw-Transporte. Einige Jahre später folgten weitere Angebotskürzungen. Seit der Bahnreform sind rund 90 Prozent der Gleisanschlüsse bei Unternehmen gekappt worden. Auch die privatisierte Deutsche Post AG hat ihre Transporte fast vollständig vom Zug auf die Straße verlagert. Das Allgemeinwohl scheint für die Politik darin zu bestehen, dass die Lkw-Karawanen auf den Autobahnen immer länger werden.

Unter DB-Chef Grube durfte der Konzern seine Kahlschläge im Personenverkehr fortsetzen. Ende 2016 stellte er die bei Stammkunden sehr beliebten Nacht- und Autozüge wegen angeblicher Unwirtschaftlichkeit komplett ein. Schon zuvor waren die ehemals 60 Linien ausgedünnt worden, investiert wurde über viele Jahre nur noch wenig. Die Politik und die Regierungsvertreter im DB-Aufsichtsrat schritten auch hier nicht ein und billigten schließlich das Aus. Was die Deutschen nicht geschafft haben, macht seither die österreichische Staatsbahn ÖBB vor: Sie betreibt einige der früheren DB-Nachtzuglinien weiter.

Die Ausdünnung der Angebote ist unmittelbare Folge der Gewinnmaximierung, der die DB AG unterworfen ist. Das zeigt schon die Organisation des Konzerns, zu dem zeitweise mehr als 1000 einzelne Firmen gehörten. Jede einzelne Einheit muss die vorgegebene Rendite auf das eingesetzte Kapital (ROCE) erwirtschaften – sonst wird es für die Verantwortlichen ungemütlich, und es gibt für die Führungskräfte weniger Erfolgsvergütungen. Das ROCE bestimmt die Geschäftspolitik, für den Verfassungsauftrag und die Allgemeinwohlverpflichtung seines Eigentümers ist der Aktienkonzern nicht zuständig.

Das gilt für alle Sparten, besonders jedoch für den Fernverkehr, den die DB AG ohne Zuschüsse fahren muss. Die Folge: Auch hier wurde das Angebot in der Fläche bald brutal ausgedünnt. Denn jeder Zug, der mit zu geringer Auslastung fährt, senkt die Rendite. Und die Politik hat bis heute keine Mindestanforderungen für die Flächenversorgung formuliert. Während im Regionalverkehr die Länder entscheiden, welche Linien bestellt und bezahlt werden, bestimmt der Konzern über die ICE- und IC-Angebote nach seinen Kriterien. Was bedeutet, dass die lukrativen Rennstrecken zwischen Großstädten wie Berlin und Hamburg, Frankfurt und Köln oder im dicht besiedelten Ruhrpott absoluten Vorrang haben. Hier gibt es eine große Nachfrage, während weniger bedeutende Städte und Regionen Zug um Zug vom Fernverkehr abgehängt werden.

Schon 2008 warnte die Verkehrsberatung KCW, dass 16 Städte von Flensburg bis Konstanz ihre IC-Anschlüsse verlieren könnten, darunter sieben Landeshauptstädte von Kiel bis Saarbrücken. Die Deutsche Bahn bezeichnete die Studie als »hanebüchene Stimmungsmache und frei erfunden«. Doch die Berater blieben am Ball und wiesen 2012 in einer weiteren Untersuchung nach, dass die DB AG seit 1999 bereits 110 Bahnhöfe aus dem Fernverkehrsnetz gestrichen hatte. KCW-Experte Felix Berschin stellte fest, dass sogar in einer Stadt wie Krefeld mit mehr als 260 000 Einwohnern keine ICE oder Intercitys mehr halten. An 368 untersuchten Bahnhöfen auf Nebenrouten hatte sich die Zahl der Fernzughalte fast halbiert, ausgedünnt wurde zum Beispiel in Bonn, Koblenz, Magdeburg und Dresden. Der Deutsche Städtetag beklagte, für 17 Millionen Menschen hätten sich die Angebote verschlechtert, und damit würden »Standortqualität und wirtschaftlichen Chancen der betroffenen Städte gefährdet«.

Mit einem Fernverkehrsgesetz, das eine Mindestversorgung regelt, oder der Ausschreibung und Bezuschussung von Strecken wie im Regionalverkehr könnte die Lage verbessert werden. Doch die Politik hat bis heute nichts dergleichen auf den Weg gebracht und lässt sich von immer neuen Versprechen des Konzerns vertrösten. 2015 hat die DB zum Beispiel eine »Fernverkehrsoffensive« mit vielen neuen Anschlüssen angekündigt. Dafür sollten aber teils die Länder bezahlen, indem sie Fernlinien, die der DB AG wenig brachten, mit Mitteln aus dem Nahverkehr bezuschussen, damit der Konzern weiter oder wieder dort fuhr. Ein übles Spiel, wie Kritiker meinten. Denn so wäre der Wettbewerb ausgebremst und der DB-Fernverkehr unzulässig subventioniert worden. Die Vergabekammer Westfalen unterband das und urteilte, dass die Strecken auszuschreiben seien und nicht einfach der DB mitsamt Zuschüssen zugeschoben werden könnten.

Für eine Offensive im Fernverkehr würden der DB AG ohnehin die Züge fehlen. Auch hier spielt die Rendite eine entscheidende Rolle. Denn schon seit der Jahrtausendwende ist klar, dass die betagte IC-Flotte, die Anfang der 1970er Jahre in Betrieb gegangen ist, dringend ersetzt werden muss und für mehr Angebote auch mehr ICE-Züge nötig wären. Doch in Mehdorns Amtszeit wurden die teuren Bestellungen verschoben und die vorhandene, teils längst abgeschriebene Flotte weiter auf Verschleiß gefahren. Hohe Investitionen und in der Folge jährliche Abschreibungen auf neue Züge hätten das Bilanzergebnis verschlechtert und erhoffte Investoren abgeschreckt. Das Interesse der Bahnkunden an attraktiven Angeboten spielte auch hier eine untergeordnete Rolle.[56]

Besonders krass zeigen sich die Strukturdefizite jedoch beim bundeseigenen Schienennetz. Es der DB Netz AG zur Verwaltung zu überlassen, ist in mehrerer Hinsicht der teuerste und schwerwiegendste Fehler der Bahnreform. Denn damit kann der größte Anbieter nicht nur die Infrastruktur komplett kontrollieren, auf der auch alle Wettbewerber fahren – der Staatskonzern bekommt dafür auch noch jedes Jahr Milliarden aus der Steuerkasse ohne ausreichende Transparenz und Kontrollen. Mit sieben Sondergutachten hat allein die Monopolkommission die Missstände kritisiert. Die dominante Position der DB AG behindere mehr Wettbewerb auf der Schiene zum Nachteil der Bürger, betonte 2015 Daniel Zimmer, damals Vorsitzender des Beratergremiums der Bundesregierung. Denn der Staatskonzern könne als Betreiber der Infrastruktur seine Konkurrenten zum Beispiel beim Zugang zum Netz oder Investitionsentscheidungen benachteiligen. Die DB AG hat solche Vorwürfe stets zurückgewiesen.

Tatsächlich aber gibt es viele Beschwerden von DB-Konkurrenten über kleine und große Behinderungen im Alltag. Meist trauen sich die Anbieter aber nicht, laut zu protestieren. Denn als Netzmonopolist hat der Konzern viele Möglichkeiten, unliebsame Wettbewerber um Verkehrs- und Frachtaufträge ebenso auszubremsen wie Kritiker in den Regionen: nicht nur über die Zuteilung von Trassen und deren Preise, sondern auch darüber, in welche Strecken und Bahnhöfe wann und wie viel investiert wird. Die Bundesnetzagentur als Regulierungsbehörde prüft zwar die Preissysteme und Beschwerden, gilt aber als politisch gefügig. Denn jede Entscheidung berührt die Interessen der Regierung und ihres größten Unternehmens in mehrfacher Hinsicht. Der Bund hat nämlich gleich drei Rollen zu erfüllen, die widersprüchlich und kaum miteinander vereinbar sind:

Erstens erhofft sich der Staat *als Eigentümer* die Dividenden der DB AG, die nach Aktienrecht agieren soll – hier steht also der wirtschaftliche Erfolg des Konzerns ganz oben.

Zweitens soll der Bund *als Regulator* über Gesetze und die Bundesnetzagentur für fairen Wettbewerb sorgen – was für den Ex-Monopolisten DB meist eher von Nachteil ist. Schon deshalb ist der Argwohn groß, dass die Regierung die Zügel bei der Regulierung eher schleifen lässt, was manches laxe Gesetz auch belegt. Deshalb kann die Netzagentur allzu oft wenig ausrichten.

Drittens finanziert der Staat *als Geldgeber* seine Infrastruktur über Milliardensummen an die DB Netz AG, was die Gefahr von

Fehlsteuerungen nochmals enorm erhöht. Werden mangels Kontrolle und Transparenz Mittel zweckwidrig und ineffizient verwendet, nutzt das dem Konzern, schadet aber der Allgemeinheit, die mehr bezahlt als nötig.

Die Fehlentwicklungen ließen sich mit Strukturreformen korrigieren. Doch die Widerstände sind groß. Denn die mächtige DB AG profitiert vom bisherigen System auf Kosten der Allgemeinheit und des Wettbewerbs.

## 3. Staatsbahn auf Irrfahrt – massive Steuerungsdefizite

Besser als Kay Scheller kann man die Irrfahrt der Bahnpolitik kaum beschreiben. Als der Präsident des Bundesrechnungshofs den Medien am 17. Januar 2019 in Berlin den Sonderbericht zur Bahnreform präsentiert, bringt er die Kritik der Behörde auf den Punkt: »Der Bund muss jetzt Klarheit schaffen. Dabei reicht es nicht aus, dass sich die Bundesregierung in den Medien unzufrieden mit der Leistung der DB AG zeigt. Der Bund muss jetzt seinen Verfassungsauftrag mit Leben füllen und endlich seine Rolle als Eigentümer der DB AG konsequent wahrnehmen.«[57] Die Behörde beschreibt die Steuerungsdefizite vornehm und vermeidet scharfe Schuldzuweisungen. Doch die Aussagen sind klar. Erstens: Die Regierung hat versäumt, Rahmenbedingungen zu schaffen, dass Verkehr auf die Schiene verlagert wird. Zweitens: Der Staatskonzern macht Geschäfte, die nicht dem Bundesinteresse und Verfassungsauftrag entsprechen. Und drittens: Die Politik schaut dabei zu und duldet, dass die DB AG knappes Geld im Ausland und für bahnfremde Geschäfte verpulvert, anstatt es für besseren Schienenverkehr in Deutschland einzusetzen.

Doch wer versagt da eigentlich genau? An erster Stelle ist das Bundesverkehrsministerium zu nennen, das für die Verkehrspolitik und die Beteiligung des Bundes an der DB AG zuständig ist. Ihm wirft der Rechnungshofbericht vor, es habe den Konzern »weitgehend der Selbststeuerung und Eigenkontrolle überlassen«

und »tiefgreifende strategische Entscheidungen der DB AG nicht hinterfragt«.[58] Das Bundesministerium der Finanzen redet mit, wenn der Bundesetat oder Bundesvermögen betroffen sind. Und das Wirtschaftsministerium, wenn es um Wirtschaftspolitik und Wettbewerb geht. Alle drei Ressorts sind mit Staatssekretären im DB-Aufsichtsrat vertreten – und haben den Kurs gebilligt.

Im Kontrollgremium wachen insgesamt 20 Mitglieder über die Entwicklung des Staatskonzerns. Zehn bestimmt der Bund als Eigentümer, zehn die Arbeitnehmervertreter. Im Ergebnis sitzen für die Regierung zahlreiche Politiker und – anders als früher – nur noch wenige Wirtschaftsexperten im Aufsichtsrat, für die Beschäftigten Betriebsräte und Gewerkschafter. Alle wichtigen Grundsatz-, Strategie-, Budget- und Personalfragen werden von diesem Gremium entschieden. Es tagt alle drei Monate im März, Juni, September und Dezember – und beruft Sondersitzungen ein, wenn es richtig brennt. In den letzten Jahren war das häufiger der Fall. Meistens, wenn das Geld mal wieder knapp wurde, ein neues Sanierungskonzept anstand oder wie im Frühjahr 2019 ein Beraterskandal öffentlich wurde.

Schon die Liste der Aufseher zeigt, dass so viele Zuständigkeiten leicht zu organisierter Verantwortungslosigkeit führen können. Soll heißen: Am Ende fühlt sich niemand persönlich verantwortlich für den Gewährleistungsauftrag nach Artikel 87e Grundgesetz – nämlich den Verkehrsbedürfnissen der Menschen und dem dafür nötigen Erhalt und Ausbau des staatlichen Schienennetzes Rechnung zu tragen. Genau darauf sollten die Aufsichtsräte des Bundes achten. Doch tun die Staatssekretäre und Politiker das auch wirklich? Klar ist, dass es viele Interessenkonflikte gibt, die eine einheitliche Steuerung der DB AG erschweren, wenn nicht unmöglich machen.

Das beginnt im Regierungskabinett, wo sich Union und SPD seit Jahren uneins sind über den richtigen Kurs des Staatskonzerns. Das setzt sich fort in den parteipolitisch besetzten Ministerien. Im Verkehrsressort regiert im Sommer 2019 mit Andreas Scheuer ein CSU-Mann, im Wirtschaftsressort mit Peter Altmaier ein CDU-Politiker und im Finanzressort mit Olaf Scholz ein SPD-Vertreter. Mit Guido Beermann (Verkehr), Oliver Wittke (Wirtschaft) und Levin Holle (Finanzen) hat jeder Minister seine Gewährsleute im Aufsichtsrat. Und die Regierungsparteien sind dort ebenfalls allesamt mit Bundestagsabgeordneten vertreten: Eckhardt Rehberg (CDU), Christian Schmidt (CSU) und Kirsten Lühmann (SPD). Hinzu kommt Aufsichtsratschef Michael Odenwald, zuvor Staatssekretär im Verkehrsministerium. Mit Manager Jürgen Krumnow, früher Vorstand der Deutschen Bank, der Beraterin Susanne Knorre und KfW-Vorstandsfrau Ingrid Hengster sitzen für den Bund nur noch drei Vertreter aus der Wirtschaft im Kontrollgremium.[59]

Die Politik habe wieder das Ruder übernommen und die Bahn sei zurück auf dem Weg zur alten Bundesbahn, lästern deshalb Kritiker. Doch positiv gesehen will die Regierung so ihrem Verfassungsauftrag folgen, das Staatsunternehmen mehr auf Bundesziele und -bedürfnisse auszurichten und aktiv Einfluss zu nehmen – so wie es auch der Bundesrechnungshof dringend anmahnt. Zum Durchgreifen ist der Bund beim größten Staatskonzern durchaus berechtigt. Das hat sogar das Bundesverfassungsgericht in einem bemerkenswerten Urteil im November 2017 klargestellt, mit dem die grüne Bundestagsfraktion bessere Auskunftsrechte in Sachen DB durchgesetzt hat. Demnach ist die Bundesregierung nicht nur für die Verwaltungsaufgaben bei ihrem wichtigsten Unternehmen verantwortlich, sondern auch für die unternehmerische Tätigkeit.[60]

Der Bund muss also seine Rolle als Eigentümer und Aufseher der DB AG ausfüllen, sich positionieren und klare Ansagen machen, ob sein Konzern gewinn- oder gemeinwohlorientiert agieren soll. Daran aber hat es meist gefehlt. So habe es der Bund in den letzten Jahren noch nicht einmal geschafft, frei gewordene Sitze im DB-Aufsichtsrat umgehend zu besetzen, kritisiert der Rechnungshof. Deshalb habe die Regierung von der Arbeitnehmerseite mit ihren zehn Stimmen überstimmt werden können. Deren Interessen sind jedoch anders gelagert, wenn es zum Beispiel um Sanierungskonzepte, Neuausrichtung und Stellenabbau geht – oder gar um zentrale Strukturfragen wie eine stärkere Trennung von

Verkehrssparten und Infrastruktur. In erster Linie hat die Arbeitnehmerbank ein Interesse: sichere und gut bezahlte Jobs. Und so schlucken die meisten Vertreter viele Kröten, solange im Gegenzug die Tarifabschlüsse schöne Lohnzuschläge und bessere Arbeitsbedingungen bringen. Die Zukäufe im Ausland und in schienenfremden Sparten wurden ebenso durchgewinkt wie Stuttgart 21 und die Ausdünnung der Angebote im Personen- und Güterverkehr.

Besonders die Eisenbahnverkehrsgewerkschaft (EVG) und ihre Vorgänger – Transnet und die Gewerkschaft der Eisenbahner Deutschlands (GdED) – haben sich in all den Jahren meist auffällig kooperativ gezeigt. Zum Störfaktor der trauten Einigkeit ist die Lokführergewerkschaft GDL geworden, die mit vielen Bahnstreiks eigene Tarifverträge durchsetzt, politisch erzwungenen Projekten wie S 21 widerspricht und auch mit der Trennung von Netz und Betrieb kein Problem hätte. Mit nur einem Vertreter im Aufsichtsrat des Konzerns kann die GDL aber nicht viel erreichen.

### Wie der Wettbewerb behindert wird

Zu den Steuerungsdefiziten zählen Kritiker der Bahnreform auch die oft schwerfälligen Aufsichtsbehörden, denen lange Zeit allerdings auch wirksame gesetzliche Durchgriffsrechte gefehlt haben. So soll die Bundesnetzagentur die Trassenpreise kontrollieren, die DB Netz von allen Bahnunternehmen verlangt, die Gleise und Bahnhöfe nutzen. Mehrfach wurden die Preise bereits als deutlich überhöht eingestuft und Änderungen gefordert. Schon 2010 sah die Netzagentur DB-Wettbewerber benachteiligt, die auf Nebenstrecken nicht nachvollziehbare Zuschläge zahlen sollten. Damit verstoße der Konzern gegen das Diskriminierungsverbot, sagte der damalige Präsident Mattias Kurth. Im Jahr zuvor hatten die Aufseher bereits das Preissystem für die Nutzung von Bahnhöfen für ungültig erklärt.

Das komplexe Thema hat immense Bedeutung für attraktiven Schienenverkehr. Denn je teurer die Trassengebühr, desto teurer sind Fahr- und Frachtpreise. Die DB Netz AG hat bei der Kostenberechnung große Spielräume, für Außenstehende gilt sie als Buch mit sieben Siegeln. Die Netzagentur kontrolliert zwar die Kalkulation und genehmigt die Tarife, billigt dem Staatskonzern aber in ihren Bescheiden enorme Gewinne zu. So dürfe DB Netz eine Kapitalrendite von 9,3 Prozent ansetzen, berichten Insider – während Stromnetzbetreibern nur 6,9 Prozent und dem Lkw-Maut-Betreiber lediglich 3,3 Prozent erlaubt seien. »Mit dem ganzen Regulierungswahnsinn der Bahnreform wurde eine Parallelwelt geschaffen, die kaum noch einer durchdringt«, sagt ein Informant. Selbst im DB-Konzern beherrschten die Materie nur knapp zwei Dutzend Spezialisten.

Experten kritisieren zudem, dass wirkliche Anreize für den Konzern fehlen, die Ausgaben für die Bewirtschaftung der Anlagen zu senken. Zumal die steigenden Netzgewinne lange direkt in die Konzernkassen flossen. Zwar zahlte die DB AG für ihre Personen- und Güterzüge hohe Trassenpreise, dafür scheffelte aber die DB Netz AG hohe Gewinne. Diese wiederum nutzte die Konzernspitze, um weltweit auf Einkaufstour zu gehen. Ein fataler Kreislauf: Der deutsche Schienenverkehr wurde so faktisch zeitweise richtig ausgesaugt. Erst nach vielen Jahren schritt die Regierung ein und ordnete die Abführung der Netzgewinne an, die nun direkt an den Staat fließen sollen und von dort zurück in die Infrastruktur als zweckgebundene Investitionsmittel.

Die DB-Wettbewerber werden durch hohe Trassenpreise gleich doppelt benachteiligt. Die Frachtbahnen fahren zwar inzwischen relativ günstig, im Regionalverkehr dagegen werden im Schnitt acht Euro pro Zugkilometer fällig. Bei Steigerungen können die Bundesländer mit ihren begrenzten Etatmitteln nicht mehr so viele Züge fahren lassen. Zudem fließen die Mehrausgaben bei den Wettbewerben anders als im DB-Kreislauf nicht übers Netz zurück, sondern schmälern die Erträge.

In den Berichten der Netzagentur, der Monopolkommission und des Bundeskartellamts sind zahlreiche Fälle von Wettbewerbsbehinderungen nachzulesen, ebenso in Unterlagen privater Bahnanbieter und deren Interessenverbänden wie Mofair. Der größte private DB-Wettbewerber, die französische Transdev-

Gruppe (vormals Veolia Verkehr), hat Benachteiligungen immer wieder auch öffentlich scharf kritisiert. So klage DB Regio häufig gegen die Vergabe von Verkehrsverträgen bei Gericht, wenn sie bei Ausschreibungen unterliege, beschwerte sich Geschäftsführer Tobias Heinemann im Herbst 2018. Als früherer Chef der S-Bahn Berlin, die zur DB gehört, kennt er die Geschäftsmethoden des Platzhirschs. Durch lange Prozesse könne sich ein Betreiberwechsel teuer verzögern und Wettbewerber würden abgeschreckt, was dem gesamten Bahnverkehr schade. Als Beispiel nennt der Manager den S-Bahn-Verkehr in Hannover, wo Transdev den Zuschlag bekam und die DB Regio prompt Einspruch einlegte. Allerdings nutzen auch die DB-Wettbewerber die Gerichte, wenn es darum geht, einen Verkehrsvertrag möglichst lange zu behalten.

Welche Möglichkeiten die DB hat, Konkurrenten auszubremsen, zeigt auch das Beispiel des Hamburg-Köln-Expresses (HKX), der 2012 auf der lukrativen Strecke mit 178 Meter langen Fernzügen gegen den Platzhirsch mit seinen ICE antrat. Das Unternehmen wollte nur mit sechs Wagen fahren, weil sich ab 180 Metern die Stationspreise der DB Netz AG verdoppelten. Doch einige Monate nach einem Treffen mit der DB-Tochter wurde die Schwelle plötzlich auf 170 Meter herabgesetzt, damit verringerte sich der Kostenvorteil von HKX gegenüber dem ICE. Der Streit zwischen Netzagentur und DB über die fragwürdige Änderung zog sich über längere Zeit.

2014 ermittelte das Bundeskartellamt gegen die Bahn, weil Konkurrenten sich beim Verkauf ihrer Tickets durch die DB im Nachteil sahen – unter anderem durch überhöhte Provisionen. Die Deutsche Bahn wies die Vorwürfe zurück. Doch schließlich musste der Konzern den Verkauf von Tickets für Wettbewerber in Bahnhofsläden erlauben. Die Mietverträge des Konzerns mit Ladeninhabern hatten das zuvor jahrelang ausgeschlossen.

Ein Brancheninsider sieht die Diskriminierungen durch die DB Netz AG nicht mehr so dramatisch: »Die meisten Dinge passieren mittlerweile aus Unfähigkeit oder Versehen.« Auch DB-Bahngesellschaften seien reihenweise betroffen, müssten aber »die Klappe halten«. Die eigentliche Diskriminierung der Wettbewerber liege ganz woanders – nämlich bei den sieben bis acht Milliarden Euro Bundesmitteln, über die der mächtige DB-Konzern und seine Netzsparte jedes Jahr mehr oder weniger frei verfügen können: »Damit droht jedes konkurrierende Investment in die Eisenbahn in Deutschland zum Harakiri zu werden.«

## Von Schnüfflern und Datenskandalen

Wenn es um Steuerungsdefizite geht, darf der Daten- und Schnüffelskandal nicht fehlen, der Anfang 2009 die Öffentlichkeit schockiert und zur Ablösung von DB-Chef Mehdorn und einem Dutzend weiterer Manager führt. Die Empörung ist gewaltig, und das zu Recht: Unter den Augen des angeblich ahnungslosen Aufsichtsrats und Vorstands konnte eine Bahn-Stasi jahrelang ihr Unwesen treiben und im Kampf gegen Korruption und Geheimnisverrat jedes zulässige Maß weit überschreiten.

Die ehemaligen Justizminister Gerhart Baum (FDP) und Herta Däubler-Gmelin (SPD) sowie die KPMG-Wirtschaftsprüfer stellen später als interne Sonderermittler fest, dass in großem Stil der E-Mail-Verkehr der Mitarbeiter ohne deren Kenntnis überwacht wurde – alles unter dem Deckmantel angeblicher Korruptionsbekämpfung. Bei 55 geheimen internen Projekten mit kruden Decknamen wie Babylon, Holunder, Rubens, Sputnik, Traviata und Twister kam es demnach zu Straftaten, Ordnungswidrigkeiten sowie Verstößen gegen den Datenschutz und die Konzernrichtlinien. Später räumt die DB-Spitze darüber hinaus fünf große »Datenabgleiche« seit 1998 ein. Dabei wurden bis zu 173 000 Mitarbeiter darauf überprüft, ob ihre Namen, Adressen und Kontoverbindungen mit den Daten von 80 000 Lieferanten korrespondieren. Angeblich sollte auch hier nur möglicher Bestechung nachgespürt werden. Der Erfolg zumindest in dieser Hinsicht war gering.

Zusätzlich beauftragte der Konzern mehrere externe Firmen mit mehr als 40 konspirativen Schnüffelaktionen gegen Beschäftigte und deren Angehörige. Dabei kam es zu Straftaten, so wurden illegal sogar Kontoüberweisungen ausgeforscht. Die meisten Aufträge erhielt die Firma Network, die auch tief in den Spitzelskandal bei der Telekom verstrickt war.

Der Berliner Datenschutzbeauftragte Alexander Dix verhängt wegen Datenmissbrauchs hohe Bußgelder gegen den Konzern. Bei einer Routinekontrolle waren die Experten auf die Vorgänge gestoßen. Ein Zwischenbericht von Dix listet insgesamt 43 Spähaktionen gegen Bahnmitarbeiter und teils auch deren Ehefrauen auf.

»Krude Verschwörungstheorien ohne jeden sachlichen Hintergrund« – so wiegelte ein Bahnsprecher die ersten Hinweise auf illegale Überwachungsaktionen ab. Der Konzern soll auch die im Internet zugänglichen Unterschriftenlisten gegen den Börsengang mit den eigenen Mitarbeiterkarteien abgeglichen haben. Das Ziel: interne Kritiker ausfindig zu machen und dann deren Mails zu überwachen, zum Beispiel auf Kontakte mit dem Bündnis »Bahn für Alle«, das die Privatisierung bekämpfte. Sogar Telefonate sollen abgehört worden sein. Drei führende Mitglieder des Bündnisses – der Bahnexperte Winfried Wolf, das Stuttgarter SPD-Urgestein Peter Conradi und der Hamburger Schauspieler Rolf Becker – erstatteten deshalb auch Strafanzeige.

Der Datenskandal verursachte mindestens 45 Millionen Euro Schaden. Niemand übernahm direkte Verantwortung. Mehdorn bekam noch ein Trostpflaster von mehr als fünf Millionen Euro und eine große Abschiedsveranstaltung mit Lobreden. Auch der Aufsichtsrat unter Vorsitz des vormaligen Bundeswirtschaftsministers Werner Müller bestritt jede Kenntnis. Dabei gibt es belastbare Hinweise, dass auch den Arbeitnehmervertretern und dem Konzernbetriebsrat die Aktionen der Bahn-Stasi nicht verborgen geblieben waren. So wurden auch Krankendaten von Mitarbeitern unerlaubt gesammelt. »Die Bahnspitze wusste alles ganz genau«, sagte Claus Weselsky damals. Der Chef der Lokführergewerkschaft GDL mutmaßte, dass beim großen Tarifstreit der Lokführer auch Gewerkschafter und Betriebsräte ausgeforscht wurden: »Wir haben uns gewundert, wie genau die Bahnspitze über unsere Strategien, Streikaktionen und Terminpläne informiert war.«

Eine direkte Verwicklung der Bahnspitze in die unappetitlichen Vorgänge konnte zwar nicht eindeutig nachgewiesen werden. Doch neben Mehdorn mussten zahlreiche Manager gehen, darunter die Vorstände Otto Wiesheu, Norbert Bensel und Margret Suckale. Auch Jens Puls (Leiter Konzernsicherheit), Josef Bähr (Chef der Konzernrevision) und Wolfgang Schaupensteiner (Leiter Korruptionsbekämpfung) wurden abgelöst. Andere belastete Manager wie Alexander Hedderich (Chefstratege) und Jürgen Illing (Leiter Politische Beziehungen) durften bleiben und wurden sogar noch befördert.

Auch der Generalbevollmächtigte für Kommunikation und Marketing, Ralf Klein-Bölting, wurde noch gefeuert. Erst spät räumte der Staatskonzern ein, dass die öffentliche Meinung während der Privatisierungsdebatte durch massive verdeckte PR-Maßnahmen einer bezahlten Berliner Agentur manipuliert worden war. Klein-Bölting musste dafür den Kopf hinhalten. Demnach gab die DB AG allein 2007 rund 1,3 Millionen Euro dafür aus, gute Stimmung für den Börsengang zu machen. Dafür wurden Beiträge in Internetblogs abgesetzt, Leserbriefe, Meinungsäußerungen in Foren, Meinungsumfragen und vorproduzierte Medienbeiträge. Die Manipulationen wurden durch Recherchen der Kölner Organisation Lobbycontrol aufgedeckt.

Die DB AG schaltete für die Aktion die Lobby-Agentur European Public Policy Advisers (EPPA) ein, die wiederum den Berliner Lobbyverein Berlinpolis beauftragte. Berlinpolis habe dann massiv in die Debatte um die Bahnprivatisierung und um den Tarifkonflikt zwischen der Bahn und der GDL eingegriffen, sagt Ulrich Müller, Vorstand von Lobbycontrol. So habe Berlinpolis Meinungsumfragen zur Bahnprivatisierung und zum GDL-Streik initiiert, die zu bahnfreundlichen Ergebnissen führten. Auch Verkehrsminister Wolfgang Tiefensee (SPD) sei eingebunden worden. Er habe unter anderem ein Referat zur Bahnprivatisierung auf einem Kongress von Berlinpolis gehalten. Später bestätigte der *Spiegel*-Verlag, dass in seinen Foren jeder vierte Beitrag zur Bahnprivatisierung offenkundig von Lohnschreibern stammte. Auch gegen die Lokführerstreiks wurde gezielt agitiert.

Der Datenskandal hat die Vertrauensbasis im Konzern zerstört. Das Misstrauen blieb auch, nachdem der neue DB-Chef Grube versprochen hatte, den Augiasstall auszumisten, den ihm seine Vorgänger hinterlassen haben. An wichtige Schalthebel wurden neue Leute gesetzt, die Ressorts Personal und Recht, Konzernsicherheit und Revision neu ausgerichtet. Mit Ex-Daimler-Vorstand Gerd Becht übernahm ein enger Grube-Vertrauter die Aufgabe des Aufräumers. Der hohe Anspruch: Der größte Staatskonzern soll fortan zum leuchtenden Vorbild korrekter Unternehmensführung werden. Dafür jedoch hätte die Politik auch im Falle des Datenskandals früher sorgen müssen und so den Scherbenhaufen verhindern können.

## 4. Die Infrastruktur verkommt – und alle schauen zu

Am 2. Juli 2013 entkommt Düsseldorf mit Glück einer Brandkatastrophe. Um 17:24 Uhr entgleist im Bahnhof Derendorf nahe der Altstadt der Güterzug DGS 95740, ein 232 Meter langer Gefahrentransport. Bei der Ausfahrt auf Gleis 12 springen vier der zwölf Kesselwagen aus der Spur, einer der Druckgastanks stürzt um. Die Ladung: Hunderte Tonnen Propen, ein bei Luftkontakt leicht entzündliches Gas und deshalb so gefährlich wie gefürchtet. In der spanischen Provinz Tarragona verunglückte am 11. Juli 1978 ein überladener Tanklastwagen mit 23 Tonnen Propen. Das Gas entwich und entfachte auf dem benachbarten Campingplatz Los Alfaques ein Feuerinferno mit mehr als 200 Toten und über 300 Verletzten, darunter viele Deutsche.

In Düsseldorf löst der Bahnunfall Großalarm aus, wegen akuter Explosionsgefahr wird das angrenzende Stadtgebiet evakuiert. Drei Löschzüge, Feuerwehr und Rettungsdienste stehen für den schlimmsten Fall bereit. Zum Glück bleiben die Tanks dicht, das Propen kann umgefüllt werden. Es entsteht nur hoher Sachschaden.

Erst ein Jahr später kommt durch einen Medienbericht die alarmierende Unfallursache ans Licht: völlig verrottete Bahnschwellen, die längst hätten ausgetauscht werden müssen. So steht es im Untersuchungsbericht des Eisenbahn-Bundesamts vom 8. April 2014. Der Fall zeigt einmal mehr, dass das überalterte deutsche Schienennetz lebensgefährliche Mängel aufweist – und die verantwortliche Deutsche Bahn AG offenkundig Kontrollen, Wartung und Reparaturen sträflich vernachlässigt hat.[61]

Als Ursache der Havarie wird vom Konzern damals verharmlosend eine »schlechte Gleislage und Spurerweiterung« genannt. Im EBA-Bericht jedoch sind auf 21 Seiten Versäumnisse nachzulesen, die fassungslos machen. Demnach verschoben sich die Gleise unter der mehr als 1000 Tonnen schweren Last des Gefahrentransports, weil sie auf den hölzernen Bahnschwellen nicht mehr richtig befestigt werden konnten. Und hier liegt der wahre Skandal: Die Schwellen waren den Ermittlern zufolge bereits bis zu 60 Jahre alt und so verrottet, dass Schrauben nicht mehr hielten und der Austausch längst überfällig war. Experten empfehlen nach spätestens 35 Jahren den Ersatz der Hölzer. An der Düsseldorfer Unglücksstelle war dem Vernehmen nach seit mehreren Jahrzehnten keine Schwelle mehr getauscht worden – obwohl die lebensgefährlichen Mängel laut Ermittlungsbericht mit bloßem Auge erkennbar waren.

Das Hauptgleis 12, auf dem der Gefahrentransport verunglückt war, wurde laut EBA-Bericht regelmäßig von schweren Güterzügen befahren und war dennoch seit Jahren in beklagenswertem Zustand. Die Fotos der Unfallforscher zeigen an der Entgleisungsstelle lose und fehlende Schwellenschrauben auf den zerbröselnden Hölzern, eine feste Verbindung fehlt. Bei rechtzeitiger Erneuerung sei der »biologische Zerfall« von Schwellen unkritisch, schreiben die Prüfer in ihrem Resümee. Deshalb seien regelmäßige Inspektionen vorgeschrieben. Falls die Instandsetzung aber unterbleibe, könne es »zum plötzlichen Versagen der Spurfähigkeit kommen«. Im Klartext: Wer die Gleise sehenden Auges verrotten lässt, muss sich nicht wundern, wenn am Ende ein Zug entgleist.

Der Bericht lässt keinen Zweifel daran, dass die sachgerechte Erneuerung der Fahrbahn längst überfällig war, aber dennoch nicht stattfand. Die Ermittler forderten bei der DB Netz die letzten drei Inspektionsprotokolle der Jahre 2010 bis 2012 an. Demnach wurden die Gleise 9 bis 16 angeblich regelmäßig kontrolliert, also auch die maroden Stellen auf Gleis 12. Nur: Kein einziges Mal seien »die bereits sichtbar vorhandenen Mängel« vom Inspektionspersonal der Bahn festgestellt oder dokumentiert worden. Warum die Schäden nicht erfasst wurden, habe aber »nicht abschließend geklärt werden« können.

Auf Seite 14 findet sich jedoch gut versteckt ein entscheidender Hinweis auf die äußerst nachlässige Gleisüberwachung durch die DB Netz. Ausweislich des Protokolls zur letzten Inspektion vor der Beinahe-Katastrophe, die am 11. September 2012 durchgeführt wurde, veranschlagten die Gleisverantwortlichen nur 127 Minuten für die Untersuchung des Zustands von 5,3 Kilometer Gleisen. Das bedeutet: Pro Minute hätten die Inspekteure also 42 Meter Gleisanlagen auf ihren Zustand untersuchen müssen – ein Ding der Unmöglichkeit. Zumal die Inspektion laut Protokoll ohne Hilfsmittel durchgeführt wurde. Deshalb haben die Ermittler auch keinen einzigen Messwert zum Gleiszustand gefunden.

Wegen der Beinahe-Katastrophe ermittelt die Staatsanwaltschaft gegen Verantwortliche für die schwerwiegenden Netz- und Kontrollmängel im Konzern. Das EBA macht Druck, die DB AG startet bundesweite Sonderinspektionen in baugleichen Gleisabschnitten. Aktionismus ist angesagt. Die Experten wissen, dass Düsseldorf wegen der Versäumnisse zu einem zweiten Viareggio hätte werden können. In der Toskana-Stadt ist im Juni 2009 ein Gastransport wegen eines Achsbruchs entgleist und explodiert, 32 Menschen im nahen Stadtviertel starben in dem Feuerinferno. Auch damals gab es Sonderkontrollen in Deutschland, bei jedem fünften Güterwaggon zeigten sich alarmierende Mängel, viele wurden bis zur Reparatur aus dem Verkehr gezogen.

## Systemfehler der Bahnreform

Die Beinahe-Katastrophe in Düsseldorf zeigt, wie wichtig eine intakte Infrastruktur für leistungsfähigen, besonders aber auch sicheren Schienenverkehr ist. Die Dimensionen und Probleme, um die es hier geht, scheinen auch manchen verantwortlichen Politikern nicht richtig bewusst zu sein. Kein anderes Land in Europa hat eine so große, aber auch so teure Bahninfrastruktur. 25 100 Eisenbahnbrücken, 739 Tunnel und mehr als 5663 Bahnhöfe müssen instandgehalten werden, außerdem ein 7900 Kilometer langes Stromnetz und Gleise von 61 000 Kilometern Länge, fast 66 300 Weichen, 2641 Stellwerke und 13 813 Bahnübergänge.[62] Deutschland lässt diese wertvolle Infrastruktur verkommen, weil weniger Geld in Erhalt und Erneuerung fließt als nötig. Zudem kontrolliert die verantwortliche Bundesregierung die riesigen Finanzflüsse an die zuständige DB Netz AG und die Ergebnisse nicht ausreichend.

Das hat auch der Bundesrechnungshof mehrfach kritisiert. Schon 2007 beanstanden die Experten mehr als 2300 gravierende Schäden und einen großen Investitionsstau im Schienennetz. Ende 2018 stellt die oberste Prüfbehörde »schwerwiegende Mängel im Finanzierungssystem« fest und kritisiert zum wiederholten Male massive Versäumnisse der Regierung. Es geht dabei um riesige Summen Steuergeld.[63] Allein von 2009 bis 2018 bekam die DB AG rund 30 Milliarden Euro aus der Leistungs- und Finanzierungsvereinbarung (LuFV) für den Erhalt des bundeseigenen Netzes.

Bei diesem System muss der Konzern – anders als zuvor – keine Anträge für Investitionen mehr stellen und auch keine Verwendungsnachweise mehr vorzeigen. Stattdessen soll die erfolgreiche Verwendung über ein Kennzahlensystem nachgewiesen werden – was aber sichtbar nicht richtig funktioniert. »Eine Prüfung der wirtschaftlichen« Verwendung der Bundesmittel fehlt«, so der Rechnungshof. Der Prüfbericht zeige, dass die DB AG »eine intransparente Blackbox und ein ineffizienter Apparat« sei, kritisiert darauf der Fraktionschef der Grünen, Anton Hofreiter. Die Fehlentwicklungen führen zu einem wachsenden Investitionsstau in dreistelliger Milliardenhöhe. Davon ist bisher nur ein Bruchteil finanziert – die Lage ist ernst.

Mehrere Systemfehler der Bahnreform beim Netz verschlimmern die Sache. Erstens die getrennten Geldtöpfe: Der Staat zahlt

Modernisierungen, die DB AG Wartung und Reparaturen. Das setzt den grundfalschen Anreiz für den Konzern, bei der Instandhaltung zu sparen, bis die Anlage vorzeitig auf Staatskosten ersetzt werden muss – und das seit 25 Jahren. So erhöht sich zwar die DB-Rendite. Den Nachteil haben aber Bahnkunden und die Allgemeinheit. Wenn das Netz mangels sorgsamer Pflege verlottert, gibt es tagtäglich Einschränkungen im Zugbetrieb – und es werden schneller teure Komplettsanierungen nötig, die der Staat bezahlen muss.

Noch schlimmer ist Systemfehler zwei. Die DB-Spitze durfte unter den Augen von Regierung und Aufsichtsrat in ihrem integrierten Konzern mit Abführungsverträgen viele Jahre lang Gewinne in Milliardenhöhe aus der subventionierten Netzsparte in die Konzernkassen umleiten. Anton Hofreiter hat schon 2009 die hohen Netzgewinne als »riesige Quersubvention für die Bahn« kritisiert, das Geld fehle für dringend nötige Verbesserungen der deutschen Gleisnetze und Bahnhöfe.

Der dritte Fehler: Um den Zustand des Schienennetzes und die Effizienz des Mitteleinsatzes kontrollieren zu können, müssen sich das Verkehrsministerium und seine bestellten Wirtschaftsprüfer weitgehend auf die Infrastrukturzustandsberichte des Konzerns verlassen. Diese Berichte sind für Laien kaum verständliche Zahlenfriedhöfe mit kryptischen, pauschalen Angaben zu Verspätungsminuten, Störungen im Betriebsablauf und dem Durchschnittsalter von Gleisen, Weichen, Tunneln und Brücken. Auch Experten können viele Kennziffern kaum nachprüfen, laut Rechnungshof zeigen die Zahlen den wahren Zustand der Infrastruktur »nur unzureichend«. Es liegt damit sehr nahe, dass der Konzern die Lage schönrechnet und diese Fehlkonstruktion ausnutzt.

Die DB AG bestreitet die Vorwürfe und verweist darauf, dass Mindestsummen für Ersatz und Instandhaltung vorgeschrieben seien. Doch die Untergrenzen wurden von der Politik teils erst spät durchgesetzt und gelten zudem als zu niedrig. Der tatsächliche Bedarf wird angesichts zunehmender Überalterung und wachsenden Reparaturbedarfs der Infrastruktur weit höher geschätzt.

## Zwangsgeld wegen Gefahren für Leib oder Leben

Krasse Versäumnisse wie in Düsseldorf sind kein Einzelfall. Die DB AG und die Politik weisen zwar immer, kategorisch und pauschal alle Vorwürfe zurück, es werde beim Netz auf Kosten der Sicherheit gespart. Doch interne Dokumente lassen große Zweifel an solchen Aussagen aufkommen. So deckte ein ARD-Bericht des Stuttgarter Filmemachers Hermann Abmayr im Juni 2014 auf, dass die Kontrolleure des EBA allein in den zweieinhalb Jahren zuvor mehr als 100 kritische Sicherheitsprobleme gerügt und deshalb 81 Verfahren gegen die DB eingeleitet hatten. Diese Verfahren sind in sieben Aktenordnern dokumentiert. Demnach schickte die Aufsichtsbehörde wegen Mängeln im Schienennetz allein seit 2012 insgesamt 49 amtliche Bescheide an die DB. In allen Fällen sahen die Beamten »eine besondere Eilbedürftigkeit« und ordneten sofortige Maßnahmen gegen den Konzern an, um »Gefahren für Leib oder Leben« von Fahrgästen und Personal zu verhindern. Teilweise musste das EBA sogar Zwangsgelder verhängen, damit gravierende Mängel endlich beseitigt wurden.

Das spricht in keiner Weise für die Zuverlässigkeit der DB Netz AG als Netzbetreiber und auch nicht dafür, dass die Regierung den Konzern im Aufsichtsrat ausreichend kontrolliert. So warnte das EBA damals zum Beispiel vor der Gefahr, dass Züge wegen Gleismängeln auf der Rheintalstrecke zwischen Mannheim und Rastatt, wo Tempo 200 erlaubt ist, verunglücken könnten. Im Abschnitt beim Bahnhof Karlsruhe-Blankenloch hatte sich ein Anwohner wegen lauter Geräusche beschwert. Bei der Prüfung stellte die Behörde fest, dass auf Gleis 12 die Schienen lose im Schotterbett lagen. Die DB Netz hatte die Stelle, wie aus dem Bescheid hervorgeht, unglaubliche neun Monate lang immer wieder nur provisorisch mit untergelegten Holzklötzen gesichert. Eine solche Maßnahme sei aber nur kurzzeitig bis zu einer planmäßigen Reparatur sinnvoll, kritisierte das EBA. Da die DB auch nach dem Einschreiten des Amtes auf Holzklötze setzte, ordnete die Behörde im August 2013 mit sofortiger Wirkung und kostenpflichtigem Bescheid an, dass Züge die Gefahrenstelle bis zur Reparatur nur noch mit Tempo 40 befahren durften. In diesem Fall hat also zumindest die Aufsicht funktioniert.

An vielen Stellen in Deutschland wird der Bahnverkehr durch solche »Langsam-Fahrstellen« ausgebremst, wie die Gefahrenbereiche im DB-Slang verharmlosend genannt werden. Der schlechte Zustand des Netzes behindert den Personen- und Güterverkehr massiv, wenn Züge wegen »schlechter Streckenlage« im Schritttempo dahinzuckeln. Wegen massiver Schäden mussten allein 2018 auf bundesweit 500 Streckenabschnitten die Züge oft monatelang langsamer fahren. Das zeigt eine Antwort der Bundesregierung auf eine FDP-Anfrage. Im Schnitt dauere es 92 Tage, bis die Langsam-Fahrstellen beseitigt seien, schreibt Verkehrs-Staatssekretär Enak Ferlemann.

Damit hier kein falsches Bild entsteht: Im Vergleich zu anderen Verkehrsmitteln ist die Bahn eine extrem sichere Art der Fortbewegung – auch dank der Auflagen und Kontrollen des EBA. Allein im deutschen Straßenverkehr wurden 2018 rund 2,6 Millionen Unfälle registriert. Dabei starben mehr Menschen als bei Bahnfahrten in vielen Jahrzehnten. Auch bei Fracht- und Gefahrentransporten auf der Schiene passiert viel weniger als bei Lkw-Fahrten – allerdings fährt das Risiko hier wie da immer mit. So kamen bei schweren Explosionen von Chemikalienzügen allein seit der Jahrtausendwende viele Hundert Menschen ums Leben, unter anderem in Kanada, Iran und Nordkorea. Umso wichtiger ist es, dass Risiken minimiert werden – gerade bei der Infrastruktur. Deshalb ist die Akte Düsseldorf so brisant. Die Entgleisung des Gastransports zeigt erschreckend, welche Katastrophen auch in Deutschland passieren können, wenn das System vernachlässigt wird.

Seit der Liberalisierung der europäischen Bahnmärkte sind Transport- und Infrastrukturunternehmen selbst verantwortlich für die Sicherheit im Schienenverkehr. Das EBA überwacht, ob die Unternehmen Sicherheitsanforderungen und Gesetze einhalten, also zum Beispiel Gleis- und Signalanlagen regelmäßig inspiziert werden. Die Bonner Behörde führt dazu Stichproben durch und schreitet ein, wenn es Verstöße oder Unfälle gibt.

Mit gefährlichen Versäumnissen wie in Düsseldorf oder Karlsruhe gehen Aufsicht und Politik äußerst diskret um – vorsichtig formuliert. Dafür gibt es Gründe. Natürlich sollen Bahnkunden und die Öffentlichkeit nicht verunsichert werden, denn das würde dem gesamten System Schiene schaden. Vor allem aber ist der Bund selbst Eigentümer des Netzes sowie der DB AG, gerade die Regierung hat also die oberste Verantwortung für den Zustand der Infrastruktur. Da liegt es nahe, dass das EBA als nachgeordnete und weisungsgebundene Behörde des Verkehrsministers dem Dienstherrn und seinem Konzern nicht zu sehr auf die Füße treten will. Das ist ein durchaus problematischer Interessenkonflikt. Eine wirklich unabhängige Kontrollbehörde wie laut Verfassung der Bundesrechnungshof ist das EBA jedenfalls nicht.

Immerhin sind die Mitgliedsstaaten der Europäischen Union durch die Richtlinie 2004/49/EG verpflichtet, »gefährliche Ereignisse« im Schienenverkehr durch unabhängige Stellen untersuchen zu lassen. In Deutschland ist dafür mittlerweile die Bundesstelle für Eisenbahnunfalluntersuchung (BEU) zuständig, nachdem die Vorgängerbehörde nur ein Ableger des EBA war. Wer wissen will, welche Gefahren es im deutschen Schienenverkehr gibt, kann sich auf den Internetseiten der BEU umschauen, wo die Ermittlungsberichte zu finden sind. Zudem werden dort mit einigem Verzug Jahresberichte veröffentlicht. 2017 gab es demnach 2545 Bahnunfälle in Deutschland, darunter 408 Kollisionen, 220 Entgleisungen und 158 Unfälle an Bahnübergängen. Zudem werden 957 Personenunfälle genannt – häufig Suizide, mit denen die Bahn fast täglich konfrontiert wird.[64]

In den Berichten finden sich auch viele Unfälle wegen maroder Gleise und mangelnder Instandhaltung. Meist gehen die Vorfälle glimpflich aus und machen deshalb keine großen Schlagzeilen. Wie riskant der Verschleiß werden kann, bleibt meist verborgen – bis wie in Düsseldorf etwas passiert.

## Von Brückendramen und finanziellen Zeitbomben

Wie marode und überaltert das Netz wirklich ist, offenbart Ende 2012 ein EBA-Prüfbericht, der öffentlich wird. Das erschreckende Ergebnis: Von 257 untersuchten Eisenbahnbrücken hat jede vierte Anlage so schwere Mängel, dass Stand-, Betriebs- oder Verkehrssicherheit unmittelbar gefährdet sind. In 47 Fällen erteilt die Aufsicht der DB sogar Auflagen für Sanierungsmaßnahmen. Das geht aus dem vertraulichen Schriftverkehr zwischen EBA-Präsident Gerald Hörster und Verkehrsminister Peter Ramsauer hervor. Das Ergebnis zeige, dass »die Eisenbahnaufsicht durch das EBA unverzichtbar ist«, betont Hörster und wünscht sich mehr Prüfer zur Kontrolle der Bahn – ein Wunsch, den die Regierung lange unberücksichtigt lässt.

Im Sommer 2019 kommt dann durch Zeitungsberichte heraus, dass die 25 710 Eisenbahnbrücken in Deutschland in noch größerem Ausmaß überaltert und abrissreif seien als bisher bekannt. Fast jedes zweite Bauwerk ist demnach bereits mehr als hundert Jahre in Betrieb. Mindestens 1250 Überführungen sind so marode, dass nur noch der Abriss bleibt – und die Kosten, um den gesamten Sanierungsstau zu beseitigen, haben sich in kurzer Zeit verdreifacht. Das zeigen interne Unterlagen der Deutschen Bahn AG aus Aufsichtsratskreisen. In einer Tabelle weist der Konzern die Kosten bei den Brücken für 2015 und 2016 fast unverändert mit rund acht Milliarden Euro aus. Im Jahr 2017 liegt der Sanierungsbedarf plötzlich bei fast 27,6 Milliarden Euro, und auch für 2019 werden noch 25,3 Milliarden Euro genannt.

Während DB-Vize Ronald Pofalla und Verkehrsminister Andreas Scheuer gerne vom größten Modernisierungsprogramm bei der Schieneninfrastruktur schwärmen, beweisen die Dokumente, wie dramatisch die Lage wirklich ist und in welchem Ausmaß die Modernisierung und Instandhaltung der Bauwerke vernachlässigt wurde. Dafür sind auch falsche Statistiken der DB Netz AG verantwortlich. Wie die DB-Spitze in den vertraulichen Papieren einräumt, wurde über viele Jahre mehr als die Hälfte aller Brücken mit falschem und zumeist deutlich jüngerem Alter ausgewiesen. Für viele stand in massiver und auffälliger Häufung das Jahr 1927 in der Statistik. Erst nach einer Überprüfung, abgestimmt mit den EBA-Aufsehern, wurde demnach die bisherige Nutzungsdauer bei 13 535 Bauwerken drastisch nach oben korrigiert. Das durchschnittliche Brückenalter stieg dadurch 2017 auf einen Schlag um 16,4 Jahre und liegt Ende 2018 bei 73,5 Jahren.

Diese Vorgänge sind lange nur wenigen Insidern bekannt. Der Konzern betont zwar in den Unterlagen, die Korrektur ändere nichts am Zustand der Brücken. Entscheidend aber ist, dass fast 2000 weitere Bauwerke sich viel schneller dem Ende der Nutzungsdauer nähern als bisher ausgewiesen. Konkret: Die Anzahl der Brücken, die bereits seit mehr als 100 Jahren in Betrieb sind, ist um ein Fünftel auf 11 939 Anlagen gestiegen.

Als durchschnittliche Nutzungsdauer werden 122 Jahre angesetzt. Die DB müsste rechnerisch 210 Bauwerke pro Jahr erneuern, damit der Bestand nicht überaltert. Der Bundesrechnungshof geht von rund 1000 Brücken in fünf Jahren aus. Tatsächlich wurden lange Zeit viel weniger Brücken modernisiert, wie eine Recherche in den Infrastruktur-Zustandsberichten des Konzerns zeigt. Demnach wurden von 2009 bis 2018 nur 1250 Bauwerke ersetzt, also 125 pro Jahr. Unter Mehdorn wurden zuletzt nur 62 Brücken ersetzt (2009), unter seinem Nachfolger Grube gar zeitweise nur 56 (2012). Erst seit 2013 werden pro Jahr mehr als 100 Brücken erneuert, mit deutlicher Zunahme auf 193 und 278 in den Jahren 2017 und 2018.

All das beweist einmal mehr, dass Bund und Bahn seit Jahrzehnten viel zu wenig in den Erhalt des zweitwichtigsten Verkehrsnetzes investieren. Dadurch hat sich der Sanierungsstau dramatisch vervielfacht. In den Statistiken der verantwortlichen DB Netz AG taucht jedoch auch der wirkliche riesige Investitionsbedarf lange Zeit nicht korrekt auf. In der Tabelle für den Aufsichtsrat wird die Gesamtsumme des Nachholbedarfs beim Gleisnetz von der DB AG mit knapp 50 Milliarden Euro angegeben, fast 50 Prozent mehr als noch 2016. Hinzu kommen acht Milliarden Rückstau bei den Bahnhöfen – womit sich insgesamt ein atemberaubend hoher Sanierungsbedarf von 58 Milliarden Euro ergibt.

Explodierende Baupreise drohen den Verschleiß und Verfall vieler Bahnbrücken noch zu beschleunigen. Die Kosten für Ersatz und Sanierung haben sich in nur zwei Jahren fast verdoppelt, räumt die Bundesregierung auf eine aktuelle Anfrage der Grünen im Bundestag ein. Demnach stiegen Bau- und Planungskosten bei Brücken zwischen 2016 und 2018 um 97 Prozent. Folge: Mit den begrenzten Mitteln können noch weniger Bauwerke als nötig erneuert werden.

Die maroden Brücken gelten im Staatskonzern schon lange als finanzielle Zeitbombe, weil mit der verschleppten Sanierung der Investitionsstau immer größer wird. Die Versäumnisse machen schon 2007 Schlagzeilen, als ein Bericht des Bundesrechnungshofs bekannt wird, wonach die DB Wartung und Reparaturen massiv vernachlässigt und seit 2001 statt der nötigen 1,2 Milliarden Euro für Reparaturen an Brücken kaum ein Viertel davon investiert hat. Und 2012 stellt das EBA die schweren Mängel an jeder vierten Brücke fest. DB-Chef Grube beklagt im Jahr darauf fast wie ein Unbeteiligter auch öffentlich den Zustand von 1400 Bauwerken und warnt vor Sperrungen. Danach gibt es einige, aber bei weitem nicht ausreichende Verbesserungen. Das Brücken-Debakel spielt sich also über Jahrzehnte unter den Augen der Regierung ab.

Staatssekretär Enak Ferlemann räumte schon 2012 ein, dass bessere Kontrollen nötig seien. Denn nach einer Auswertung des Ministeriums hat die DB von 2009 bis 2011 insgesamt nur 111 Millionen Euro in die Instandhaltung der Brücken gesteckt und eine Milliarde Euro in die Modernisierung. Viel zu wenig, wie Ferlemann damals zugab. Bereits 2001 haben Bundesregierung und EBA in einer Studie ermittelt, dass allein für die Bahnbrücken mindestens 251 Millionen Euro für Wartung und Reparaturen nötig sind – und zwar pro Jahr. Das wären wenigstens 753 Millionen Euro in drei Jahren, also sieben Mal mehr, als die DB von 2009 bis 2011 tatsächlich investiert hat. An Ersatzinvestitionen wären demnach weitere knapp 1,5 Milliarden Euro nötig gewesen, rund 50 Prozent mehr als tatsächlich realisiert.

Die für die Substanzerhaltung nötigen Beträge seien von der DB

Netz AG »massiv unterschritten« worden, kritisierte Ferlemann damals. Was er nicht erwähnte: Das Ministerium hat die massive Vernachlässigung vieler Brücken geduldet und damit seine wichtige Verfassungsaufgabe nicht erfüllt, für ein intaktes Schienennetz zu sorgen.

Deutschland steckt weiterhin viel weniger Geld in sein Schienennetz als andere Länder und rangiert im europäischen Vergleich von zehn Ländern weit hinten. Der Spitzenreiter Schweiz investiert pro Kopf fünf Mal mehr. Das zeigt im Juni 2019 eine neue Studie der Hamburger Beratungsfirma SCI Verkehr und des Bündnisses Allianz pro Schiene. Mit 365 Euro pro Bürger lässt sich die kleine Alpenrepublik ihren attraktiven Bahnverkehr mit weitem Abstand am meisten kosten. Auf Platz 2 landet Österreich, das 2018 pro Einwohner 218 Euro in die Schieneninfrastruktur gesteckt hat. Es folgen Dänemark (182), Schweden (172), die Niederlande (135), Großbritannien (116) und Italien (93). In Deutschland waren es nur 77 Euro, acht Euro mehr als im Jahr zuvor. 2014 flossen gar nur noch 49 Euro, seither haben sich die Investitionen pro Kopf also immerhin um mehr als 50 Prozent erhöht.

»Wir erkennen das Bemühen der Bundesregierung und des Bundesverkehrsministers an, die Schiene zu stärken«, sagt Dirk Flege von der Allianz pro Schiene. Mit Klein-Klein aber sei es nicht getan: »Der Realitätscheck fällt enttäuschend aus.« Mit dem bisherigen Tempo könne die Koalition nur die größten Schwachstellen ausbessern, aber keine Verkehrswende erreichen: »Die Regierung muss die Weichen für umweltfreundliche Mobilität stellen.«

## 5. Die Bahn auf Börsenkurs – Fehlschlag mit fatalen Folgen

Der 17. Oktober 2000 wurde zu einem weiteren schwarzen Tag für den britischen Bahnverkehr. Bei Hatfield entgleiste ein Personenzug der Great North Eastern Railway. Vier Menschen starben, weitere 70 wurden verletzt. Ursache: ein maroder Schienenstrang.

Bereits ein Jahr zuvor, am 5. Oktober 1999, waren 31 Passagiere im Londoner Stadtteil Ladbroke Grove ums Leben gekommen und mehr als 500 Personen verletzt worden, als zwei Züge kollidierten. Ein Lokführer hatte ein ungünstig postiertes Stoppsignal übersehen, und aus Kostengründen fehlte ein Sicherungssystem, das die Züge zwangsgebremst hätte.

Die schwere Unfallserie im Mutterland der Eisenbahn begann schon früher. 1997 prallten in London-Southall zwei Züge aufeinander, auch weil Sicherheitsvorrichtungen nicht funktionierten. Die Folge: sieben Tote und 150 Verletzte. Im Oktober 1994 starben bei einer Zugkollision in Cowden (Kent) fünf Fahrgäste, im August 1996 stießen in Hertfordshire zwei Züge zusammen: ein Toter, 69 Verletzte.

Die tödlichen Unglücke zerstörten das letzte Vertrauen der Briten in die umstrittene Privatisierung der Bahn, die der konservative Premier John Major durchgesetzt hatte. Im Jahrzehnt zuvor ließ seine Vorgängerin Margaret Thatcher bereits große Staatsbetriebe wie British Airways, British Gas und British Telecom gegen heftigen Widerstand zerschlagen und verkaufen – im Irrglauben, der Markt und Investoren könnten alles besser als der Staat. Strom, Wasser, Gas, Altersvorsorge, Gesundheit, Bildung, Kommunikation, Wohnen, Verkehr – alle Bereiche sollte die Gesellschaft privaten Unternehmen überlassen, die Politik sich möglichst nicht einmischen.

Diesen radikalen Gegenentwurf zum Sozialismus und einer sozialen Marktwirtschaft hatte nach dem Zweiten Weltkrieg die Chicagoer Schule um die Professoren Friedrich von Hayek und Milton Friedman propagiert. Der Neoliberalismus sollte die Welt besser machen, doch die Welt hatte in Zeiten des Kalten Kriegs andere Sorgen. Erst in den 1980er Jahren fiel die umstrittene und lange wenig beachtete Ideologie zunächst beim damaligen erzkonservativen US-Präsidenten Ronald Reagan auf fruchtbaren Boden und dann bei Thatcher in Großbritannien.

Als letzter großer Staatsbetrieb wurde Mitte der 1990er Jahre die stolze und mächtige British Rail in 25 private Bahngesellschaften, 80 weitere Unternehmen und die Netzgesellschaft Railtrack zerlegt. Mit Railtrack kam auch die Schieneninfrastruktur an die Börse und warf fortan hohe Gewinne ab – vor allem, weil die nun private und entschuldete Aktienfirma viel zu wenig in Gleise, Technik, Qualität und Mitarbeiter investierte. Rendite stand ganz oben. Mit tödlichen Folgen: Bei den meisten schweren Unfällen in jener Zeit stießen die Ermittler auf massive Versäumnisse beim Zustand der Anlagen. Sicherungseinrichtungen waren aus Kostengründen nicht auf neuem Stand oder gar abgeschaltet, bei Reparatur und Wartung wurde gespart, es fehlte an Kontrolle und Koordination beauftragter Firmen. Kurz: Sorgfalt und Sicherheit wurden vernachlässigt.

Danach verpflichtete die Politik den Netzbetreiber zu teuren Modernisierungen der Infrastruktur. Prompt stürzte der Aktienkurs ab, Railtrack schrieb rote Zahlen, brauchte milliardenschwere Finanzspritzen vom Staat für die Instandhaltung. Am 7. November 2001 folgte der Konkurs, als die Regierung weitere Subventionen verweigerte, weil Railtrack gleichzeitig hohe Dividenden an die Aktionäre zahlen wollte. Am Ende musste der Staat die Netzfirma teuer auffangen, Aktionäre entschädigen und erneut Milliardenschulden übernehmen. Die Zwischenbilanz der britischen Bahnprivatisierung fiel nicht nur deshalb verheerend aus: Es gab Ticketwirrwarr, jeder neue Anbieter hatte eigene Tarife und Automaten, viele Verspätungen und Zugausfälle, schmutzige Waggons. Ein heilloses Durcheinander.

Immerhin haben die Briten aus dem neoliberalen Privatisierungsdebakel gelernt. Seit 2002 wird die Infrastruktur von Network Rail verwaltet, einer Gesellschaft, die keine Gewinne erzielen muss und mehr als 100 öffentlichen Körperschaften gehört. Network Rail ist für die gesamte Instandhaltung des Netzes zuständig, vergibt Modernisierungen an zuverlässige Vertragsfirmen, und alle Einnahmen fließen in eine bessere Infrastruktur – und nicht in Dividenden. Zudem werden auf wichtigen Linien gemeinsame Betriebszentren mit den Bahnunternehmen betrieben.

## Die Briten lernen – die Deutschen nicht

Die schlechten Erfahrungen der Briten schrecken viele Länder ab, ähnlich riskante Experimente mit der Daseinsvorsorge für ihre Bürger zu wagen. Nicht so in Deutschland: Gerhard Schröder und Hartmut Mehdorn wollen die Bahn unbedingt an die Börse bringen. »Die Bahn macht nur noch, was sich rechnet« – so die Ansage Mehdorns. Unter den Folgen seines Spar- und Renditekurses leidet der Bahnverkehr noch heute. Denn im komplexen Rad-Schiene-System zeigen sich Fehlsteuerungen oft erst mit der Zeit – und viel Zeit braucht es dann auch, solche Fehler zu beheben.

Beispiel Gleisnetz: In der Mehdorn-Ära wird der Investitionsstau bei der Infrastruktur noch größer, zudem werden viele Regionalstrecken aufgegeben, Überholgleise und Weichen herausgerissen, die heute schwer vermisst werden. Der Neubau und die Reaktivierung von Strecken, die in vielen Regionen nun zum Thema werden, sind langwierig und teuer.

Beispiel Züge: Schon damals ist klar, dass die Fernzugflotte erneuert und ergänzt werden muss. Doch neue ICE- und Intercity-Züge kosten viel Geld, solche Investitionen hätten die DB-Bilanz krass verschlechtert und Investoren abgeschreckt. Also werden die Bestellungen über viele Jahre verschoben, die Flotte altert, es gibt immer mehr technische Probleme. Erst Jahre nach dem gescheiterten Börsengang schreibt der Konzern endlich eine neue Fernzugflotte aus, doch deren Entwicklung, Produktion und Lieferung dauert ein Jahrzehnt.

Beispiel Wartung und Reparaturen: Im Renditewahn wird massiv bei der Instandhaltung der Infrastruktur und Fahrzeuge gespart. Der Konzern saugt Milliardensummen aus dem staatlich subventionierten Netz, die Gewinne werden zwangsweise von der Netz-, Bahnhofs- und Energiesparte in die zentralen Kassen abgeführt und fließen von dort in die Auslands- und Logistikgeschäfte, die mehr Rendite als das Kerngeschäft des Schienenverkehrs in Deutschland bringen sollen.

Kein Wunder, dass die Infrastruktur verlottert und verrottet, vor allem auf Nebenstrecken, wo die Bahn kaum noch investiert.

Der Achsenbruch bei einem ICE 3 im Kölner Hauptbahnhof 2008 zeigt, wie alarmierend die technischen Probleme auch bei den Zügen sind. Bald kommt heraus, dass die DB AG über Jahre die Wartung vernachlässigt, die Abstände von Inspektionen vergrößert und Reparaturwerke geschlossen hat, um Kosten zu sparen. Umstritten ist, wie lange die Probleme bei den Achsen und Räder schon intern bekannt waren. Weil die betagte ICE-Flotte nach Auflagen der Bahnaufsicht viel häufiger inspiziert werden muss, fehlen Züge im Betrieb.

Betroffen ist auch die S-Bahn-Berlin, wo sich nach einem Radbruch 2009 zeigt, dass die Fahrzeuge ebenfalls über Jahre auf Verschleiß gefahren worden sind. Der DB-Ableger hätte längst neue Züge bestellen müssen, stattdessen wurden Personal und Flotte reduziert, und der Konzern saugte die Tochter mit hohen Gewinnabführungen aus. Auch hier werden ganze Flotten wegen gefährlicher Mängel und unzureichender Wartung zeitweise von der Aufsicht stillgelegt, viele Linien werden beim Notbetrieb eingestellt, was zu Chaostagen im Hauptstadtverkehr führt. Auch in Berlin fehlen weiterhin Fahrzeuge, erst ab 2021 werden Stadler und Siemens 382 neue Wagen liefern.

Auch in Deutschland hat der Börsenkurs der Bahn also zumindest mittelbar Folgen für die Sicherheit. Tatsächlich gibt es ähnlich schwere Unfälle wie in Großbritannien. So sterben am 29. Januar 2011 auf der Strecke Magdeburg–Halberstadt zehn Menschen, und 23 weitere Personen werden schwer verletzt, als bei Hordorf ein Personenzug mit einem Güterzug kollidiert, dessen Lokführer ein Haltsignal übersehen hat. Die Ursache ist unstrittig, der Mann wird verurteilt.[65] Doch der Zusammenstoß auf der eingleisigen Strecke hätte durch ein einfaches Sicherungssystem verhindert werden können, das es bundesweit schon damals auf vielen Strecken gibt. In Ostdeutschland hinkt die DB AG mit der Installation der »punktförmigen Zugbeeinflussung« (PZB) hinterher, obwohl das Bundesverkehrsministerium bereits 1996 nach einem Unfall in Thüringen festgestellt hat, dass die Systeme zur automatischen Zwangsbremsung dringend flächendeckend eingebaut werden sollten.

Dazu verpflichtet sich der Konzern auch im Jahr 2000 laut internen Unterlagen, nachdem es bereits mehrere Unfälle gegeben hat. 11 500 Kilometer Strecken sollen die Sicherung endlich bekommen. Doch das Programm sei »versandet«, recherchiert damals der *Spiegel*. Anfang 2008 fehlt demnach noch immer bei 1700 Kilometern Bahnstrecken im Osten die Sicherung. Auch auf der späteren Unfallstrecke, zu der es in internen DB-Unterlagen explizit heißt, dass es eine »Ereignishäufung« gebe – sprich: viele gefährliche Situationen. Doch die gerade mal 500 000 Euro teure Ausrüstung kommt weiterhin nicht. Am Ende sterben deshalb Menschen. Erst danach macht die Politik richtig Druck, und die restlichen ostdeutschen Strecken bekommen mehr als 20 Jahre nach dem Fall der Mauer endlich einen Sicherheitsstandard wie im Westen. Dennoch bleibt auch Hordorf ein Fanal, wohin Kostendruck und vernachlässigte Modernisierungen führen können.

### Wenn der Schwanz mit dem Hund wackelt

Hartmut Mehdorn hat vor seinem Engagement beim Staatskonzern schon die Heidelberger Druckmaschinen AG an den Aktienmarkt gebracht und will nun seine Karriere krönen. Das Problem: Die DB AG ist bei seinem Amtsantritt bereits wieder mit mehr als 14 Milliarden Euro verschuldet, ertragsschwach und ohne gute Perspektiven. Welcher Investor soll sich dafür interessieren? Doch das Unternehmen hat ein wertvolles Faustpfand: die Infrastruktur, die ihm zwar nicht gehört, die es aber verwaltet. Schon wenige Monate nach Amtsantritt präsentiert Mehdorn dem Aufsichtsrat seinen Fahrplan zur Börse: Das gesamte Unternehmen mitsamt der Infrastruktur soll Aktienkäufern angedient werden – also auch die Beteiligung am Gleisnetz, den Bahnhöfen, den Energieanlagen und unzähligen Grundstücken. Wert: rund 200 Milliarden, finanziert vor allem vom Steuerzahler. Die Mehrheit muss gemäß Verfassung zwar in Staatsbesitz bleiben, doch knapp 50 Prozent der Anteile könnten verkauft werden.

Aber soll der Staat wirklich nicht nur die Deutsche Bahn, sondern auch sein Schienennetz für Investoren öffnen? Das ist der

Grundsatzkonflikt, der fortan acht Jahre lang den Streit über den Börsengang begleitet. Kritiker warnen eindringlich, Volksvermögen werde verschleudert und die Infrastruktur dem Renditedruck unterworfen. Mit der Folge, dass viele weitere Regionalstrecken stillgelegt werden könnten und am Ende nur lukrative Rennstrecken zwischen den Großstädten übrig blieben.

Mehdorn hat von Beginn an kompetente und einflussreiche Gegner. So legt die Regierungskommission für Verkehrsinfrastrukturfinanzierung unter Vorsitz des früheren Bundesbahn-Vorstands Wilhelm Pällmann im Herbst 2000 ihre Vorschläge für eine bessere Bahn vor. Wichtigste Punkte: Die Verkehrssparten sollten auf mittlere Sicht komplett verkauft, die DB Netz AG aus dem Konzern ausgegliedert und unmittelbar als Bundeseigentum geführt werden. Denn nicht der Großkonzern, sondern der Staat sollte nach Ansicht der Kommission über den Einsatz seiner Milliardensummen für Ausbau und Nutzung seiner Infrastruktur bestimmen. Das sei »die klarste und ehrlichste Lösung« – doch es ist das Gegenteil dessen, was Mehdorn will.

Auch DB-Aufsichtsratschef Dieter Vogel ist strikt für die Trennung vom Netz. Für ihn ist das Netzmonopol zwar auch ein Machtfaktor, aber gleichzeitig eine teure Belastung. Denn zu dieser Zeit muss der Konzern die Zuschüsse fürs Netz noch beantragen und deren korrekte Verwendung nachweisen; zudem hat die Regierung seit der Bahnreform weniger Mittel überwiesen als versprochen. Gleichzeitig sind die Kosten für einige Großprojekte bereits explodiert und bleiben teils am Konzern hängen. Die Netzsparte bringt Verluste – und ist daher betriebswirtschaftlich damals ein schlechtes Geschäft.

In der Politik gibt es zahlreiche Gegner des Börsengangs überhaupt, ebenso bei den Wählern. In Umfragen sind bis zu drei Viertel der Deutschen dagegen. Doch Mehdorn hat die persönliche Rückendeckung von Kanzler Schröder und setzt sich erst mal gegen seinen widerspenstigen Aufseher durch. Vogel tritt ab und wird durch Preussag-Chef Michael Frenzel ersetzt, dem enge Kontakte zum Regierungschef nachgesagt werden. Das Signal wirkt. Verkehrsminister Reinhard Klimmt (SPD) lehnt den Pällmann-Vorschlag ab, den Konzern aufzuspalten.

Sein Nachfolger Kurt Bodewig dagegen will ein Jahr später den Systemwechsel durchsetzen und so auch die Nutzung der Trassen einfacher und attraktiver für DB-Konkurrenten machen, die schon damals über vielfache Behinderungen klagen. Bei der Opposition von Union und FDP und beim Bundesverband der Deutschen Industrie (BDI) gibt es Beifall. Doch Bodewig kommt nicht durch. Für eine »Re-Verstaatlichung« des Netzes stehe er nicht zur Verfügung, droht Mehdorn. Nach den Wahlen 2002 wird der Minister durch Manfred Stolpe abgelöst, dem die rechtzeitige Einführung der Lkw-Maut nicht gelingt, was hohe Einnahmeausfälle beim Bund und weitere Kürzungen auch beim Schienenetat zur Folge hat.

Zunächst stellt sich auch die Gewerkschaft Transnet gegen die Börsenpläne und befürchtet die Streichung von weiteren 37 000 Stellen. Später lenkt Transnet-Chef Norbert Hansen ein und wechselt als hoch bezahlter Arbeitsdirektor in den DB-Vorstand. Zuvor hat er die Mitglieder sogar öffentlich für den Börsengang mit Netz demonstrieren lassen – ein wohl einmaliger Fall in der deutschen Gewerkschaftsgeschichte. Dennoch ziehen sich die Pläne weiter hin und bleiben heftig umstritten.

Im Mai 2006 – inzwischen regiert die Große Koalition unter Kanzlerin Merkel – sprechen sich bei einer Anhörung im Verkehrsausschuss des Deutschen Bundestags alle elf Experten gegen das DB-Privatisierungsmodell mit Netz aus und warnen eindringlich vor dessen unkalkulierbaren Risiken. Auch künftig werde der Finanzbedarf der Infrastruktur bei 2,5 bis vier Milliarden Euro liegen, zu zahlen vom Bund. Mindestens 25 Milliarden Euro aus der Staatskasse würden also auch einer teilprivatisierten Bahn allein in den nächsten zehn Jahren zufließen, sofern sie das Netz behielte. Zudem würde der Ex-Monopolist die Hoheit über die Schienenwege behalten, was den mittlerweile mehr als 200 Wettbewerbern kaum gefallen könne. Das sind nur zwei der Gründe, weshalb viele Experten die Abtrennung des Netzes fordern – das ohnehin gemäß Grundgesetz nicht mehrheitlich privatisiert werden darf. Bliebe das Netz voll in staatlicher Hand, bestehe keine Gefahr, dass mit den Netzzuschüssen womöglich die Profite privater Investoren mitfinanziert werden, betonen die Kritiker. Außerdem entstünde mehr Wettbewerb und damit Verkehr auf der Schiene.

Die Verkehrspolitiker im Bundestag sehen das ähnlich. Sie fürchten aber, dass letztlich die Finanzpolitik und die Geldnot des Bundes über die Art des Börsengangs bestimmen. Finanzminister Peer Steinbrück (SPD) gilt als Verfechter des DB-Modells, da die Teilprivatisierung von 49 Prozent mitsamt dem Netz am schnellsten möglich wäre – zumindest unter den bis dahin untersuchten Varianten. Laut einem umstrittenen Gutachten der Technologieberatungsfirma Booz Allen Hamilton brächte sie dem Bund auf einen Schlag bis zu 8,7 Milliarden Euro Erlöse. Hinzu sollen fast 15 Milliarden Euro anteilige Dividenden kommen, die der Konzern künftig erwirtschaften will. Kritiker halten das für Schönmalerei – und verweisen zudem darauf, dass der Staat selbst im günstigsten Fall nur einen Bruchteil des wahren Werts der Infrastruktur erhielte.

Der neue Verkehrsminister Wolfgang Tiefensee hält die Bahnpläne trotzdem für richtig. Allerdings nur, wenn gesichert werde, dass die Verwendung der Netzzuschüsse genau überwacht wird und die DB-Konkurrenten beim Netzzugang nicht benachteiligt werden. Das soll durch Verträge und die neue Netzagentur als Kontrollinstanz gewährleistet werden. Experten bezweifeln, dass das gelingt. Ein Vorentscheid für den Börsengang mit Netz ist Tiefensees positives Votum noch nicht. Denn die Skepsis quer durch alle Parteien, bei Bundesrechnungshof, Monopolkommission und den Wettbewerbsexperten in Brüssel bleibt groß. Sogar Wirtschaftsverbände wie der BDI fordern explizit die Abtrennung der Schieneninfrastruktur. Auch die Verbände-Anhörung im Bundestag wenig später fällt mehrheitlich gegen das DB-Modell aus. Nur Transnet plädiert aus Sorge vor Stellenabbau bei einer Zerschlagung der Bahn für Mehdorns Modell.

Letztlich über die Privatisierung entscheiden müssen Bundestag und Bundesrat. Bundeskanzlerin Angela Merkel hält sich bedeckt.

Ende 2006 einigen sich die Regierungsfraktionen von Union und SPD auf einen Börsengang der Bahn. Die Fraktionsvorsitzenden Volker Kauder und Peter Struck teilen mit, dass der Konzern das staatliche Netz langfristig zur Bewirtschaftung erhalten solle.

Doch das umstrittene Vorhaben scheitert am Widerstand der SPD-Basis. Am 27. Oktober 2007 erlebt die Parteiführung auf einem Parteitag in Hamburg eine krachende Niederlage, als die Genossen gegen Tiefensees Privatisierungsgesetz stimmen. Die langjährigen parteiinternen Kritiker des Börsenkurses um Hermann Scheer und Peter Conradi feiern mitsamt einem breiten Bündnis von Umwelt- und Verkehrsverbänden, Gewerkschaften und Globalisierungskritikern einen großen Erfolg. Auch die SPD-Basis kann damals nicht erkennen, was ein Börsengang dem Staat und den Bahnkunden bringen soll, zumal ohne saubere Trennung von Netz und Betrieb. Denn nach dem Gesetzentwurf soll die DB AG für weitere 25 Jahre die Schienenwege besitzen und kontrollieren dürfen. Der Bund bliebe nur auf dem Papier Eigentümer der Infrastruktur, müsste jedes Jahr viele Milliarden Euro Steuergeld für Investitionen abliefern, hätte aber kaum Mitspracherechte.

Berlins damaliger Finanzsenator Thilo Sarrazin von der SPD hat schon vor dem Parteitag gnadenlos mit der missratenen Bahnpolitik und seinem Parteikollegen Tiefensee abgerechnet. »Inkonsequent und verlogen« sei das ganze Vorhaben, kritisiert er in einem Positionspapier. Die Behauptung, mit dem Börsengang werde privates Kapital für die Schienenwege mobilisiert, sei »eine regelrechte Irreführung der Öffentlichkeit«. Rendite mit dem Netz könnten Aktionäre nur machen, wenn die milliardenschweren Bundeszuschüsse »letztlich für Gewinnausschüttungen zweckentfremdet werden«. Tiefensee sollte der »Propaganda« des Bahnvorstands nicht weiter auf den Leim gehen. Statt der Regierung gebe bisher der Konzern die politische Linie und die Interpretation der Gesetze vor: »Wackelt hier der Schwanz mit dem Hund?« In der strittigen Konstruktion sieht Sarrazin ein »großartiges Erpressungspotenzial« für private Miteigentümer: »Sie könnten damit drohen, die Infrastruktur verrotten zu lassen, wenn der Bund nicht gefügig ist.«

Nach dem Veto der SPD-Basis versucht die Politik den Börsengang ohne Netz, der skeptische Parteichef Kurt Beck lässt sich von Finanzminister Peer Steinbrück dazu überreden. Der Konzern wird umgebaut und mit der DB Mobility Logistics AG (DB ML) eine Zwischenholding für den Fern-, Regional- und Güterverkehr gegründet. Nur daran sollen sich erhoffte Investoren aus China, Russland und den Golfstaaten beteiligen können. Doch die Finanzkrise und immer mehr schlechte Nachrichten aus dem Konzern wie der ICE-Achsenbruch in Köln führen letztlich zur Absage der für Herbst 2008 geplanten Aktienplatzierung. Mehdorns Nachfolger Grube und sein Finanzchef Lutz verfolgen die Beteiligung von Investoren zunächst weiter, doch auch in der Regierung wächst die Skepsis. Einige Jahre später wird die DB ML schließlich aufgelöst, Netz und Betrieb kommen wieder direkt unters Holdingdach.

Das trostlose Fazit: Fast ein Jahrzehnt haben der Konzern und die wechselnden Regierungen viel Geld und Zeit mit unnützen Börsenplänen vertan. Weit über 100 Millionen Euro Kosten dürften verschwendet worden sein. Der Bahnexperte Heiner Monheim zieht schon damals das richtige Fazit: »Das war nichts als vertane Zeit. So viel Dummheit wird am Ende mit noch mehr Auto- und Lkw-Verkehr bestraft.«

## 6. Milliarden ins Ausland – der geplatzte Traum vom Global Player

»The Deal is done!« Am 27. August 2010 meldet Rüdiger Grube stolz den Kauf von Arriva. Es ist bis heute die mit Abstand größte und umstrittenste Akquisition in der Geschichte der DB AG. Rund drei Milliarden Euro lässt sie sich den britischen Konkurrenten mit seinen damals rund 40 000 Beschäftigten und 3,3 Milliarden Euro Umsatz im Bahn- und Busbetrieb kosten. »Wir übernehmen eines der größten und erfolgreichsten Verkehrsunternehmen Europas«, schwärmt Grube, nachdem die EU-Wettbewerbshüter den Handel unter Auflagen genehmigt haben.

Die Kritik lässt nicht lange auf sich warten. »Die Bahn sollte erst mal ihre Hausaufgaben machen«, schimpft der damalige Vorsitzende des Verkehrsausschusses im Deutschen Bundestag, Winfried Hermann von den Grünen. Die Milliardeninvestitionen würden hierzulande viel dringender gebraucht: »Es kann doch nicht sein, dass die Netzsparte der Bahn jedes Jahr hohe Gewinne an den Konzern abführt, die dann irgendwo in der Welt verjubelt werden.«

Doch Grube hat die Unterstützung der Regierung Merkel und des Aufsichtsrats, die später auch sein an Größenwahn grenzendes Strategiekonzept »DB 2020+« absegnen. Ein irrwitziger Plan, nicht erst aus heutiger Sicht. Denn durch viele weitere internationale Zukäufe soll der deutsche Staatskonzern in wenigen Jahren seinen Umsatz auf 70 Milliarden und den Gewinn auf vier Milliarden Euro jeweils verdoppeln. Das Ziel: ein Global Player – ein Transport- und Logistikriese im XXL-Format. Schon als Vorstand des Autokonzerns Daimler hat Grube gerne ganz groß gedacht. Damals fädelte er die Übernahme des US-Konkurrenten Chrysler mit ein. Nach der angeblichen »Hochzeit im Himmel« war die Schreckens-Ehe bald komplett zerrüttet. Vor seinem Abgang in Stuttgart musste der Manager noch die Scheidung abwickeln. Kosten des Chrysler-Fehlschlags für Daimler: mindestens 40 Milliarden Euro – eines der größten Desaster der deutschen Wirtschaftsgeschichte.

Gelernt hat Grube daraus offenbar wenig. Noch nicht einmal ein Jahr ist seit seinem Antritt bei der DB vergangen, als der Arriva-Deal im Frühjahr 2010 durchsickert. Die schwachen Argumente für die waghalsige Expansionslust klingen so bekannt wie abgegriffen: die Gelegenheit sei einmalig, man müsse Konkurrenten zuvorkommen, die Marktposition als Nummer 1 in Europa gefestigt werden. Und überhaupt: nur Wachstum sichere Arbeitsplätze, an Investitionen ins deutsche Netz werde trotz der hohen Übernahmekosten »kein Cent gespart«. Tatsächlich investierte die DB selbst ohnehin kaum noch eigene Mittel ins Schienennetz.

Mit der Übernahme von Arriva schaltet die DB den damals härtesten privaten Konkurrenten in Europa aus. Vor allem in Großbritannien ist das Unternehmen sehr bekannt. Es betreibt unter anderem die berühmten roten Doppeldeckerbusse in London. Entstanden ist es aus einem Motorradladen, den die Familie Cowie 1938 in der nordenglischen Stadt Sunderland eröffnete. Nach der Liberalisierung der Verkehrsmärkte folgte die Expansion im Ausland – auch nach Deutschland, wo Arriva lukrative Bahn- und Busverkehrs-Aufträge gewann.

Verkehrsminister Peter Ramsauer (CSU) und der gerade angetretene DB-Aufsichtsratschef Utz-Hellmut Felcht lassen Grube freien Lauf. Und das, obwohl es viele gute Gründe gibt, das teure Risikoinvestment abzulehnen. Der Bahnchef selbst hat zuvor noch betont, den Konzern auf das Kerngeschäft konzentrieren und die rasende Verschuldung stoppen zu wollen. Der Arriva-Deal bedeutet das exakte Gegenteil. Für den Kauf müssen noch mehr Milliardenkredite aufgenommen werden. Der Schuldenberg von bereits 15 Milliarden Euro werde damit noch höher, räumt der damalige Finanzchef Richard Lutz ein.

So schütteln wieder mal viele Experten entsetzt den Kopf über die absurden Irrwege der deutschen Regierung und ihres größten Konzerns. Zumal der Kauf auch ordnungs- wie verkehrspolitisch in hohem Maße fragwürdig ist. Denn nach der reinen Lehre der Marktwirtschaft soll der Staat den Rahmen für fairen Wettbewerb privater Unternehmen setzen und sich möglichst wenig einmischen. Mit dem Arriva-Kauf aber wird einer der größten privaten Bahn- und Busanbieter Europas faktisch verstaatlicht, alle Aktien werden von der Börse genommen und die Anteilseigner ausbezahlt. Zudem machen fortan Tausende von Bussen der neuen DB-Tochter in vielen Ländern ausgerechnet den dortigen Bahnen teils massive Konkurrenz.

Des Schweinsgalopps bei der Übernahme hätte es überdies nicht bedurft. Denn die Bahn ist der einzige ernsthafte Bieter für Arriva. Einstiegspläne der französischen Staatsbahn SNCF haben sich zuvor zerschlagen. Dennoch beruft der DB-Aufsichtsrat sogar eine Sondersitzung ein. Deren Zweck ist aber eher, die Öffentlichkeit rasch vor vollendete Tatsachen zu stellen, bevor sich der Widerstand formiert.

Erstaunlich bleibt bis heute, dass die einflussreichen Arbeitnehmervertreter im Aufsichtsrat der waghalsigen Expansion zustimmen. Manche glauben den luftigen Versprechen, dass die Auslandstochter hohe Gewinne abwerfen und so das ertragsschwache deutsche Kerngeschäft stärken werde. Das wird sich bald als Illusion erweisen. Eigentlich ist bereits klar, dass nicht beides geht: teure Käufe im Ausland und mehr Investitionen in den deutschen Schienenverkehr. »Dafür fehlt der Bahn und dem Staat als Eigentümer das Geld«, mahnt der Bundestags-Ausschussvorsitzende Hermann frühzeitig.

Die Widersprüche werden im Laufe der Zeit auch für Laien immer sichtbarer. Mit der Arriva-Übernahme bläht sich das internationale und schienenferne Geschäft weiter auf. Zeitweise zählen mehr als 1000 Firmen zum Konzern, die Hälfte des Umsatzes kommt aus der Logistik, Lkw- und Busangeboten und nicht mehr aus dem Betrieb von Zügen. Die Verzettelung ist schon unter Mehdorn offensichtlich, die Bahn hat ihr deutsches Kerngeschäft aus dem Auge verloren. An den meisten Neu- und Ausbauten der Infrastruktur beteiligt sich der Staatskonzern zudem bald finanziell überhaupt nicht mehr. Wichtigen Schienenprojekten droht wegen fehlender Finanzierung die Verschiebung auf den Sankt Nimmerleins-Tag.

### Auslandskäufe ohne positive Effekte

Eine kritische Aufarbeitung der teuren Träume vom Global Player fehlt bis heute. Dabei gäbe es dafür allen Grund. »Mindestens zehn Milliarden Euro hat der Staatskonzern seit der Jahrtausendwende jenseits der Grenzen verjubelt«, bilanziert der Berliner Wirtschaftsprofessor Christian Böttger. Das Geld sei zumeist in wenig rentable Zukäufe geflossen. Arriva zum Beispiel habe viele Jahre keinen Cent Gewinn an den Konzern geliefert. Erst 2018 seien erstmals gerade einmal 50 Millionen Euro abgeführt worden. Böttger hat den Expansionskurs der Bahn über viele Jahre verfolgt und kritisiert. Schon der erste große Zukauf unter Ex-Bahnchef Mehdorn im Ausland wurde zum Fehlschlag. 2006 zahlte die DB für die US-Logistikfirma Bax Global mehr als eine Milliarde Euro. Damit wollten die Deutschen dort ins Geschäft mit Luft- und Straßenfracht einsteigen. Bereits fünf Jahre später zog sich der Konzern kleinlaut aus dem US-Markt zurück – und musste die Investitionen zum allergrößten Teil abschreiben.

Der Reinfall ließ sich in den Bilanzen verstecken. Denn schon 2002 hatte Mehdorn die Geschäfte mit dem 2,5 Milliarden Euro teuren Erwerb der Logistikfirmen Stinnes und Schenker mächtig aufgepumpt. Besonders absurd: Noch gut zehn Jahre zuvor hatte sein Vorgänger Heinz Dürr die Bundesbahn-Tochter Schenker mit der Begründung abgestoßen, die Lkw-Spedition passe nicht zum Kerngeschäft auf der Schiene. Nun kaufte Mehdorn Schenker für ein Vielfaches wieder zurück.

»Unser Markt ist die Welt«, proklamierte er bei jeder Gelegenheit und war fortan bei Staatsbahnen in China und Russland ebenso zu Gast wie bei Ölscheichen, um Geschäfte und Kooperationen an Land zu ziehen. Auf der Arabischen Halbinsel hofften die Deutschen, groß ins Geschäft kommen. Die weltweit aktive Konzerntochter DB International wurde zwar am Bau der 450 Kilometer langen Hochgeschwindigkeitsstrecke zwischen Mekka und Medina beteiligt und übernahm die Planprüfung, die Bauüberwachung und die Kontrolle der Fahrzeugproduktion. Doch die meisten milliardenschweren Großaufträge der Scheiche gingen letztlich an Schienenunternehmen anderer Länder wie China und Spanien.

Der damalige Zeitgeist beförderte die Expansionspläne. Liberalisierung, Flexibilisierung, Deregulierung, Privatisierung, Globalisierung – so lauteten die Schlagwörter, die wirtschaftliches und wirtschaftspolitisches Handeln wie selbstverständlich prägten. Selbst Staatsunternehmen sollten plötzlich international agieren und sich im weltweiten Wettbewerb beweisen. So kaufte die DB 2006 die größte britische Güterbahn English-Welsh-Scottish-Railways (EWS), 2007 in Spanien die Logistiker Spain-TIR und Transfesa. Der britische Regionalbahn-Betreiber Laing Rail folgte 2008 und die Frachtbahn PCC in Polen sowie die Spedition Romtrans in Rumänien 2009. Kosten insgesamt: weitere 1,3 Milliarden Euro.

Ziel war dabei auch, dass die Frachtbahnen von den Speditionsgeschäften profitieren. Mit solchen »Synergie-Effekten« warb Mehdorn für den Schenker-Kauf. Durch die größte Lkw-Spedition Europas sollten viel mehr Güter auf die Schiene kommen. Doch sein Nachfolger Grube muss dem Aufsichtsrat eingestehen, dass Schenker 2014 gerade einmal für gut 200 Millionen Euro Laderaum bei der Cargo-Schwester im Konzern gebucht hat – kaum mehr als ein Prozent des Logistikumsatzes.

Wie werthaltig die Investitionen sind, können selbst Bilanzexperten wegen vieler Eingliederungen und Umstrukturierungen schwer ermitteln. So sind die Güterbahnen bei DB Cargo angedockt, die seit Jahren tief in den roten Zahlen fährt. 2015 muss die Frachtsparte mehr als 1,3 Milliarden Euro Sonderabschreibungen vornehmen, weshalb der gesamte DB-Konzern Verluste schreibt. Lapidare Begründung: Neubewertungen. Dennoch sieht die vertrauliche mittelfristige Finanzplanung von Grube damals ganz ernsthaft vor, bis 2020 weitere fünf Milliarden Euro in die Expansion von Arriva und des weltweiten Lkw- und Luftfrachtgeschäfts zu stecken. Jeder vierte Euro der Konzerninvestitionen soll ins Ausland fließen, drei Milliarden allein für Arriva. Man sehe weiterhin »in Europa große Wachstumsmöglichkeiten«, schwärmt der DB-Chef damals.

Doch daraus wird nichts. Im Aufsichtsrat blockieren die Arbeitnehmervertreter verärgert die Umsetzung. Auch deshalb, weil in die notleidende Frachtbahn DB Cargo bis 2020 gerade mal 1,2 Milliarden Euro investiert werden sollen. In diesem verlustreichen Kerngeschäft sind statt einer Vorwärtsstrategie radikale Kahlschläge geplant. Damit kommen Grube und die Politik nicht durch. Der Wind dreht sich, und 2016 wird stattdessen die Teilprivatisierung der Auslandsgeschäfte geprüft, weil die Finanzklemme immer größer wird. In einer vertraulichen Vorlage für eine Sondersitzung des DB-Aufsichtsrats empfiehlt Bahnchef Grube unter fünf Optionen mit Nachdruck die Minderheitsbeteiligung Dritter bei Arriva und Schenker als »präferierte Alternative«. Demnach könne ein Börsengang rund 4,5 Milliarden Euro bringen. Dafür sollen bis zu je 45 Prozent an Arriva und Schenker zwischen 2017 und 2019 in drei Tranchen platziert werden. Grube will die Auslandsgeschäfte nicht aufgeben, sondern hofft, gemeinsam mit neuen Geldgebern die Expansion fortsetzen zu können.

In der Regierungskoalition stößt Grubes Vorschlag auf wenig Begeisterung. SPD-Fraktionsvize Sören Bartol warnt den Konzern und Verkehrsminister Alexander Dobrindt (CSU) vor übereilten Weichenstellungen und verlangt zuvor Beratungen im Parlament. Das Ende vom Lied: Der Verkauf wird abgeblasen, und der Staatskonzern bekommt als Ersatz eine Finanzspritze in Milliardenhöhe vom Bund.

Für Experten zeigen diese Beispiele, wie konzept- und erfolglos die DB-Spitze knappes Geld jenseits der Grenzen und für schienenferne Geschäfte verpulvert hat. Kritisch bewertet auch der Bundesrechnungshof die teure Expansion und insbesondere die Rolle der Regierung in seinem Sonderbericht zur Bahnpolitik Anfang 2019. Demnach habe der Bund über fast zwei Jahrzehnte geduldet, dass sein größter Staatskonzern sich zum Global Player wandelte und 73 Prozent seiner 700 Tochterfirmen im Ausland ansiedelte. 43 Prozent des Umsatzes würden dort erzielt, kritisiert der Rechnungshof – und das, ohne dass die dortigen Gewinne dem deutschen Schienenverkehr nützten. Es gebe »keine positiven Effekte«. So habe Arriva bis 2017 gar keine und Schenker nur zwölf Millionen Euro abgeführt. Überdies trage der deutsche Steuerzahler das wirtschaftliche Risiko für die Geschäfte. Da die umfangreichen DB-Auslandsgeschäfte und die schienenfremden Geschäfte »nicht vom Verfassungsauftrag gedeckt« seien, fordert der Rechnungshof von der Bundesregierung, die international tätigen DB-Unternehmen Arriva und Schenker komplett zu verkaufen und die Einnahmen für besseren Schienenverkehr in Deutschland einzusetzen.[66] Schon aus Geldnot könnte daran bald kein Weg vorbeiführen.

## 7. Mehdorn, McKinsey & Co. –
## Fehlgriffe beim Management

Am 30. Januar 2017 kommt es zum Eklat. Mitten in der Aufsichtsratssitzung der Deutschen Bahn AG erklärt Rüdiger Grube seinen sofortigen Rücktritt. Der Vorstandschef ist tief verärgert, dass sein Arbeitsvertrag, anders als zuvor signalisiert, nur um zwei statt drei Jahre verlängert werden soll. Aufsichtsratschef Utz-Hellmuth Felcht, die 19 weiteren Kontrolleure und vor allem die Bundesregierung haben nun ein großes Problem. Denn ein Nachfolger fehlt. Wochenlang suchen Headhunter nach Kandidaten und kassieren Absagen. Der Job scheint angesichts der vielen Baustellen beim Politikum DB und der vielen plötzlichen Abgänge von Topmanagern nicht sehr begehrt zu sein. So zeigt der Fall Grube auch einmal mehr, wo das Missmanagement beim größten Staatskonzern oft beginnt: nämlich in der Politik und den zuständigen Ministerien.

Dass am Ende der langjährige Finanzchef Richard Lutz – zunächst in Doppelfunktion – zum neuen DB-Chef bestellt wird, ist wieder mal ein politischer Kompromiss. Die zerstrittene Koalition von Union und SPD hat sich auf den allerkleinsten gemeinsamen Nenner geeinigt – nämlich die missratene Bahnpolitik schnell wieder aus den Schlagzeilen zu bekommen. Zumal wenige Monate später Bundestagswahlen anstehen. Da wäre ein anhaltender öffentlicher Disput über die Bahnmisere für die Regierung Merkel wenig förderlich. Also ist auch eine teure politische Lösung bei Grube nötig, die hinter den Kulissen verhandelt und erst ein halbes Jahr nach den Wahlen durch einen Medienbericht bekannt wird.

Dennoch ist die Aufregung groß. Denn der DB-Chef hat 2,3 Millionen Euro Abfindung erhalten und zudem fast 900 000 Euro Pensionsrückstellungen, obwohl er nur noch 30 Tage im Dienst war und seinen auslaufenden Vertrag selbst aufgegeben hat. Insider wissen: Das ist auch ein Preis für die Ruhigstellung von Grube. Bezahlen dafür muss am Ende das Unternehmen – wie so oft, wenn wieder mal etwas schiefgelaufen ist. Denn ein Prozess des Ex-Chefs gegen den Staatskonzern hätte weitere unangenehme

Medienberichte über die Bahnpolitik der Regierung Merkel ausgelöst. Zudem drohte der heftige Streit von Grube und Felcht wenige Monate vor den Wahlen öffentlich zu werden. Bahnchef gegen Aufsichtsrat – diese Schlammschlacht wäre für Medien und Kritiker ein Fest geworden.[67]

Für die Opposition im Bundestag ist der Fall Grube auch so eine willkommene Vorlage. Grünen-Fraktionschef Anton Hofreiter fordert Aufklärung von der Regierung über »unsittliche Gehälter und Abfindungen«. Für Sabine Leidig, Verkehrsexpertin der Linken, zeigt sich einmal mehr, dass »die DB AG immer wieder als Versorgungsstelle für bundespolitisch gut vernetzte Manager missbraucht wird«. Auch die Regierung gibt sich empört. Der Fall zeige, dass eine »neue Kultur« in den Unternehmen des Bundes nötig sei, betont Verkehrsminister Scheuer (CSU). Auch in der SPD schüttelt man den Kopf: Da scheine »Maß und Mitte« verloren gegangen zu sein, erklärt Fraktionsvize Sören Bartol. Niemand anderes als Union und SPD sind indes seit Jahren für die Bahnpolitik verantwortlich, schon durch ihre Vertretung im Aufsichtsrat. Dort wird nach der Affäre aufgeräumt, der Vorsitzende und ehemalige Degussa-Chef Felcht durch den langjährigen Staatssekretär Michael Odenwald abgelöst und der Konzern auch damit wieder mehr auf Regierungslinie gebracht.

Bei der umstrittenen Millionen-Abfindung für Grube aber bleiben wichtige Fragen offen. Die Regierung behauptet später auf Anfrage des Abgeordneten Matthias Gastel von Bündnis 90/ Grüne, man habe erst ein dreiviertel Jahr später vom heiklen Inhalt der teuren Auflösungsvereinbarung erfahren. Die 17 Fragen von Gastel zur Verantwortung der Regierung beantwortet Staatssekretär Enak Ferlemann (CDU) nur rudimentär. Auch die Frage bleibt offen, ob die drei Staatssekretäre im DB-Aufsichtsrat der Aufhebungsvereinbarung zugestimmt haben, die später von ihren eigenen Ministern und Parteien öffentlich kritisiert wurde – denn dann wäre diese Kritik ziemlich scheinheilig. Unter Verweis auf das Aktiengesetz, das bei der DB gilt, verweigert Ferlemann dem Volksvertreter jedoch die verlangte Auskunft.

## Was die Bahnvorstände verdienen

Oben prassen, unten kappen – das ist wieder mal der fatale Eindruck, den Öffentlichkeit und Belegschaft beim Fall Grube bekommen. Natürlich beginnt schnell auch die übliche Debatte, ob die Topmanager des Staatskonzerns die Millionengehälter eigentlich verdient haben. Denn gemessen am Zustand der Bahn scheinen die Leistungen sehr überschaubar. Dennoch kassieren die Manager in ihren Büroetagen regelmäßig hohe »Erfolgsbeteiligungen«. Das sorgt an der Basis bei Lokführern, Zugbegleitern und Servicekräften für Unverständnis, die für einen Bruchteil solch üppiger Zahlungen malochen, um den Betrieb aufrechtzuerhalten. Zumal die immer neuen »Zukunftsprogramme« aus den fernen Chefetagen oft genug zu Rohrkrepierern werden, und manch panische Rotstiftaktion kennzahlengetriebener Führungskräfte die Lage im Bahnverkehr eher verschlimmert statt verbessert.

Aber Hauptsache, auf dem Papier stimmen die Zahlen – und die Boni fließen. Auch 2018 kann sich der DB-Vorstand trotz schwacher Ergebnisse weiterhin über Millionengehälter freuen. So bekommt DB-Chef Lutz rund 1,8 Millionen Euro, sein Stellvertreter Ronald Pofalla verdient gut 1,2 Millionen Euro. Alle sechs Manager im Konzernvorstand zusammen erhalten 6,5 Millionen Euro. Im Vergleich zu anderen Branchen sind die DB-Topgehälter allerdings relativ niedrig: Der frühere Daimler-Chef Dieter Zetsche kassiert 2017 rund 13 Millionen Euro und auch 2018 mit 8,6 Millionen Euro ganz allein mehr als der gesamte Bahnvorstand.

Gut die Hälfte der Spitzengehälter beim Staatskonzern besteht aus fixen Zahlungen. Lutz hat eine feste Vergütung von 900 000 Euro, Pofalla und Personenverkehrschef Berthold Huber erhalten je 650 000, Personalvorstand Martin Seiler und Technikchefin Sabina Jeschke je 400 000. Der neue Finanzchef und frühere Banker Alexander Doll gibt sich mit 300 000 Euro zufrieden. Hinzu kommen die variablen Vergütungen, die erfolgsabhängig sind und denen der Aufsichtsrat zustimmen muss. Lutz ist auch hier Spitzenverdiener mit 892 000 Euro, 2017 war es noch gut eine Million. Pofalla und Huber erhalten je 560 000 Euro, Seiler und Doll je

394 000 Euro, Doll 256 000 Euro. Für den Gesamtvorstand kommen noch 143 000 Euro geldwerte Vorteile hinzu.

In den Zahlen nicht enthalten sind rund eine Million Euro an langfristigen variablen Vergütungen. Zudem erhalten alle DB-Topmanager eine üppige Altersvorsorge. Die Pensionsrückstellungen betrugen 2017 mehr als 23 Millionen Euro für aktive Vorstände und weitere 149 Millionen für frühere Mitglieder und ihre Hinterbliebenen. Auch davon können normale Bahnbeschäftigte nur träumen.

Im Vergleich zu den Vorjahren sind die Vergütungen der DB-Spitze aber deutlich gesunken. 2017 haben Lutz und Pofalla laut Geschäftsbericht noch jeweils etwa 100 000 Euro mehr kassiert, die Vergütung des Gesamtvorstands lag bei 10,8 und 2016 sogar bei 14,7 Millionen Euro. Auch die Erfolgshonorare waren höher. 2016 gab es fast 6,6 Millionen Euro und selbst im Verlustjahr 2015, als die DB ein Minus von mehr als 1,3 Milliarden Euro einfuhr, noch zwei Millionen extra. Danach ist jedoch die Kritik gewachsen, dass die Kennziffern für die Erfolgsbeteiligung zu anspruchslos seien. Dazu gehören Kundenzufriedenheit, Pünktlichkeit und Rentabilität, die seit Jahren teils weit unter den Zielwerten liegen.

Frühere Bahnchefs haben noch deutlich höhere Summen kassiert. Hartmut Mehdorn erhielt zeitweise mehr als drei Millionen Euro pro Jahr und als Abfindung rund sechs Millionen Euro. Nachfolger Grube verdiente 2016 rund 2,6 Millionen, obwohl sein Sanierungskonzept »Zukunft Bahn« kaum zündete, die Gewinne sanken und die Verschuldung wuchs.

### Wie die Politik die DB-Spitze besetzt

Die wichtigsten Posten in Bundesunternehmen und obersten Behörden werden traditionell nach ausgeklügelter politischer Farbenlehre besetzt. Bei der DB AG hat neben dem Kanzleramt das zuständige Bundesverkehrsministerium maßgeblichen Einfluss. Als Gerhard Schröder (SPD) regierte, wurde der DB-Aufsichtsrat vom früheren TUI-Chef Michael Frenzel geleitet. Beide gelten als gute Bekannte aus gemeinsamen Hannoveraner Zeiten. Unter

Kanzlerin Merkel (CDU) und Verkehrsminister Ramsauer (CSU) kam Aufsichtsratschef Felcht ins Amt, auch dessen Nachfolger Michael Odenwald wurde von der Union bestimmt.

Besonderes politisches Ringen gibt es um den DB-Chefsessel. Als Mehdorn 2009 gehen musste, teilte ihm das Regierungschefin Merkel angeblich persönlich sonntagnachmittags in ihrem Büro mit. Auch die Entscheidung über den Nachfolger fiel nach einigem Hin und Her in der Koalition wenige Tage später im Kanzleramt. Drei Kandidaten standen zur Wahl. Wilhelm Bender, Chef der Frankfurter Flughafengesellschaft Fraport, war der Union zu SPD-nah, für Airbus-Chef Thomas Enders galt das Umgekehrte. So bekam Daimler-Manager Grube als Kompromisskandidat den Job.

Gerade diese Auswahl zeigt: Im Staatskonzern ist Sachkenntnis bei der Besetzung von Spitzenposten eher nachrangig. Jedenfalls hat keiner der drei Kandidaten und auch keiner der bisherigen DB-Chefs je ein Schienenunternehmen geführt. Grube hat wie seine Vorgänger Mehdorn und Dürr einen großen Teil seines Berufslebens in Führungsetagen des weitläufigen Daimler-Konzerns verbracht und kommt vom heftigsten Konkurrenten der Bahn, der Autobranche. Während Grube die missglückte Fusion mit Chrysler mit zu verantworten hatte, konnte Dürr zuvor den Niedergang des Elektrokonzerns AEG nicht verhindern, sein Nachfolger Ludewig hatte unter Kanzler Kohl den Auf- und Abbau Ost koordiniert. Mehdorn war Chef der Deutschen Airbus GmbH, dann im Vorstand der Daimler-Luftfahrttochter DASA, wo er nach Streit mit Konzernchef Jürgen Schrempp ausschied. Danach brachte er die Heidelberger Druckmaschinen AG an die Börse, verdoppelte durch viele teure Zukäufe Umsatz und Gewinn, hinterließ aber ein finanzielles Trümmerfeld. Das führte dazu, dass der Traditionshersteller später knapp vor dem Untergang stand und die meisten Firmen wieder abstoßen musste. Parallelen zu seinem Wirken bei der DB AG drängen sich auf.

## Teure Berater

Auch unterhalb der Vorstandsebene sitzen in der DB-Zentrale am Potsdamer Platz in Berlin viele Hundert Fachleute auf hoch bezahlten Posten. Dennoch lässt sich der Staatskonzern erstaunlich oft und für sehr viel Geld von externen Helfern die Arbeit erledigen. Allein von 2015 bis 2018 werden mehr als 500 Millionen Euro für Berater ausgegeben – eine gigantische Summe und fast so viel, wie der Konzern in einem Jahr unterm Strich verdient. Das alarmiert den Bundesrechnungshof, der beim zuständigen Verkehrsministerium nachfragt. Als die Nachrichtenagentur Reuters eine erste Exklusivmeldung zu dubiosen Beraterverträgen verbreitet, räumt die DB-Spitze ein, dass »Auffälligkeiten« untersucht würden und man interne Ermittlungen eingeleitet habe.

Es geht um mehr als 20 Verträge, die zwischen 2010 und 2018 vor allem in der Amtszeit von Ex-Chef Grube geschlossen worden sind. Die Sache ist brisant: Aufsichtsratschef Odenwald ruft kurzfristig eine Sondersitzung ein und verspricht vollständige Aufklärung. Namen werden offiziell keine genannt, aber auch »ehemalige Konzernvorstände« sollen Verträge über bis zu 350 000 Euro erhalten haben. Weiteres bleibt zunächst im Dunkeln. Doch Insider überraschen die Ermittlungen nicht. Es ist bekannt, dass der Staatskonzern mit gut dotierten Beraterverträgen gerne unangenehme Konflikte löst. Zum Beispiel, wenn Topmanager wegen Misserfolgs, Streitigkeiten oder Verfehlungen vorzeitig abgelöst werden, was in der DB-Geschichte nicht selten vorkommt. Der schlichte Deal: Der Geschasste bekommt ein finanzielles Trostpflaster – und hält dafür den Mund und wäscht keine schmutzige Wäsche.

Beraterverträge ohne Gegenleistung wären allerdings eine unzulässige Begünstigung und sind somit nicht erlaubt. Zudem gibt es auch bei der DB AG einige Regeln für die Vergabe. Ob die erforderlichen Genehmigungen vorlagen, werde geprüft, teilt die DB mit. Wirtschaftsprüfer und Anwälte seien eingeschaltet. Nach der Sondersitzung im Juni 2019 lässt der Konzern verlauten, dass künftig der Aufsichtsrat Beraterverträge mit früheren Vorständen genehmigen müsse. Inwieweit die Affäre auch DB-Chef Lutz unter Druck bringt, bleibt zunächst offen. Einerseits fallen die meisten Verträge in die Zeit, als er Finanzvorstand war. Andererseits ist unklar, welche Kontrakte tatsächlich über seinen Tisch gegangen sind.

Über den Einzelfall hinaus jedoch erstaunt, dass die DB-Spitze über viele Jahre hinweg so viel Geld für Externe ausgeben kann, ohne dass Aufsichtsrat und Regierung einschreiten. Allein 2017 sollen es 160 Millionen Euro gewesen sein und im Jahr darauf kaum weniger. Wer profitiert davon? Offenbar besonders große Beraterfirmen und Wirtschaftsprüfer wie McKinsey, KPMG, Roland Berger oder PWC, die seit der Bahnreform immer wieder umfangreiche Verträge erhalten. So schreiben McKinsey-Berater für Grube das Konzept »Zukunft Bahn«, Roland Berger Strategy Consultants die positive Bilanz zu 20 Jahren DB, und KPMG-Prüfer übernehmen die monatelange interne Aufklärung des Daten- und Schnüffelskandals nach Mehdorn. Besonders beim Großprojekt Stuttgart 21 und an den letztlich gescheiterten Börsenplänen verdienen Heerscharen von Beratern über viele Jahre prächtig. Bei S 21 müssen komplexe Bau- und Kostenrisiken untersucht werden, aber auch die eigene Haftung lässt die DB-Spitze nach Strafanzeigen von Projektgegnern von Anwälten mehrfach prüfen.

Das Bundesverkehrsministerium, das für die DB zuständig ist, nutzt übrigens selbst häufig externen Sachverstand. Allein 2017 und 2018 sind 82 Millionen Euro für Beratung zur Pkw- und Lkw-Maut geflossen. Das Ministerium sei offenbar von der »Berateritis« befallen, lästert Stephan Kühn von den Grünen und sorgt sich, ob Minister Scheuer sein Haus überhaupt noch ohne fremde Hilfe führen kann. Der Haushaltsexperte der Grünen, Sven-Christian Kindler, wirft dem Ministerium vor, über Jahre Aufträge in Höhe von Hunderten Millionen an große Beratungskonzerne vergeben zu haben, ohne die Wirtschaftlichkeit zu prüfen. Vielleicht rührt daher die auffällige Nachsicht der Regierung mit dem Konzern? Nach dem Motto: Wer im Glashaus sitzt, sollte nicht mit Steinen werfen.

Schon in früheren Zeiten hat es bei der DB AG massiven Ärger wegen Beraterverträgen gegeben. Mehdorn scharte ein ganzes Netzwerk ehemaliger Politiker um sich, auch Korruptionsverdacht wurde laut. Nicht ohne Grund: Gerade in der Zeit der Börsenpläne, die von den Bürgern mehrheitlich abgelehnt wurden, konnten Ex-Politiker sehr nützlich sein. So ließ sich zeitweise aus den DB-Lobbyisten fast ein ganzes Regierungskabinett bilden. Dazu gehörten unter anderem Ex-Bundesverkehrsminister Reinhard Klimmt und Bremens früherer Bürgermeister Klaus Wedemeier (beide SPD), Bayern Ex-Finanzminister Georg von Waldenfels und der frühere Wirtschafts- und Verkehrsminister Otto Wiesheu, der es sogar in den Konzernvorstand schaffte (beide CSU). Wiesheu sorgte angeblich noch kurz zuvor dafür, dass die Privatisierung der DB AG im Koalitionsvertrag 2005 festgeschrieben wurde.

Mit dem Kanzlervertrauten Ludewig machte die CDU zu Zeiten der Regierung Kohl sogar einen eigenen Mann zum Bahnchef. Im Vorstand des Unternehmens saß mit Klaus Daubertshäuser lange ein ehemaliger SPD-Bundestagsabgeordneter. Für den abgewählten CDU-Regierungschef Sachsen-Anhalts, Werner Münch, wurde sogar eigens eine Konzernstelle in Brüssel geschaffen. Und sein Parteikollege Axel Nawrocki, ehemals Büroleiter von CDU-Stratege Kurt Biedenkopf und Chef der skandalgeschüttelten Berliner Olympia GmbH, brachte es in den Neunzigerjahren bis zum Fernverkehrsvorstand.

Immerhin: Nach dem Scheitern des Börsengangs und Mehdorns Abtritt sind die Ex-Politiker in DB-Reihen weniger geworden. Mit einer großen Ausnahme: Ronald Pofalla. Als Anfang 2014 durchdrang, dass der vormalige Leiter des Bundeskanzleramts und Geheimdienst-Beauftragte in den DB-Vorstand wechseln soll, war die öffentliche Empörung gewaltig. Noch kurz zuvor hatte Pofalla seinen Posten in der Regierungszentrale Merkel geräumt und erklärt, mehr Zeit fürs Private haben zu wollen. Doch auch die Arbeitnehmerbank im Aufsichtsrat mit vielen Vertretern der Bahngewerkschaft EVG blockierte die Berufung nicht. Als Grund gilt, dass Pofalla im Kanzleramt eine strengere Regulierung der DB AG und vor allem die von Brüssel geforderte bessere Trennung von Netz und Betrieb immer verhindert hat – ganz im Sinne der EVG, die eine Zerschlagung des Konzerns befürchtete. Nun sollte der CDU-Mann weiter dafür sorgen, dass die Trennungspläne nicht umgesetzt werden.

Einmal mehr wurde der Staatskonzern so zum Spielball der Politik. Pofalla musste sich zwar zunächst mit dem Posten des Chef-Lobbyisten bescheiden, löste aber bereits Anfang 2017 den langjährigen Vorstand und mächtigen DB-Vize Volker Kefer ab. Die wirklichen Gründe für dessen Rückzug sind nicht bekannt, von Intrigen ist die Rede. Mit dem gelernten Entwicklungsingenieur, der lange beim ICE-Produzenten Siemens gearbeitet hatte, verlor die DB AG ihren mit Abstand erfahrensten Topmanager für Technik, Infrastruktur und Stuttgart 21. Mit Pofalla übernahm stattdessen ein gelernter Jurist und Sozialpädagoge eine der wichtigsten Technik- und Infrastruktursparten der Republik. Dem Berufspolitiker fehlten jegliche Fachkenntnisse und Qualifikationen für diesen enorm wichtigen Job und das komplexe Rad-Schiene-System.

Pofalla gilt als Machtmensch und mit allen Wassern gewaschener Lobbyist. Aber unverzichtbare Führungserfahrung im operativen Bahngeschäft hatte er ebenso wenig vorzuweisen wie das nötige technische Verständnis. In einem normalen Bewerbungsverfahren wäre Pofalla deshalb sofort aussortiert worden. Aber normal läuft bei der DB AG bekanntlich kaum etwas. Hier zieht die große Politik fast nach Belieben die Strippen, besonders das Kanzleramt. Niemand weiß das besser als Pofalla, dem lange Zeit obersten Strippenzieher von Angela Merkel – bis er nach einigen peinlichen Ausrutschern und Verbalinjurien seinen Posten mit den Wahlen verloren hat.

Der Fall Pofalla jedenfalls zeigt einmal mehr, wohin politische Vetternwirtschaft führen kann. Bei DB-Wettbewerbern wurde die Personalie teils mit Entsetzen registriert. »Das ist für uns der schlimmste Fall«, hieß es in der Führungsetage eines wichtigen Konkurrenten. Pofalla sei »dafür bekannt, Wettbewerb massiv beschränken zu wollen«. Seither wächst die Sorge, dass Pofalla als oberster Infrastruktur-Chef die Netzsparte unter dem Konzerndach noch mehr nach den Interessen des Ex-Monopolisten ausrichten wird – und der weitere Aufstieg des machthungrigen CDU-Manns an die Spitze kaum aufzuhalten sein könnte.

Ob der amtierende DB-Chef Lutz seinen Fünfjahresvertrag bis Frühjahr 2022 erfüllen kann, gilt jedenfalls als offen. Der Finanzexperte gilt als versierter Analyst und Stratege, in seiner Jugend wurde er deutscher Vizemeister im Schach. Es gibt im Konzern und in der Politik einige, die an seinem Stuhl sägen, aus unterschiedlichen Interessen. Die Mehdorn-Kahlschläge, die Börsenpläne und das Katastrophenprojekt S 21 fallen in seine Amtszeit als Chefcontroller und Finanzvorstand, ebenso viele andere Fehlentwicklungen. Da wird sich immer etwas finden lassen, das den Schleudersitz auslösen könnte. Doch ob der nächste Bahnchef den Job besser machen würde? Für Lutz spricht, dass er der erste DB-Chef mit Stallgeruch ist – und kein Auto- oder Luftfahrtmanager, der erst mal das kleine Einmaleins des Schienenverkehrs lernen muss.

## 8. ICE-Tunnelpisten statt Flächenbahnen – Highspeed ersetzt Vernunft

Im ICE 4 mit Tempo 300 von Berlin nach München in vier statt zuvor sechs Stunden – auf die Hochgeschwindigkeitsstrecke zwischen der Hauptstadt und der bayerischen Metropole ist die DB AG mächtig stolz. Vor dem Start lässt das Unternehmen sogar Formel-1-Weltmeister Nico Rosberg in TV-Spots für das neue superschnelle Angebot schwärmen. Zwar missglückt die Inbetriebnahme am 10. Dezember 2017, weil Technikprobleme sogleich den Premierenzug mit viel Prominenz an Bord lahmlegen. Doch seither habe sich die Zahl der Fahrgäste auf der Verbindung verdoppelt, betont der Konzern.

Leider haben solche Bahn-Rennstrecken große Nachteile, besonders in einem dicht besiedelten Land mit vielen Bergen und

Tälern. Erstens sind sie unfassbar teuer, weil Tempo 250 und mehr extrem hohe Sicherheitsstandards erfordert. Zweitens dauert der Bau sehr lange und zerstört Natur und Landschaften. Drittens stehen Kosten und Nutzen in dürftigem Verhältnis, vor allem weil Güterzüge die Pisten kaum nutzen können – weshalb sich viertens Investitionen in günstigere und bestehende Schienenwege besonders für ein dicht besiedeltes Land viel besser rechnen.

Das ist der Konflikt, um den es hier geht. Warum fließen riesige Summen Steuergeld in wenige große Rennstrecken zwischen Großstädten, um dort die Fahrzeiten zu verkürzen? Sollte das immer knappe Geld nicht besser in leistungsfähigeren Verkehr in der Fläche gesteckt werden, damit möglichst viele Menschen attraktive Anschlüsse, komfortable Zugverbindungen und angenehme Reisezeiten haben? Auf Letzteres setzt seit vielen Jahrzehnten mit großem Erfolg die kleine Schweiz.

Im Falle von Berlin – München hat die Regierung Kohl nach dem Untergang der DDR entschieden, die Menschen im lange geteilten Deutschland auch durch leistungsfähige Schienenstrecken wieder näher zueinander zu bringen. Das Verkehrsprojekt Deutsche Einheit Nr. 8 (VDE 8) ist mit 515 Kilometer zwischen Nürnberg, Erfurt, Halle, Leipzig und Berlin das größte Neu- und Ausbauvorhaben. Wichtigste Teile davon sind eine mehr als 100 Kilometer lange ICE-Piste zwischen Erfurt und Nürnberg durch den Thüringer Wald und eine weitere Tempo-300-Strecke von 120 Kilometer Länge zwischen Erfurt und Leipzig. Der Bau begann 1991 und sollte im Jahr 2000 beendet sein, die Kosten wurden anfangs auf rund sechs Milliarden Euro veranschlagt. Das blieb wie üblich pure Illusion. Als das Gesamtprojekt Ende 2017 nach 26 Jahren Bauzeit und mit 17 Jahren Verspätung endlich in Betrieb geht, haben sich die Ausgaben wieder mal fast verdoppelt. Im Haus von Verkehrsminister Dobrindt werden sie damals auf elf Milliarden Euro beziffert.

Fairerweise muss gesagt werden, dass die Bundesrepublik mit dem Aufbau Ost einen historischen Kraftakt zu bewältigen hatte, der seinesgleichen sucht und deutlich mehr als eine Billion Euro kostet. Allein für die 17 VDE wurden knapp 40 Milliarden Euro veranschlagt, rund die Hälfte davon für die Schiene. Bei keinem der neun Schienen- und sieben Straßenprojekte sowie dem Kanalausbau ist der Zeitverzug allerdings so groß gewesen wie beim VDE 8 – keines ist indes auch so schwierig.

Wie bei anderen ICE-Pisten mussten viele neue Brücken und Tunnel gebaut werden. Denn für Tempo 250, 300 und mehr sollten die Rennstrecken schnurgerade verlaufen. Zuvor schlängelten sich Fern- wie Regional- und Güterzüge im Saaletal durch Thüringen. Auf die Idee, mitten durch das Mittelgebirge des Thüringer Walds eine zusätzliche neue Piste mit vielen teuren Brücken und Tunneln zu bauen, kamen nur Träumer. Auch für das VDE 8 wäre es nicht nötig gewesen. Denn wie schon ein kurzer Blick auf die Landkarte zeigt, ist es von Nürnberg nach Leipzig durchs Vogtland deutlich kürzer. Sachsen wollte diese Trasse haben. Doch Thüringens Ministerpräsident Bernhard Vogel soll den Anschluss seiner Landeshauptstadt durchgesetzt haben. Und so führt die ICE-Verbindung nun in einem großen Linksbogen über Erfurt nach Halle und weiter nach Berlin.

Dies ist nur ein Beispiel dafür, unter welch fragwürdigen Prämissen in der föderalen Bundesrepublik über Verkehrswege entschieden wird. Berüchtigt ist auch die ICE-Strecke Köln – Frankfurt mit den politisch durchgesetzten Halten in Siegburg und Montabaur. Die beiden Provinzstädte liegen nicht weit auseinander und kamen nur deshalb beide zum Zuge, weil die Bundesländer Nordrhein-Westfalen und Rheinland-Pfalz sich nicht auf einen Zusteigepunkt einigen konnten.

Im Fall der VDE 8 und dem Anschluss von Erfurt setzte die Politik durch, dass zwischen Nürnberg und Ebensfeld auf 107 Kilometer eine der schwierigsten und teuersten Bahnverbindungen gebaut werden musste, die es je gegeben hat. Die Hälfte der Tempo-300-Strecke verläuft durch 22 Tunnel mit 41 Kilometern Länge und über 29 Brücken, die insgesamt 12,3 Kilometer lang sind. Teils mussten in den Tunneln sogar Brücken gebaut werden, um riesige unterirdische Höhlen und Löcher zu überwinden. Zeitweise arbeitete die Tunnelbohrmaschine 50 Meter unter dem Grundwasser-spiegel, Taucher mussten die Schneideräder warten. Zudem kostete die Ausrüstung der Vorzeigestrecke mit dem neuen Leit- und Sicherungssystem ETCS viel Zeit und Geld.

Umweltschützer, Anwohner und Landbesitzer protestierten und klagten jahrelang gegen die Zerschneidung und Zerstörung der Waldlandschaft. Doch statt besserer Anbindung in der Fläche setzten die Bahn und die Politiker auch im Osten lieber auf möglichst schnelle, prestigeträchtige Verbindungen zwischen großen Zentren. Um die Jahrtausendwende standen hinter der Fertigstellung des Projekts 8 dennoch große Fragezeichen. Es herrschte Finanznot im Bundes- und Verkehrsetat, für einige Abschnitte verhängte die Regierung einen Baustopp. Viele Jahre lang standen schon fertige Brückenbauwerke ohne Anbindung völlig nutzlos im Thüringer Wald herum, Mahnmale für eine missratene Verkehrspolitik und fragwürdige, überteuerte Großprojekte.

Der grüne Bahnexperte Matthias Gastel sieht ICE-Pisten wie beim VDE 8 als Fehler: »Die Investitionen sind vor allem in politisch motivierte Projekte geflossen, deutlich günstigere Alternativen mit höherem Nutzen wurden zur Seite geschoben.« Mit der Folge, dass wichtige Städte wie Jena, die an der alten Strecke durchs Saaletal liegen, nun eine viel schlechtere Anbindung an den Fernverkehr haben. Immerhin profitiert wenigstens Erfurt als neuer Bahn-Knotenpunkt, zusätzliche Firmen haben sich dort angesiedelt. Und trotz der enormen Kosten und Verzögerungen macht die neue ICE-Piste das Zugfahren zweifellos wieder ein Stück attraktiver. Seit es der ICE in vier Stunden von München nach Berlin-Mitte schafft, ist das Flugzeug auch auf dieser Strecke kaum noch eine lohnenswerte Alternative.

### Von der Großprojektlogik der Hochgeschwindigkeit

Gottfried Ilgmann kritisiert die finanziellen Desaster und Fehlentwicklungen bei den deutschen ICE-Strecken seit Jahrzehnten. Der Verkehrsberater hat lange für die Regierungskommission zur Bahnreform und für den Konzernvorstand gearbeitet. Schon die erste Hochgeschwindigkeitstrasse Würzburg – Hannover sei bei der Einweihung 1991 die teuerste Bahnlinie gewesen, die je weltweit gebaut wurde, kritisiert der Experte. Demnach verdoppelten sich die ursprünglich geplanten Kosten auf 50 Millionen D-Mark pro Kilometer.[68]

Aufschlussreich sind die Gründe der Kostenexplosion, die Ilgmann beschreibt. Denn eigentlich war die neue Trasse durch das damalige Zonenrandgebiet zur DDR vor allem für den Abtransport der Frachtcontainer aus den Seehäfen im Norden gedacht gewesen. Doch dann habe die Bundesbahn durchgesetzt, dass auch schnelle Personenzüge dort fahren sollten – was die Sache extrem verkomplizierte und verteuerte. Denn für den Mischverkehr, so Ilgmann, »musste eine Trasse gefunden werden, die wie eine Laserstrahl geradlinig unter Bergen und über Täler hinwegführt«. Die Folge: Es mussten bis zu elf Kilometer lange Tunnel und hohe Brücken errichtet werden. Alles dafür, dass künftig einige extra entwickelte ICE 1 mit bis zu Tempo 280 schnurgerade würden fahren können.

»Doch die eigentliche Pleite kam erst noch«, erinnert sich der Berater. Erst nach der Fertigstellung dämmerte den Bahn-Ingenieuren angeblich, dass Hochgeschwindigkeits- und schwer beladene Güterzüge sich in Tunneln besser nicht begegnen sollten. Denn die Druckwelle könnte gefährliche Situationen auslösen. Also durften die Frachtzüge nur noch einige Stunden nachts fahren – was die ICE-Manager freute, den Nutzen und die Wirtschaftlichkeit der teuren Strecke aber nochmals senkte.

Ilgmann schildert noch ein weiteres Schlüsselerlebnis, das die Absurdität des deutschen Hochgeschwindigkeitsverkehrs zeigt. So wurde nach der ICE-Katastrophe bei Eschede die gesamte Zugflotte zeitweise stillgelegt und durch lokbespannte Intercity-Züge ersetzt, die bis Tempo 200 fahren können. Doch die Fahrzeiten auf der Schnellstrecke seien kaum länger gewesen, so der Experte. Was zeige, dass die ICE-Züge »eher eine Marketingshow« seien als eine Beschleunigung der Bahn.

Tatsächlich kann die ICE-Flotte der DB AG in der dicht besiedelten Republik ihr Höchsttempo nur auf wenigen Streckenabschnitten ausspielen. Denn zum einen liegen die Bahnhöfe viel näher beieinander als in riesigen Flächenländern wie China, Russland oder den USA. Zum anderen begrenzen nicht ausgebaute Gleisabschnitte, Baustellen und vor allem die überlasteten Knoten in den Großstädten das Tempo. Die Folge: Die durchschnittliche ICE-Geschwindigkeit ist gerade mal halb so hoch wie das Höchsttempo. Selbst der Sprinterzug Berlin–München braucht ohne zeitraubende Zwischenstopps für die 623 Kilometer knapp vier Stunden, fährt also im Schnitt kaum 156 Kilometer pro Stunde.

Warum werden dennoch so absurd hohe Summen in ICE-Flotten und Hochgeschwindigkeitsstrecken gesteckt? Warum geht die deutsche Verkehrspolitik keinen anderen Weg? Das liegt zum einen am Charakter vieler Entscheider, die sich lieber mit Spatenstichen bei Großprojekten oder vor dem neuen ICE 4 in Szene setzen als mit dem bescheideneren, aber vernünftigeren Ausbau existierender Infrastruktur. Doch maßgeblicher ist, dass auch die DB AG als Herr über das bundeseigene Schienennetz gerne ganz groß plant. Schließlich zahlt nicht der Staatskonzern, sondern der Bürger die Milliardenkosten. Der Konzern verdient dabei kräftig mit: Allein für die Planung und Steuerung mit ihren Projektfirmen kassiert die DB sehr hohe Pauschalen. Praktisch zudem, dass das Unternehmen die teuren Pisten später mit seiner ICE-Flotte exklusiv nutzen kann, da es im Fernverkehr auf der Schiene fast noch Monopolist ist und gerne auch bleiben würde.

Es gibt also einige Gründe dafür, dass die DB-Spitze teure neue Schnellstrecken immer befürwortet. Die Entwicklung spricht für sich. Seit der Bahnreform ist ein bedeutender Teil aller Investitionen in Großprojekte für mehr Tempo auf der Schiene geflossen. Der Raumplaner und Verkehrsexperte Heiner Monheim hat die Konzentration der deutschen Verkehrspolitik auf Großprojekte zulasten der Bahn in der Fläche immer kritisiert: »Es fehlte ein Gesamtnetz- und Taktkonzept, das Grundlage für eine strategisch sinnvolle Verteilung der Investitionen im Netz hätte sein müssen.« Die meisten Investitionen seien »nicht system- und netzwirksam«, weil sie nur der Großprojektlogik der Hochge-schwindigkeit folgen.[69]

Einfacher gesagt: Deutschland baut für viele Milliarden Euro Steuergeld teure und isolierte ICE-Pisten, die dem Bahnverkehr insgesamt zu wenig bringen. Denn natürlich ist es schön, in vier Stunden von Berlin nach München zu kommen. Wer aber zu den großen Bahnhöfen erst mit Regionalbahnen anreisen muss, die im Bummeltempo nur alle zwei Stunden ins Umland zuckeln, dem bringen die Zeitgewinne wenig, weil schnelle Anschlüsse fehlen. Selbst in einer Großstadt wie Berlin wurden nach der Fertigstellung des mehr als eine Milliarde Euro teuren neuen Hauptbahnhofs im Regierungsviertel andere Fernzughalte wie Bahnhof Zoo gestrichen, der für eine Million Westberliner im Einzugsgebiet viele Jahrzehnte der schnellste Anschluss war. Die ICE-Züge fahren am Zoo seither durch, wer mit will, muss erst mit der S-Bahn oder dem Regionalzug nach Mitte. An dem neuen Bahnknoten will die DB AG möglichst viel Betrieb – schließlich kassiert der Konzern auch Einnahmen aus der Vermietung der vielen Laden- und Gastronomieflächen.

Monheim macht für die verfehlte Investitionsstrategie bei der Bahn politische Interventionen verantwortlich. Schon unter den Kanzlern Schmidt und Kohl habe es drastische Sparvorgaben und die Fixierung auf wenige Prestigevorhaben gegeben. Unter Schröder und Mehdorn sei diese Strategie mit dem Börsenkurs noch verstärkt worden. Kanzlerin Merkel schließlich habe mit ihrem Machtwort bei Stuttgart 21 »die isolierte Konzentration auf wenige Großprojekte auf die Spitze getrieben«.

Ähnlich kritisch sieht Michael Cramer seit Jahrzehnten die Entwicklung. Schon gegen den Transrapid hat der Verkehrsexperte der Grünen gekämpft, weil die teure Magnetschwebe-Stelzenbahn den meisten Fahrgästen nur geringe Verkürzungen der Reisezeit zu enorm hohen Kosten gebracht hätte. Bereits vor zwanzig Jahren rechnete der damalige Berliner Verkehrssenator vor, dass die Bahn mit Doppelstock-Fernzügen auf ausgebauten Strecken wie Berlin – Bonn kaum langsamer unterwegs wäre als mit dem ICE auf neuen Betontrassen. Die Fahrpreise aber könnten halbiert und so viel Menschen auf die Schiene gebracht werden, weil Doppelstöcker mehr Kapazität haben und in der Anschaffung sowie bei Betrieb und Unterhalt günstiger sind. Doch die Bahn schaffte unter Mehdorn nicht den teuren ICE, sondern die preisgünstigen Interregio-Fernzüge ab.

Solche Entscheidungen freuen auch die Bahnindustrie. Denn ähnlich wie beim Transrapid haben die Hersteller großes Interesse, dass möglichst teure Produkte zum Einsatz kommen, in diesem Fall der ICE von DB-Hauslieferant Siemens. Die überschaubaren Exporterfolge beim deutschen Super-Zug zeigen, dass andere Länder lieber günstigere Lösungen wählen.

In der Europäischen Union wird seit Jahrzehnten der Ausbau der Transeuropäischen Netze (TEN) ebenfalls mit Milliardenbeträgen gefördert. Auch hier geht es vor allem um teure Hochgeschwindigkeitsstrecken. Deren Ära hat zur Olympiade 1964 begonnen, als in Japan der Shinkansen die gut 500 Kilometer von Tokio nach Osaka in zweieinhalb Stunden schaffte. Erst 1978 folgte die Premiere in Europa mit der Schnellstrecke Rom–Florenz, ab 1981 baute dann Frankreich sein TGV-Netz aus, zehn Jahre später startete der erste ICE in Deutschland. Auch Spanien, Schweden und Großbritannien folgten.

Cramer hat als langjähriges Mitglied des EU-Parlaments auch in Brüssel nicht lockergelassen. Denn trotz der teuren TEN-Netze und der Liberalisierung der Bahnmärkte kommt das Zusammenwachsen Europas auf der Schiene nur sehr langsam voran. Das liege nicht am Geldmangel, sondern an falschen Prioritäten, sagt der Grüne. Sein Credo: Die knappen Mittel sollten erst mal in die Schließung kleinerer Lücken und Engpässe fließen, die teils seit dem Krieg und dem Fall des Eisernen Vorhangs an den Grenzen bestehen. So haben die Grünen 250 Verbindungen in Europa meist abseits der Hauptachsen untersucht und 15 Projekte öffentlich präsentiert, darunter ein Wiederaufbau der im Krieg zerstörten Rheinbrücke zwischen Breisach und Vogelsheim, wo die Bundesrepublik und Frankreich inzwischen eine Reaktivierung planen.

Auch frühere Strecken von Deutschland nach Polen, Tschechien und in die Niederlande gehören zu den Vorschlägen.[70]

Cramers vorbildliche Initiative hat Erfolg. Die EU-Kommission fördert seit 2017 erstmals auch kleine grenzüberschreitende Lückenschlüsse. Doch noch liegt der Fokus auch in Europa vor allem auf umstrittenen Mega-Projekten wie dem Fehmarnbelt-Tunnel für Straßen- und Schienenverkehr nach Dänemark.

**Milliarden für Hightech – und Verschleiß in der Fläche**
In Deutschland müssen die ersten ICE-Strecken nach 30 Jahren Dauerbetrieb nun teuer saniert werden. Bis 2023 fließen 825 Millionen Euro in die Erneuerung der ältesten deutschen Pisten Hannover – Würzburg und Mannheim – Stuttgart, die 1991 eröffnet wurden. Damit steckt die DB AG viele weitere knappe Mittel in die Lebenslinien ihrer ICE-Geschäftssparte, während Geld für die Erneuerung von Schienenwegen in der Fläche fehlt. Denn das ist die Schattenseite des Highspeed-Verkehrs. Abseits der Prestigeprojekte gibt es riesige Sanierungsstaus, veraltete Technik, noch nicht elektrifizierte oder gar eingleisige Strecken.

So zeigen interne DB-Dokumente aus Aufsichtsratskreisen, dass bereits seit 2011 durchgehend viel weniger Gleise modernisiert werden als nötig. Dadurch werden die Anlagen immer älter und reparaturanfälliger, die Wartungskosten steigen. Pro Jahr müssten den Unterlagen zufolge 1454 Kilometer Gleise erneuert werden, um wenigstens das Durchschnittsalter der Anlagen von fast 24 Jahren nicht weiter steigen zu lassen. Im Jahr 2018 wurden aber nur 1124 Kilometer erneuert, also 340 Kilometer weniger als nötig. Die Zielvorgabe wurde um mehr als 23 Prozent verfehlt. Zudem wurden so wenige Gleise erneuert wie seit zehn Jahren nicht mehr. Zum Vergleich: 2009 und 2010 wurden trotz der Nachwirkungen der Finanzkrise jeweils mehr als 1600 Kilometer Gleise modernisiert. Die mehr als 25 000 Bahnbrücken sind inzwischen im Schnitt fast 74 Jahre alt, die 2641 Stellwerke 35 Jahre, die rund 13 800 Bahnübergänge 28 Jahre, die mehr als 61 000 Kilometer Gleise fast 24 Jahre und die Oberleitungen an elektrifizierten Strecken 39 Jahre.

Das zeigt, wie groß der Handlungsbedarf ist. Bei den Gleisen zum Beispiel müssten pro Jahr 2896 Kilometer erneuert werden, um binnen zehn Jahren den Investitionsstau komplett abzubauen. Was bedeutet, dass 2018 kaum mehr als ein Drittel davon tatsächlich erledigt worden ist und der Erneuerungsbedarf damit weiter stark zu- statt abgenommen hat. Die Dokumente und Zahlen beweisen also, dass fast drei Mal so viele Gleisstrecken erneuert werden müssten als bisher.

Doch die vielen Milliarden für die Infrastruktur fließen nach wie vor in die großen Neubauprojekte. Noch mehr Geld als die VDE 8 Berlin–München wird das Projekt Stuttgart–Ulm verschlingen. Die beiden Teile Stuttgart 21 und die ICE-Piste nach Ulm sind offiziell bereits auf rund zwölf Milliarden Euro veranschlagt – eine Kostenexplosion um das Dreifache. Die Tempo-300-Piste Köln–Frankfurt, die 2002 eröffnet worden ist, hat sechs Milliarden Euro gekostet und rund eine Stunde Zeitersparnis gebracht, macht 100 Millionen Euro pro Minute. Für die Neu- und Ausbaustrecke Nürnberg–Ingolstadt–München, die 2006 in Betrieb gegangen ist, kommen am Ende 3,6 Milliarden Euro zusammen für eine 45 Minuten kürzere Fahrzeit. Die Ausbaustrecke Hamburg–Berlin hat zwei Milliarden Euro verschlungen.

Die Bundesregierung will auch künftig auf Tempo 300 setzen. Gleich vier weitere Rennstrecken sollen entstehen, darunter eine ICE-Neubaustrecke Bielefeld–Hannover. Damit soll die Fahrzeit Berlin–Köln unter vier Stunden sinken. Auch zwischen Frankfurt und Mannheim, Würzburg und Nürnberg sowie Hannover und Berlin sollen die Züge schneller fahren. Dafür sind aber erst mal teure Ausbauten nötig. Wieder mal ein Kurswechsel: Noch vor einigen Jahren hat die DB AG angekündigt, Tempo 250 sei genug. Auch die neue ICE-4-Flotte ist zum größten Teil nur noch für diese Höchstgeschwindigkeit ausgelegt. Der Highspeed-Rausch erscheint bei manchen Politikern und Managern also immer noch die Vernunft zu verdrängen.

## 9. Schattenhaushalt außer Kontrolle –
## die DB als Fass ohne Boden

Christian Jung weiß, wie man Schlagzeilen produziert. Der FDP-Bundestagsabgeordnete hat als langjähriger freier Journalist gelernt, wann Medien bei Themen anspringen. Und so findet im Februar 2019 seine steile Forderung einigen Widerhall: Die Deutsche Bahn AG solle unter staatliche Zwangsverwaltung gestellt werden. Nach seiner Vorstellung sollen ein Sonderbeauftragter der Regierung, ein Haushaltspolitiker der Opposition und ein Beamter des Bundesrechnungshofs den Managern genau auf die Finger schauen und Ausgaben prüfen und genehmigen. Erwartungsgemäß ignorieren die Regierung und der Konzern den Vorstoß. Die Lage ist auch so dramatisch genug. Als der Konzern Ende Juli 2019 seine Halbjahresbilanz vorlegt, wird klar, wie schlecht seine ökonomische Lage ist. Der Jahresüberschuss ist um 64 Prozent auf nur noch 205 Millionen Euro gesunken, die Netto-Finanzschulden sind seit Jahresbeginn auch wegen neuer Bilanzvorschriften von 19,5 auf 25,4 Milliarden Euro explodiert. Weitgehend außerhalb der parlamentarischen Kontrolle hat das Bundesunternehmen einen riesigen Schuldenberg aufgehäuft – einen Schattenhaushalt, für den letztlich der Steuerzahler haftet. Schon im November 2016 stellte der Haushaltsausschuss des Bundestags intern fest, dass die DB AG nicht nachhaltig ohne neue Schulden auskomme und damit ein wesentliches Ziel der Bahnreform verfehlt worden sei. Der Konzern hängt weiterhin am Finanztropf des Staates und ist der größte Subventionsempfänger des Bundes. Allein 2017 kamen fast 16 Milliarden Euro zusammen.[71]

Die Prüfer des Bundesrechnungshofs monieren, noch im August 2018 habe die Bundesregierung auf ihre Nachfrage nicht erkennen lassen, »wie sie einem fortwährenden Schuldenaufwuchs aktiv entgegenwirken will«. Die Regierung räumte demnach ein, dass die DB-Verschuldung schon »relativ hoch« sei und zum Problem werden könnte, wenn die Zinsen steigen. Das kann man wohl sagen: Schon ein Prozentpunkt höhere Zinsen würde mehr als

250 Millionen Euro Zusatzkosten bedeuten – fast die Hälfte des letzten Jahresüberschusses. Der Rechnungshof hält weitere Schulden für nicht zu verantworten. Auch internationale Ratingagenturen sehen die Entwicklung skeptisch. Die Verschuldung des Konzerns sei schon sehr hoch, schreibt Standard & Poor's in einer Analyse von Mitte 2018 und taxiert den Kreditberg bereits auf 22 Milliarden Euro. Zudem seien die wirtschaftlichen Aussichten der DB AG nicht überzeugend.

Noch gilt der Konzern aber als zuverlässiger Schuldner und bekommt frisches Geld am Kapitalmarkt recht günstig. Die Gläubiger verlassen sich darauf, dass bei einer drohenden Zahlungsunfähigkeit oder gar Insolvenz der Staat als Eigentümer einspringt. Dazu gibt es allerdings keine Verpflichtung, wie ein Gutachten des Wissenschaftlichen Dienstes des Deutschen Bundestags schon 2016 feststellte.

Besserung ist nicht in Sicht, im Gegenteil. Im Winter 2018 muss Bahnchef Lutz in seiner streng vertraulichen Mittelfristplanung bis 2023 die erhofften Gewinne vor Steuern und Zinsen (EBIT) um fast drei Milliarden Euro nach unten korrigieren. Das bedeutet, dass pro Jahr im Schnitt beinahe 600 Millionen Euro weniger Erträge aus dem operativen Geschäft erwartet werden, ein Rückgang um fast ein Drittel – was die Lage nochmals verschärft.

In der DB-Bilanz tickt vor allem eine Zeitbombe: Stuttgart 21. Wie die Investitionsplanung zeigt, muss DB-Chef Lutz allein bis 2023 rund 3,3 Milliarden Euro Eigenmittel für S 21 beschaffen – mehr als der Staatskonzern 2017 in allen Bereichen investiert hat und das Sechsfache des Jahresüberschusses 2018. Das bestärkt den Verdacht, dass das teure Projekt den Staatskonzern weiter in Schieflage bringen könnte.

In seiner »Agenda für eine bessere Bahn« betont der Konzern selbst, dass die Verschuldung des Staatskonzerns bereits »sehr hoch« sei. Der Systemverbund – also der Schienenverkehr und das Netz in Deutschland – erwirtschaftet demnach bereits seit 2012 nicht einmal mehr genügend Mittel, um wenigstens die steigenden Personalkosten auszugleichen. Dennoch leistet sich der Konzern

Ende 2018 den teuren Tarifabschluss für seine rund 200 000 Beschäftigten in Deutschland, die in zwei Stufen jeweils Mitte 2019 und 2020 zunächst 3,5 und dann 2,6 Prozent Zuschlag erhalten. Mehrkosten laut internen Unterlagen: rund 1,1 Milliarden Euro.

Lutz und sein Finanzvorstand Alexander Doll geraten durch den massiven Finanzbedarf und den wachsenden Schuldenberg immer stärker unter Druck. Nach ihrer Planung Ende 2018 soll die Verschuldung bis 2021 auf 20,9 Milliarden Euro begrenzt bleiben. Doch in dieser Kalkulation sind die Leasingverpflichtungen von mehr als vier Milliarden Euro noch nicht berücksichtigt, zudem sind schon optimistisch Einnahmen von vier Milliarden Euro durch beabsichtigte Verkäufe wie der britischen Tochter Arriva enthalten.

Kommen diese Einnahmen nicht, wären fast 30 Milliarden Euro Bahnschulden wohl bald Realität – was die Regierung vermeiden will. Schon jetzt mehren sich kritische Stimmen im Haushaltsausschuss des Bundestags, der die Finanzen überwacht und bereits 2016 eine Obergrenze für die DB-Schulden von 20,4 Milliarden Euro anmahnte. Juristisch bindend ist diese Schuldengrenze jedoch nicht.

### Größte Gewinnquelle: das subventionierte Netz

Christian Böttger nimmt die Bilanzen der DB AG seit Jahren genau unter die Lupe. Für den Berliner Wirtschaftsprofessor ist der Staatskonzern »finanziell nicht stabil«. Immer wieder würden die Planzahlen weit verfehlt. So werde in den Mittelfristplanungen seit Jahren ein EBIT von vier Milliarden Euro prognostiziert, doch kaum einmal mehr als die Hälfte davon erreicht. Der Jahresüberschuss von im Schnitt einer halben Milliarde Euro zwischen 2014 und 2018 habe nicht einmal für die vereinbarten Dividenden an den Bund gereicht.[72] »Es ist nicht erkennbar, wie die Gewinne nachhaltig gesteigert werden können«, erklärt Böttger.

Die lange Zeit wichtigste Ertragsquelle DB Regio sprudelt weniger, weil die Bundesländer die Verkehrsaufträge ausschreiben und an die günstigsten Bieter vergeben. Dadurch verliert DB Regio viele lukrative Aufträge, die Erträge stagnieren. Und neue Verträge bringen viel weniger ein als zu Monopolzeiten. Im Fernverkehr fährt die Bahn ohne Zuschüsse, muss die Anschaffung neuer Züge und daraus resultierender hoher Abschreibungen verdienen, zudem stehen die Preise wegen harter Konkurrenz der Fernbusse und Billigflieger unter Druck. Der Güterverkehr steckt tief in der Krise und noch tiefer in roten Zahlen.

Deshalb soll das vom Steuerzahler hoch subventionierte bundeseigene Schienennetz, das die DB Netz AG verwaltet, noch mehr zur größten Gewinnquelle werden. Diese Gewinne sind allerdings ein großer Streitpunkt in der Politik, weil sich trotz hoher Trassenpreise und der Milliardensummen aus der Staatskasse der Zustand von Gleisen und Bahnhöfen teils drastisch verschlechtert hat. Das Geld sollte in ein besseres Netz und nicht in die Konzernkassen fließen. So aber stammen die Gewinne der DB AG letztlich zum großen Teil immer aus staatlichen Zuschüssen, weshalb die Bilanzen des Konzerns bei Kritikern seit jeher als geschönt gelten.

Böttger hat auf Basis der Einzelbilanzen analysiert, welche Ergebnisse die Geschäftssparten dem Staatskonzern zwischen 2013 und 2018 gebracht haben. Die höchsten Gewinne fuhr demnach DB Regio ein, insgesamt 3,21 Milliarden Euro. Die Infrastruktur lieferte 2,51 Milliarden Euro und der Fernverkehr 1,29 Milliarden. Die beiden hoch subventionierten Sparten brachten die mit Abstand höchsten Erträge. Denn beim Güterverkehr musste der Konzern 958 Millionen Euro Verluste übernehmen. Und die beiden teuer zugekauften Geschäftsbereiche waren auch keine großen Geldbringer. Vom britischen Busbetreiber Arriva kamen nur 50 Millionen, vom Logistikkonzern Schenker gerade mal 341 Millionen.

Der Konzern will seine Bilanz auch in den nächsten Jahren mit hohen Gewinnen aus der subventionierten Infrastruktur aufbessern. So sieht die Mittelfristplanung Ende 2018 vor, dass die Gewinne der DB Netz von 1,08 (2018) kontinuierlich auf 1,25 Milliarden Euro (2023) steigen. Zum Vergleich: Bei DB Cargo wird bis dahin nur ein EBIT von 340 Millionen erwartet, beim Fernverkehr von 737 Millionen und beim Regionalverkehr von 553 Millionen Euro. Auch diese Zahlen stehen aber wieder mal nur auf dem Papier.

Die prekäre Finanzlage des Staatskonzerns hat sich auch 2018 nicht nachhaltig gebessert. Auch in der Bilanz 2018 bleibt das staatliche Netz der größte Gewinnbringer. Der Betrieb der Fahrwege, Bahnhöfe und Energieanlagen bringt 827 Millionen Euro Vorsteuergewinn nach Zinsen. Der Regionalverkehr steuert 441 Millionen bei, die Logistiktochter DB Schenker 465 Millionen, der DB Fernverkehr 416 Millionen und Arriva 265 Millionen Euro. Im Güterverkehr fährt die Bahn noch höhere Verluste von 237 Millionen ein. Auch das Beteiligungsergebnis fällt mit einem Minus von 642 Millionen Euro nochmals deutlich schlechter aus. Unterm Strich sinkt der Jahresüberschuss um 29 Prozent auf nur noch 542 Millionen Euro. Das reicht erneut nicht einmal, um dem Bund die zugesagte Dividende zu bezahlen.

Kein Wunder, dass sich die DB-Spitze fast verzweifelt an ihre Netzsparte klammert. Denn hier sollen weiter riesige Summen aus der Staatskasse fließen. Ende Juli 2019 gibt Verkehrsminister Scheuer bekannt, dass in zehn Jahren insgesamt 86 Milliarden Euro in den Erhalt und die Modernisierung des lange vernachlässigten deutschen Schienennetzes gepumpt werden sollen. Demnach soll die jährliche Investitionssumme von 2020 bis 2029 von 7,9 auf 9,2 Milliarden Euro hochlaufen. Man habe »das größte Modernisierungsprogramm für die Schiene vereinbart, das es je in Deutschland gab«, erklärt der CSU-Mann. Die Investitionen in Gleise und Bahnhöfe sollen demnach um 54 Prozent steigen und 2000 überalterte Brücken ersetzt werden. Der Bund zahle im Schnitt 6,2 Milliarden pro Jahr, die finanzschwache DB soll 2,4 Milliarden Euro beisteuern.

Im Sommer 2019 lässt sich jedoch noch nicht absehen, inwieweit die Regierung die teuren Fehlanreize des bisherigen LuFV-Zuschuss-Systems endlich behebt, dessen Mängel von Beginn an offensichtlich gewesen sind. Schon mehr als zehn Jahre duldet die Bundesregierung, dass der Staatskonzern enorm von den Ineffizienzen und Kontrolldefiziten dieses höchst fragwürdigen Finanz-konstrukts profitiert. Denn letztlich kann kaum geprüft werden, wo und wie das viele Steuergeld eingesetzt wird. Das fatale Ergeb-nis jedenfalls spricht für sich: Seit 2009 sind Investitionsstaus und daraus resultierende Probleme im Zugverkehr noch größer gewor-den. Deshalb wäre es höchste Zeit, ein neues System zu etablieren, bevor noch mehr Geld fließt – damit die Bahn nicht noch mehr zum Fass ohne Boden wird.

# III. Verkehrswende –
# Der Weg zur besseren Bahn

Das Ziel steht fest: Laut Kolalitionsvertrag wollen Union und SPD die Fahrgastzahlen im Schienenverkehr bis 2030 verdoppeln. Die Regierung Merkel steht unter starkem Handlungs- und Reformdruck. Denn Deutschland wird auch die Klimaschutzziele 2030 weit verfehlen, wenn die Schadstoffe im stetig zunehmenden Autoverkehr nicht endlich stark reduziert werden. Milliardenteure Strafzahlungen drohen. Jeder weiß: Für nachhaltige Mobilität sind neue Konzepte nötig. Die Bahn kann und muss dabei eine entscheidende Rolle spielen. Doch dafür braucht es keine schönen Versprechen, sondern entschiedenes und mutiges Umsteuern.

Davon ist bisher viel zu wenig zu sehen. Weiterhin fließen mehr Steuermittel in neue Straßen und Autobahnen, mit dem Ergebnis von noch mehr Fahrzeugen und Staus in Städten und auf Autobahnen. Verkehrsminister Andreas Scheuer hat bisher vor allem mit Ankündigungen geglänzt. Immerhin hat er eine Mobilitätskommission und fünf Arbeitskreise für das »Zukunftsbündnis Schiene« einberufen, die Konzepte entwickeln sollen für den Deutschland-Takt 2030, den Ausbau der Infrastruktur, für mehr Wettbewerb auf der Schiene, mehr Innovation und mehr Lärmschutz. Das sind gute Ansätze.

Allerdings gab es schon viele Kommissionen und Konzepte. Nur: Umgesetzt wurde zu wenig. Meist fehlte es am Geld und am Willen. Für beides ist die Politik zuständig. Wer den Bürgern eine bessere und leistungsfähigere Bahn verspricht, so wie es die Bundesregierung tut, sollte vor allem den selbst verschuldeten Nachholbedarf bei der Infrastruktur so schnell wie möglich beseitigen. Doch die Finanzierung ist zum erheblichen Teil offen. Also wieder mal nur Beruhigungspillen, politischer Aktionismus und viel Papier für die Schublade? Viele Worte, zu wenige Taten?

Die gesamte Verkehrspolitik muss neu ausgerichtet werden, hin zu umweltschonender Mobilität: Bahnen und Busse, Rad- und Fußverkehr. Dafür hat die Politik viele Stellschrauben. Sie müssen nur genutzt werden, auch wenn es der Autolobby wehtut. Hier einige Vorschläge für Minister, die wirklich eine Wende wollen und nicht nur davon reden:

1. Im Verkehrsetat muss viel mehr Geld für Neu- und Ausbau sowie den Erhalt von der Straße zur Schiene verlagert werden. Wir brauchen nicht noch mehr teure Autobahnen und Ortsumgehungen, sondern mehr leistungsfähige Schienenwege.

2. Die Regierung sollte die Lkw-Maut deutlich erhöhen, auf alle Straßen ausweiten und die Milliardenerlöse für besseren Güterverkehr auf der Schiene nutzen. Das bremst die Lasterflut, führt zur Verlagerung und ist praktizierter Klima- und Umweltschutz.

3. Benzin- und Dieselsteuern sollten angehoben, das Diesel- und Dienstwagen-Privileg gestrichen, das Kerosin für Inlandsflüge hoch besteuert und die enormen Mehreinnahmen für Konjunkturprogramme genutzt werden, um Bahnstrecken zu bauen, zu sanieren, zu elektrifizieren und zu reaktivieren – und attraktive Bus- und Mitfahrangebote dort zu schaffen, wo kein Bahnhof in der Nähe ist.

4. Die Mehrwertsteuer für Bahntickets von 19 Prozent sollte wie im Regionalverkehr und in Verbünden auf 7 Prozent reduziert oder besser ganz gestrichen werden. Zur Finanzierung siehe Punkt 3. Auch die Deutsche Bahn AG muss dringend reformiert werden. Mit der »Agenda für eine bessere Bahn« und der Dachstrategie »Starke Schiene« hat das Unternehmen seine Konzepte für die Wende vorgelegt. Doch seine ökonomischen Interessen sind nicht deckungsgleich mit dem Interesse der Allgemeinheit an attraktivem Schienenverkehr. Das hat sich in den 25 Jahren seit der Bahnreform leider an sehr vielen Stellen gezeigt. Der Riesenkonzern mit seiner schwer zu überschauenden Zahl von Firmen in aller Welt hat längst ein kaum noch kontrollierbares Eigenleben entwickelt, mit oft genug kontraproduktivem Silodenken in Dutzenden Sparten, die nur an den eigenen Gewinn denken, und schwer zu durchschauenden Finanzströmen.

Insbesondere das Schienennetz muss möglichst schnell unabhängig von den renditeorientierten Verkehrssparten des Aktienkonzerns werden. So können die Steuermilliarden fürs Netz wirksamer eingesetzt werden, und es würden nicht mehr die Eigeninteressen der DB AG bestimmen, wann welche Strecken und

Projekte wie gebaut oder erneuert werden. An dieser Strukturreform führt kein Weg vorbei – Großbritannien hat nach der gescheiterten Privatisierung damit sehr gute Erfahrungen gemacht. So würde der deutsche Bahnmarkt auch für neue Anbieter wieder attraktiver. Investoren haben bisher keine fairen Wettbewerbsbedingungen, weil der Staatskonzern DB die Infrastruktur beherrscht und mit seiner Macht auch die Politik erpressen kann.

Eine gemeinnützige Netzgesellschaft in Bundesbesitz dagegen könnte alle Interessengruppen fair beteiligen: Regional- und Güterbahnen, Verkehrsverbünde, Fahrgast-, Verkehrs- und Umweltverbünde, Bundesländer und Kommunen sowie Arbeitnehmervertreter. Und die Festlegung von Trassenpreisen würde nicht mehr von den Gewinninteressen einer Netz AG und des übergeordneten Konzerns bestimmt, sondern allein vom Interesse, möglichst viel attraktiven, preisgünstigen und klimaschonenden Schienenverkehr zu schaffen. Dazu könnten die Preise für die Nutzung von Gleisen und Bahnhöfen drastisch gesenkt werden. Damit würden Bahntickets und Frachtzüge billiger, und die umweltschonende Schiene käme im Wettbewerb mit Auto, Lkw und Flieger nach vorne. Höhere Abgaben auf ökologisch schädlichen Verkehr können auch die günstigen Trassenpreise finanzieren und so den Umstieg auf nachhaltige Angebote noch mehr forcieren.

Klar ist: Das Gemeinwohl muss Vorrang bekommen – das bedeutet attraktive, umweltschonende Bahnangebote für möglichst viele Menschen, auch und gerade in der Fläche und in ländlichen Gebieten. Vor hundert Jahren waren der nächste Bahnhof und die nächste Verladestelle für die meisten Deutschen nur ein paar Kilometer entfernt. In allen Großstädten ab 100 000 Einwohner sollten wieder Fernzüge abfahren, und das nicht nur wenige Male am Tag. Der Deutschlandtakt mit bundesweit schnellen, pünktlichen und verlässlichen Anschlüssen muss Zug um Zug so schnell wie möglich eingeführt werden. Im Güterverkehr muss viel mehr Fracht auf die Schiene, auch hier sind mehr Kapazität, Angebote und Verlässlichkeit nötig.

Das Ziel: mit neuen, intelligent vernetzten Bahn-, Bus- und

Mitfahrangeboten so viele Bürger wie möglich zu bewegen, das eigene Auto stehen zu lassen oder ganz abzuschaffen. Vor allem Berufspendlern müssen nachhaltige Alternativen geboten werden. Die Digitalisierung kann dabei enorm helfen, mit leicht buchbaren Online-Tickets, Mobilitätspässen und Abrechnungssystemen, die die Nutzung unterschiedlichster Verkehrsmittel problemlos mit einem Klick ermöglichen.

Auf jeden Fall braucht die DB AG als mit Abstand wichtigster Anbieter im Bahnverkehr eine neue Ausrichtung. Die Politik hat dafür zu sorgen, dass der Staatskonzern schleunigst seine teure, unnötige und fragwürdige Expansion im Ausland beendet und sich auf das Kerngeschäft im deutschen Schienenverkehr konzentriert. Da gibt es wahrlich genug zu tun. Immerhin: Der eingeleitete Verkauf von Arriva ist ein Anfang und sollte wie die Trennung von der Logistiksparte Schenker forciert werden. Zwingend muss eine neue Konzernstrategie folgen. Hier gibt der Koalitionsvertrag von Union und SPD die Richtung vor.

Nicht mehr die Maximierung eines Konzerngewinns, sondern »eine sinnvolle Maximierung des Verkehrs auf der Schiene« soll im Vordergrund stehen. Eine ziemlich späte Erkenntnis nach 25 Jahren Bahnreform – aber besser spät als nie. Auf die Umsetzung dieser richtigen Vorgabe warten nun besonders Pendler und Reisende gespannt, die Tag für Tag von unzuverlässigen und dürftigen Bahnangeboten genervt werden.

# Fahrplan 2040
## Zehn Stationen eines nationalen Schienenpakts

Kanzlerin Merkel will mit einer »Konzertierten Aktion Mobilität« die Verkehrspolitik endlich besser in Fahrt bringen. Zahlreiche Arbeits- und Expertenkreise der Regierung beraten, wie das gehen kann. Auf Ergebnisse darf man gespannt sein. Für die aufwendige Modernisierung der Bahn und besonders des Schienennetzes halten Fachleute einen sehr langfristig angelegten und finanziell unterlegten Masterplan der Bundesregierung für unabdingbar. »Wir brauchen eine auf mindestens zwei Jahrzehnte angelegte Offensive zur Modernisierung des Schienenverkehrs und der DB«, fordert Baden-Württembergs Verkehrsminister Winfried Hermann. Und fügt hinzu: »Die DB allein kann das nicht schaffen.«

Das größte Problem: Viele Hauptstrecken und die Bahnnetze großer Städte sind schon jetzt heillos überlastet. Der Ausbau wird lange dauern und hohe Milliardensummen kosten, die bisher zum beträchtlichen Teil nicht mal im Ansatz finanziert sind. Aber immerhin wagt die Regierung endlich den Systemwechsel: Wie in der Schweiz sollen Investitionen in die Schienenwege künftig danach priorisiert werden, welchen Vorteil sie für einen attraktiven D-Takt bringen.

Die Regierung hat also noch viele Hausaufgaben zu machen. Im »Zukunftsbündnis Schiene« sollen sechs Expertengruppen mithelfen, einen Masterplan für eine bessere Bahn zu entwickeln. Das werde noch ein langer und schwieriger Weg, räumt Staatssekretär Enak Ferlemann ein. Der Bahnbeauftragte der Regierung soll als Vorsitzender des Lenkungskreises erreichen, dass der Schienenpakt bis zum Jahr 2022 vereinbart wird.

Fünf Ziele sind laut dem ersten Zwischenbericht der Ferlemann-Kommission gesetzt. Die Bahn soll pünktlicher, zuverlässiger, flexibler, leiser und innovativer werden. Zentrale Maßnahme:

der Deutschland-Takt, der bis 2030 schrittweise umgesetzt werden soll. Gemeint ist eine enge Vernetzung von Abfahrtzeiten wie im Bahn-Musterland Schweiz. So sollen Züge »öfter, schneller und überall« fahren.

Das Zukunftsbündnis umfasst viele Maßnahmen, die bereits laufen oder über die – wie über den D-Takt – seit vielen Jahren geredet wird. Zum Ausbau der Kapazitäten im Netz sollen Milliardensummen in das digitale Zugleitsystem ETCS und die Elektrifizierung von Bahnstrecken gesteckt werden – ebenfalls beides Projekte, die seit langer Zeit versprochen sind. Damit private Bahnen im Wettbewerb mehr Chancen haben, will die Regierung die Regeln zur Trassenvergabe und -preisgestaltung weiterentwickeln.

Auch Digitalisierung, Automatisierung und Innovationen im Bahnverkehr sollen vorangetrieben werden, zum Beispiel das autonome Fahren, Elektromobilität mit Brennstoffzellentechnik, intelligenter Güterverkehr. Weitere Ziele sind der Lärmschutz am Gleis und der Einsatz leiserer Züge. Besseres Management der täglich mehr als 800 Baustellen im Netz soll Verspätungen und Zugausfälle verringern.

Ferlemann verspricht, dass der Bund Rekordsummen in Ausbau, Modernisierung und Lärmschutz investieren werde. Die Schienenwege seien »die Lebensadern unseres Landes« und müssten gestärkt werden. Dazu bringe das Bündnis alle Beteiligten an einen Tisch.

Bei der DB AG gibt es ebenfalls viele Gremien, Papiere und Versprechen, aber zu wenig Fortschritte. Der überdimensionierte Staatskonzern will mit der neuen Dachstrategie »Starke Schiene« durchstarten, sich künftig auf das Kerngeschäft in Deutschland konzentrieren und den Klimaschutz durch mehr und bessere Angebote voranbringen. So soll Akzeptanz für die nötigen Milliardensummen an Steuergeld geschaffen werden, die für Sanierung und Neuausrichtung gebraucht werden. Die »Starke Schiene« soll bis 2030 die Kundenzahl in Fernzügen auf 260 Millionen verdoppeln und den Marktanteil der Frachtbahnen auf 25 Prozent steigern – so wie es sich die Regierung wünscht.

Zudem will der Konzern bis 2038 seine Züge komplett mit Ökostrom betreiben. Damit würden künftig laut DB-Rechnung täglich fünf Millionen Pkw-Fahrten und 14 000 Flugreisen vermieden sowie 13 Millionen Lkw-Fahrten pro Jahr. Die neue Bahnstrategie reduziert den Treibhausgas-Ausstoß Deutschlands demnach um 10,5 Millionen Tonnen pro Jahr – was dem $CO_2$-Fußabdruck von einer Million Menschen entspricht.

Doch Skepsis bleibt. Die Verkehrspolitik hat ihre Ziele schon oft verfehlt. Die vielen guten Absichten, die man häufig gehört habe, müssten nun erst mal durch konkrete Finanzzusagen im Bundeshaushalt untermauert werden, betont Dirk Flege von der Allianz pro Schiene. Nötig seien der Ausbau der Infrastruktur, des Güterverkehrs auf der Schiene und die Entlastung bei Steuern und Abgaben. »Dieser Dreiklang«, so Flege, »würde die Schiene zukunftsfest machen«.

Wie bekommen wir tatsächlich eine verlässliche, attraktive und preiswerte Bahn? Wie kann die Verkehrs-, Energie- und Klimawende hin zur Schiene funktionieren? Dazu gibt es zahlreiche Reformvorschläge von Experten, die sich in einer Leitschnur für die Verkehrspolitik bündeln lassen. Auf den folgenden Seiten werden Vorschläge für eine Bahnreform 2.0 zusammengefasst – also das, was wirklich zu tun ist. Manches davon will die Bundesregierung bis 2030 umsetzen. Anderes wie ein unabhängiges, gemeinnütziges Schienennetz nach dem Vorbild Großbritanniens ist für die aktuelle Koalition kein Thema. Nötig ist ein nationaler Schienenpakt. Das Fahrziel sollte klar und ganz unbescheiden festgelegt werden: Wir wollen bis 2040 die beste Bahn der Welt schaffen.

## 1. Nachhaltigkeit – umweltschonende Mobilität mehr fördern

So sieht praktizierter Klimaschutz aus. Die DB AG hat zwischen 2006 und 2018 in ihrem deutschen Schienenverkehr den $CO_2$-Ausstoß um mehr als die Hälfte auf 3,2 Millionen Tonnen verringert.

Die Maßnahmen: effizientere Züge und Fahrweisen und inzwischen 100 Prozent Ökostrom im Fernverkehr. 2013 wurden die ersten ICE-Züge mit grüner Energie betrieben. Insgesamt hat die DB durch die Umstellungen seither schon so viele Treibhausgase vermieden wie Deutschlands größte Städte Berlin und Hamburg in einem ganzen Jahr produzieren.[73]

Davon kann die Autobranche mit ihrem ständig wachsenden Schadstoffausstoß nur träumen. Der Verkehrssektor ist das größte Problem für den Klimaschutz: Seit 1990 sind hier die Emissionen weiter gestiegen, obwohl der Klimaschutzplan eine Reduktion von 40 bis 42 Prozent bis 2030 vorsieht.[74] Um endlich eine Trendwende zu erreichen, muss die Verkehrspolitik neu ausgerichtet werden – und das Ziel ganz nach oben rücken, Menschen und Umwelt vor Schadstoffen und Lärm zu schützen. Auf der Fahrt zur besseren Bahn ist eine bessere Verkehrspolitik erste und wichtigste Station.

Wer dabei Erfolg haben will, darf unpopuläre Maßnahmen nicht scheuen. Mit mehr Förderung von Bahn- und Busverkehr allein ist eine Wende in absehbarer Zeit kaum zu erreichen. Die Politik muss den Mut haben, den extrem umweltschädlichen Pkw-, Lkw- und Flugverkehr strenger zu regulieren, mit den wahren Kosten zu belasten und ungerechtfertigte Subventionen zu streichen. Doch dieser Mut fehlt bisher. Statt einen zukunftsfähigen Masterplan für nachhaltige Mobilität zu entwickeln, haben die letzten Verkehrsminister viel wertvolle Zeit mit einer kleinkarierten Pkw-Maut für Ausländer verschwendet, verschafften mit fragwürdigen Methoden und Argumenten auch noch 25-Meter-Riesenlastern die Fahrerlaubnis auf unseren Straßen und wollten E-Tretroller auf Fußgängerwegen zulassen.

Dabei wäre es so einfach, endlich ein deutliches Signal für die Verkehrswende zu setzen – zum Beispiel durch wirksame Tempolimits auf Straßen. Die Bundesrepublik ist das einzige Land in Europa ohne generelle Geschwindigkeitsbegrenzung auf Autobahnen. Während sonst meist höchstens Tempo 120 oder 130 gilt, kann bei uns der Bleifuß voll durchgetreten werden – was unstrittig zu mehr tödlichen Unfällen, mehr Energieverbrauch und mehr

Umweltbelastung führt.[75] Freie Fahrt für freie Bürger? Schon in den 1970er Jahren, als der ADAC gegen ein Tempolimit kämpfte, wirkte dieser platte Spruch wie von vorgestern. Doch besonders CDU und CSU stehen bis heute dahinter. Als die Umweltverbände in der unabhängigen Arbeitsgruppe »Klimaschutz im Verkehr« der Regierung im Frühjahr 2019 ein Tempolimit vorschlagen, lehnt Verkehrsminister Scheuer das sofort brüsk ab. Das richte sich »gegen jeden Menschenverstand« und sei mit ihm nicht machen, poltert der CSU-Mann.[76]

Zum »Autogipfel« im Juni legen die Deutsche Umwelthilfe (DUH) und neun weitere Organisationen dennoch nach und fordern Tempo 120 auf Autobahnen, Tempo 80 statt 100 auf Landstraßen und Tempo 30 in Städten. So könnten bis zu fünf Millionen Tonnen $CO_2$ pro Jahr eingespart werden, lautet die Rechnung. 30 Jahre Debatten über Tempolimits seien genug, sagt DUH-Chef Jürgen Resch. Die Einführung des Limits auf Autobahnen sei »der Lackmustest für die Glaubwürdigkeit der Regierung in Klimafragen«. So kann man das definitiv sehen. Das generelle Tempolimit wäre ein Signal, dass auch die Union die Zeichen der Zeit erkannt hat.[77]

Bisher wird wieder mal nur geredet und auf Zeit gespielt. In der Nationalen Plattform Zukunft der Mobilität (NPM) der Regierung Merkel sollen sechs Expertengruppen nachhaltige und bezahlbare Lösungen für mehr Klimaschutz entwickeln. Dabei fehlt es nicht an Ideen und Konzepten, doch in den Gruppen zeigen sich einmal mehr die Interessenkonflikte, die Entscheidungen und Fortschritte seit Jahren verhindern. Die mächtigen Vertreter der Autobranche betrachten jede Einschränkung des Straßenverkehrs als geschäftsschädigend und drohen mit Einbußen bei Wachstum und Wohlstand. Sie wünschen sich stattdessen noch höhere staatliche Kaufanreize für ihre E-Autos. Zudem soll der Steuerzahler den Aufbau des E-Tankstellennetzes, von Batteriefabriken sowie die Entwicklung neuer Motoren und Antriebe bezuschussen.[78]

So allerdings wird nur der Absatz von noch mehr Autos auf Kosten aller Bürger angekurbelt – auch auf Kosten jener, die gerne darauf verzichten. Die Regierung unterstützt die meisten Vorschläge der Industrie, obwohl E-Autos kaum der Königsweg zu mehr Klimaschutz sind und die Stauprobleme in Städte damit gewiss nicht beseitigt werden.

Umweltverbände halten Maßnahmen für sinnvoller, die den Straßenverkehr zugunsten klimaschonender Angebote bremsen. Das wären vor allem höhere Benzin- und Dieselsteuern, die den Spritpreis verteuern und so jene am meisten belasten, die viel fahren und damit viele Schadstoffe produzieren. Berufspendler und Unternehmer, die zwingend aufs Auto angewiesen sind, könnten dabei durch höhere Steuerpauschalen entlastet werden. Überhaupt nicht einzusehen ist, dass der Staat Dieselkraftstoff geringer besteuert als Benzin und so jedes Jahr auf hohe Milliardeneinnahmen verzichtet. Allein aus den Mehreinnahmen bei einer Angleichung könnten jedes Jahr die Modernisierung vieler Bahnhöfe und Schienenwege, mehr Zugverkehr in der Fläche und die bessere Vernetzung von nachhaltigen Verkehrsangeboten finanziert werden.

Eine ähnliche Wirkung wie höhere Spritsteuern hätte eine kilometerabhängige Straßenbenutzungsgebühr für alle 46 Millionen Pkw, die allein in Deutschland angemeldet sind. Eine Maut macht den umweltschädlichen Straßenverkehr teurer und die Nutzung der Schiene ebenfalls finanziell viel attraktiver, zumal wenn aus den Einnahmen der Ausbau von Bahn- und Busverkehr gefördert wird. Bisher ist es in Deutschland aber genau andersherum: Alle Bahnen müssen für die Nutzung von jedem Kilometer Gleis und jedem Bahnhofshalt zahlen, Pkw-Fahrer und Fernbusse als direkte Konkurrenz der Schiene aber nicht dafür, dass sie auf Straßen fahren. Auch so kann man die Bahn mit falscher Verkehrspolitik ausbremsen.

Minister Scheuer und die CSU wollten zwar eine Pkw-Maut durchsetzen, aber nur als pauschale Vignette und finanziell belastend lediglich für Ausländer. Dieser Rohrkrepierer hätte dem Klimaschutz wenig gebracht – und scheiterte verdientermaßen am Veto des Europäischen Gerichtshofs. Eine Blamage für Scheuer, seine Vorgänger Dobrindt und Ramsauer, aber auch für die CDU/ CSU und die ganze Regierung Merkel.

Dabei gibt es mit der Lkw-Maut bereits ein gutes Vorbild, das dem Staat jedes Jahr mehr als vier Milliarden Euro Steuereinnahmen bringt. Das Satelliten- und Funksystem zur Erfassung ist zwar im Betrieb extrem teuer, aber zuverlässig. Die Lkw-Mautsätze müssten allerdings deutlich erhöht werden, damit Speditionen mehr Fracht auf Güterzüge verlagern.

Das generelle Problem ist, dass die schädlichen Folgen des Verkehrs für Menschen, Umwelt und Klima zum erheblichen Teil nicht in den Preisen enthalten sind. Bei Billigflügen von 30 oder 50 Euro, der Luftverschmutzung in Städten und den jährlich Hunderttausenden Pkw- und Lkw-Unfällen sollte eigentlich jeder ins Grübeln kommen, ob es so weitergehen kann.

Der ökologische Fußabdruck jeder Ware und Dienstleistung lässt sich berechnen. Die externen Kosten des Verkehrs für Umwelt und Klima würde eine $CO_2$-Steuer sichtbar machen. Das Umweltbundesamt schlägt zunächst 180 Euro für jede Tonne $CO_2$ vor, die durch Produktion und Verbrauch von Gütern oder Energieträgern entstehen. Eine 50-Liter-Tankfüllung mit Benzin würde dann 22 Euro teurer, eine 300 Kilometer lange Bahnreise nur um knapp zwei Euro, ein Hin- und Rückflug nach Sydney um 1836 Euro. Je höher die Steuer, desto mehr Vorteile hätte die Schiene gegenüber dem ökologisch sehr nachteiligen Straßen- und Luftverkehr.[79]

Viele Experten halten das für die beste Lösung, zumal wenn die Einnahmen aus der $CO_2$-Steuer über Klimaschecks oder Steuervergünstigungen wieder zurück an die Bürger fließen. Wer sich klimaschonend verhält, profitiert – wer die Umwelt stark mit einem großen $CO_2$-Fußabdruck belastet, zahlt mehr. Das wäre ein finanzieller Anreiz, auf Autofahrten und Flugreisen zu verzichten und Bahn und Bus zu nutzen. Ebenso dafür, mehr regionale Produkte zu kaufen anstatt Angebote aus aller Welt, die nur deshalb so günstig sind, weil die wahren Kosten von Produktion und Transport für Menschen und Umwelt im Preis fehlen. Die Grünen wollen als Einstieg einen $CO_2$-Mindestpreis von zunächst 40 Euro je Tonne und ein pauschales »Energiegeld« für jeden Bürger von 100 Euro im Jahr. Große Lenkungswirkung ist damit indes kaum zu erzielen.

In den staugeplagten Städten verliert der Pkw ohnehin zusehends an Attraktivität. Auch hier sind andere Länder längst weiter. London und Stockholm begrenzen die Zufahrt und die Staus einfach durch eine hohe Citymaut. Zudem sind Parkplätze in der Stadt extrem teuer. In manchen deutschen Großstädten dagegen zahlen Anwohner für einen Dauerparkplatz vor ihrer Haustür auf öffentlichem Grund und Boden gerade mal 10 Euro – pro Jahr, wohlgemerkt. In Stockholm ist es mehr als das 80-Fache.[80] So etwas traut sich bisher keine deutsche Kommune. Dabei sind öffentliche Flächen in jeder Metropole eine knappe Ressource, die ihren Preis haben und sinnvoller eingesetzt werden sollten als für endlose Autoschlangen. Zum Beispiel für Radfahrer, die in vielen Städten mangels guter Infrastruktur nicht sicher genug unterwegs sein können. Kopenhagen und Amsterdam machen vor, wie es viel besser geht, mit breiten Radschnellwege in die City, grünen Wellen für nachhaltige Mobilität und intelligenter Vernetzung mit der Bahn.

In Berlin sollen solche Zweirad-Magistralen erst in den nächsten Jahren entstehen. An der Spree bricht bereits ein Sturm der Entrüstung los, wenn eine Verkehrssenatorin anregt, sich doch mal zu überlegen, als Stadtbewohner das eigene Auto abzuschaffen und lieber den bestens ausgebauten ÖPNV und die Bahn zu nutzen. Was zeigt, dass es vielen Deutschen offenbar schwerfällt, ihr Verhalten zu ändern. Freiwillig machen das zu wenige, Appelle verklingen. Kaum irgendwo zeigen sich die Widersprüche zwischen Wünschen und Tun so stark wie bei der Mobilität. Umwelt und Klima schützen finden fast alle gut. Doch wenn es darum geht, das Auto auch mal stehen zu lassen, ist es mit den guten Vorsätzen meist schnell vorbei.

Die Hälfte aller Pkw-Fahrten entfällt auf Distanzen von bis zu fünf Kilometer, bei einem Viertel ist das Ziel sogar nur höchstens zwei Kilometer entfernt – also Strecken, die man locker auch mit dem Rad oder zu Fuß bewältigen kann, was überdies viel gesünder ist. Noch krasser sind die Diskrepanzen beim extrem umweltschädlichen Fliegen. Wenn das Billigticket nach Mallorca lockt, wird der Klimaschutz komplett ausgeblendet. Und gerade mal zwei Prozent der Passagiere zahlen dann wenigstens einen kleinen Aufpreis bei Atmosfair & Co für ein Kompensationsprojekt, das die Umweltbelastung des Fluges zum Beispiel durch Baumpflanzungen mindern kann.

Was bedeutet: Freiwillig werden viele auf die fast unbegrenzten Freiheiten in der Mobilität kaum verzichten. Die Politik muss die Entwicklung steuern, hin zu mehr Nachhaltigkeit. Und mit ihren Maßnahmen die Einsicht fördern, dass es kein Recht gibt, nach Belieben mit einem Blechvehikel oder einem Flug viel Lärm und Schadstoffe zu produzieren – auf Kosten von Umwelt, Klima und der Gesundheit anderer Menschen. Allein 2018 lag in 57 deutschen Städten die Luftqualität über den $NO_2$-Grenzwerten für Stickstoffdioxid, das vor allem Dieselautos verbreiten.

Solange Verkehrsminister im Amt sind, die als verlängerter Arm der Auto- und Luftfahrtindustrie wirken, wird keine Wende stattfinden. Immerhin: In immer mehr Städten ist man längst weiter als die Regierung. Hier sind die Probleme am drängendsten und werden sich mit dem rasanten Klimawandel noch verschärfen. Aus tristen Parkflächen werden lebendige verkehrsberuhigte Zonen, Fahrradstraßen werden eingerichtet und mit günstigen Verbundtickets, Hol-, Bring- und Mitfahrdiensten sowie Park-and-Ride-Anlagen am Stadtrand wird der Umstieg auf die Bahn gefördert. Es gibt einen Wandel, wenn auch langsam. Eine mutige Verkehrs- und Klimapolitik könnte diesen Wandel enorm beschleunigen.

## 2. Gemeinwohl – Vorrang für den Verfassungsauftrag

Was soll Schienenverkehr für uns leisten? Diese Frage sollte nicht nur die Politik, sondern sollten auch wir als Bürger beantworten können. Die Festlegung der Fahrziele muss auf dem Weg zu einer besseren Bahn ganz oben stehen. Eine bessere Bahn, das kann nur bedeuten: attraktive Angebote, viele Zugverbindungen, faire Preise, toller Service und möglichst wenig Ärger. Auf nichts anderes sollte sich ein bundeseigenes, hoch subventioniertes Unternehmen im Interesse des Gemeinwohls konzentrieren.

Deshalb muss die Bundesregierung als Eigentümer die DB AG schleunigst neu ausrichten. Das ist der klare Auftrag, den auch der Bundesrechnungshof in seiner kritischen Bilanz zu 25 Jahren Bahnreform einfordert. Demnach habe die Regierung es dem Konzernvorstand »fast vollständig« überlassen, über Struktur und unternehmerische Ausrichtung zu entscheiden. Das halten die Prüfer »für nicht länger hinnehmbar«. Soll heißen: Der Bund hat seine ureigensten Aufgaben vernachlässigt – anstatt die auch vom Bundesverfassungsgericht betonte Verantwortung für die unternehmerische Tätigkeit der DB AG wahrzunehmen.

Noch Anfang 2019 sieht der Rechnungshof wenig grundsätzliche Besserung. Die drei Bundesministerien, die für die Bahn zuständig sind, haben demnach »kein übergreifendes Konzept, das dem Bund als Richtschnur in seiner Eigentümerfunktion dienen könnte«. Es sei nicht erkennbar, welche Entwicklung die Regierung von der DB AG erwarte. Auch bei der Sondersitzung des Aufsichtsrats Mitte November 2018 habe die Regierung »erneut auf steuernde Impulse verzichtet«.[81]

Dabei gibt es für die Ausrichtung der DB AG wirksame Stellschrauben. Die erste ist die Satzung des Konzerns, die der Bund vorgibt und an die sich jeder Vorstand zu halten hat. Doch die Prüfer kritisieren explizit, dass die Satzung mit Billigung der Regierung den Unternehmensgegenstand des DB AG-Konzerns sehr weit fasst. Demnach kann die DB AG »Logistik-, […] Beratungs- und Dienstleistungen aller Art […] im In- und Ausland« anbieten und so als Universalkonzern agieren. Dies stehe jedoch im Widerspruch zur mit der Bahnreform angestrebten Fokussierung der DB AG auf die Eisenbahn in Deutschland.

Die zweite Stellschraube ist der Aufsichtsrat, in dem die Regierungsmitglieder nicht zum Spaß sitzen, sondern mit der klaren Aufgabe, zu überwachen, ob die Bahn in die richtige Richtung fährt. Das funktioniert jedoch nicht recht, weil sich Regierung und Aufsichtsräte selten über den Kurs des Unternehmens einig sind. In der Union stehen meist die Interessen der einflussreichen Autobranche im Vordergrund, bei der SPD und der mit ihr eng verbandelten Gewerkschaft EVG geht es vornehmlich um den Erhalt des DB-Konzerns als wichtiger Arbeitgeber und Subventionsempfänger.

Der aktuelle Koalitionsvertrag von Union und SPD bringt keine durchgreifende Besserung. Zwar wird auf Seite 78 betont, dass die »sinnvolle Maximierung« des Schienenverkehrs im Vordergrund stehen soll. Zudem will die Koalition in den Satzungen des Konzerns und der Infrastrukturunternehmen DB Netz AG und DB Station & Service AG »volkswirtschaftliche Ziele wie die Steigerung des Marktanteils der Schiene festschreiben und die Vorstände auf die Erfüllung der Ziele verpflichten«.[82] Doch eine klare Festlegung, was der größte Staatskonzern zu tun und vor allem zu lassen hat, fehlt zur Halbzeit der aktuellen Regierung immer noch. Weder das Schienenbündnis von Minister Scheuer noch die Aussagen seines Bahnbeauftragten Ferlemann und schon gar nicht die neue Strategie »Starke Schiene« von DB-Chef Lutz geben hier verbindliche Ziele vor.

Im Gegenteil: In der weltweiten Logistik darf der deutsche Staatskonzern weiterhin nach Belieben privaten Anbietern im Speditionsgeschäft mit Lkw, Flugzeug, See- und Binnenschiff Konkurrenz machen. DB-Chef Lutz will wie seine Vorgänger die Konzerntochter Schenker weiter behalten und ausbauen. Das ist aus Sicht der AG verständlich, weil Investitionen in die Logistik höhere Renditen versprechen als der Schienenverkehr. Aber aus Sicht des Gemeinwohls hat ein staatlicher deutscher Schienenriese, für den alle Steuerzahler letztlich haften, im Ausland überhaupt nichts zu suchen und auch nicht in Geschäften mit Lkw- und Luftfracht, mit Riesenlastern oder Kolonnenverkehr auf Autobahnen. Und deshalb sollten solche Geschäfte in der Satzung der DB AG künftig ausgeschlossen werden. Es hätte schon bei der Bahnreform eindeutig festgelegt werden müssen.

Dass es dem Konzern überhaupt möglich war, »umfangreich internationale und bahnfremde Geschäftätigkeiten aufzubauen und damit in Konkurrenz zu ihrem eigenen Kerngeschäft zu treten«, führt der Bundesrechnungshof auf das Versäumnis der Regierung zurück, »wesentliche Fragen zur strukturellen Weiterentwicklung und Ausrichtung der DB AG zu klären«. So fehlten die Grundlagen, um die DB AG konsequent am Bundesinteresse auszurichten. Die Prüfer fordern, dass die Regierung den Gewährleistungsauftrag des Grundgesetzes endlich mit Leben füllt. Was bedeutet: Es sollten konkrete Leitlinien für die Bahnpolitik und eine Strategie entwickelt werden, mit der die Schiene nach vorn kommt. Allein die Tatsache, dass der Rechnungshof solche Selbstverständlichkeiten betonen muss, zeigt, wie missraten die bisherige Verkehrspolitik offenkundig eingeschätzt wird.

Vielleicht sollte man die seit vielen Jahren mitregierende SPD an ihre eigene Programmatik erinnern. So hat die Partei vor den letzten Bundestagswahlen zu Recht gefordert, dass der Bund seine Verantwortung als Eigentümer der Deutschen Bahn AG und Hauptfinanzier des Schienennetzes »aktiv wahrnehmen« und im Auftrag des Steuerzahlers sicherstellen solle, dass die Mittel »sinnvoll und effizient« ausgegeben werden. Nötig seien »starke Steuerungsinstrumente«, um den Konzern im Interesse der Kunden und des Eigentümers zu lenken.[83] Doch die Koalition ist weiter uneins, welche Aufgaben die DB AG zu erfüllen hat und welche Geschäfte dafür nötig sind.

Wenn es die Regierung und die DB-Spitze wirklich ernst meinen mit der Konzentration auf das Kerngeschäft mit der Schiene in Deutschland, muss dieses Ziel verbindlich festgeschrieben werden und alle anderen Geschäfte von Arriva bis Schenker schnell verkauft werden. Das im Verfassungsauftrag festgeschriebene Gemeinwohl muss absoluten Vorrang bekommen. Das ist mit Aktienrecht, Renditevorgaben und der bisherigen DB-Konstruktion allerdings schwer vereinbar. Der Vorschlag des Rechnungshofs, die DB-Holding in eine GmbH umzuwandeln, ist auch deshalb überlegenswert. In deren Satzung könnten Erhalt, Ausbau und Finanzierung der staatlichen Infrastruktur mit verankert werden, ebenso bestimmte Mindeststandards, die aus Sicht der Bahnkunden unverzichtbar sind. Vertreter von Fahrgast- und Umweltverbänden sollten Mitspracherechte erhalten. Und mit einer Gemeinwohl-Bilanz könnte jedes Jahr Rechenschaft gegenüber den Bürgern abgelegt werden, wie sinnvoll und effizient das viele Steuergeld für die Schiene eingesetzt worden ist.

Mittelfristig wäre dann zu prüfen, ob der Bund selbst als Eigentümer noch Bahnen betreiben muss – oder sich nicht besser auf die alleinige Aufgabe konzentrieren sollte, allen Anbietern eine moderne Schieneninfrastruktur und hoch attraktive Rahmenbedingungen für leistungsfähigen Zugverkehr bereitzustellen.

## 3. Schlankheitskur – Auslandsgeschäfte aufgeben

Am 27. März 2019 schlägt die Stunde der Wahrheit: Der DB-Aufsichtsrat beschließt den Verkauf der britischen Bus- und Bahntochter Arriva. Eine Investmentbank wird beauftragt, Investoren für die zentrale Auslandsplattform des Konzerns zu finden, die 53 000 Mitarbeiter in 14 Ländern beschäftigt. Damit ist der überfällige Kurswechsel zumindest eingeleitet: Die Bahn soll sich endlich wieder mehr auf ihre Kernaufgabe in Deutschland konzentrieren – nämlich Züge zuverlässig von A nach B zu fahren.

Die Schlankheitskur kommt nicht freiwillig. Zwei Monate zuvor hat der Bundesrechnungshof in seinem Sonderbericht zur Bahnpolitik den kompletten Verkauf sowohl von Arriva als auch der Logistiktochter Schenker von der Bundesregierung gefordert. Nötig sei, »die starke Aufsplitterung des Konzerns in eine Vielzahl von Unternehmenstöchtern zu beseitigen«. Ziel müsse es sein, die DB AG künftig besser steuern zu können.[84]

Durch den Wiederverkauf der teuren Zukäufe soll der Konzern nach dem Willen der Prüfer diesmal auch seine Finanzlöcher selbst stopfen. Ob das gelingt, ist im Sommer 2019 noch offen. Mit dem kompletten Arriva-Verkauf würde sich der Konzern jedenfalls von fast einem Sechstel der Belegschaft, einem Achtel des Konzernumsatzes und einem Siebtel des Betriebsgewinns (EBIT) trennen. Die DB-Spitze hofft zunächst auf Erlöse von mehr als vier Milliarden Euro. Doch die ersten Angebote fallen deutlich niedriger aus, weil der Brexit vielen Investoren die Lust auf britische Firmen verdirbt. Deshalb kündigt DB-Chef Lutz im Mai an, alternativ auch einen Börsengang von Arriva zu erwägen, der vielleicht mehr Geld bringen könnte. Entscheidungen dazu sollen bis im Herbst fallen.

»Beim Arriva-Verkauf wird sich am Kapitalmarkt gnadenlos zeigen, was die teuren Übernahmen des Staatskonzerns im Ausland wirklich wert sind«, erwartet Christian Böttger. Der Berliner Wirtschaftsprofessor wäre wenig überrascht, wenn die Bahn noch nicht einmal den eigenen Kaufpreis von rund drei Milliarden Euro zurückbekommt. Dann wäre Arriva ein richtig schlechtes Geschäft für die Bahn gewesen.[85] Im Sommer 2019 jedenfalls ist endgültig klar: Der teure Plan, die Bahn zum internationalen Transportkonzern zu machen, ist gescheitert.

Die Regierung hat dabei zugeschaut, wie zwischen 2011 und 2018 weitere 28 Unternehmen im Ausland für insgesamt 400 Millionen Euro übernommen wurden. Noch Ende 2018 schluckte Arriva für 60 Millionen Euro einen Buskonkurrenten in Europa. Das müsse endlich aufhören, kritisiert der FDP-Bundestagsabgeordnete Torsten Herbst im Frühjahr 2019. Der Verkauf von Arriva sei überfällig. Ähnlich sieht das Grünen-Fraktionschef Hofreiter: »Es ist nicht Aufgabe eines öffentlichen Unternehmens, Busse in anderen Ländern fahren zu lassen.«

Arriva besaß ausweislich der DB-Bilanz 2018 mehr als 1000 Züge sowie 17 000 Busse und betrieb allein auf der Insel mehr als 800 Bahnhöfe und 48 000 Haltestellen. Insgesamt wurden rund zwei Milliarden Reisende befördert. Das Geschäft ist zersplittert und mühsam: Das Unternehmen fährt Züge in Italien, Dänemark und Schweden, Busse in Kroatien, Serbien, Slowenien und Tschechien, Straßenbahnen in Portugal, Krankentransporte in England, Wasserbusse in Holland und betreibt in Kopenhagen eine große Mietwagenflotte. Unterm Strich setzte der DB-Ableger 5,4 Milliarden Euro um und steuerte zum Konzernergebnis einen fast unverändereten Vorsteuergewinn von 300 Millionen Euro (EBIT) bei. Die Briten würden von neuen Eigentümern eher profitieren, da der finanzschwache DB-Konzern ihr weiteres Wachstum schon in den letzten Jahren kaum noch unterstützen konnte.

Bald könnte auch DB Schenker als größter schienenferner Konzernteil wieder zur Disposition stehen. Die größte Lkw-Spedition Europas und Nummer 3 in der weltweiten Luftfracht bringt dem Kerngeschäft der Bahn herzlich wenig. Die abgeführten Gewinne sind überschaubar, die versprochenen Logistikketten zwischen Straße und Schiene kaum irgendwo entstanden. Vielmehr macht Schenker den Frachtbahnen mit seinen Lkw mächtig Konkurrenz und trägt dazu bei, dass noch mehr Transporte über die Autobahnen rollen. Ein Verkauf würde klare Verhältnisse schaffen und dem Staatskonzern dringend benötigte Milliarden für besseren Schienenverkehr bringen.

Käme auch die Trennung von Schenker, würde die DB weitere 40 Prozent ihres Umsatzes sowie knapp ein Viertel ihrer operativen Gewinne und ihrer Belegschaft abgeben. Ohne Arriva und Schenker würden sich die Konzernerlöse der DB AG auf rund 22 Milliarden Euro halbieren, der Betriebsgewinn vor Steuern und Zinsen um 800 Millionen auf eine Milliarde Euro schrumpfen. Übrig bliebe der sogenannte Systemverbund: der Personen- und Güterverkehr auf der Schiene in Deutschland sowie die zugehörige Infrastruktur mit insgesamt rund 200 000 Beschäftigten. Das wäre dann wirklich die Konzentration aufs Kerngeschäft – und die Bahn wäre wieder so aufgestellt wie zur Jahrtausendwende, bevor Ex-Chef Mehdorn die teure Expansion in alle Welt startete. Damals erzielte der Konzern mehr als 90 Prozent seines Umsatzes mit Schienenverkehr hierzulande.

Ob es so kommt, ist im Sommer 2019 offen. Zum Strategie- und Krisentreffen des Aufsichtsrats Mitte Juni fallen keine weiteren Entscheidungen über Anteilsverkäufe. Ein Teilverkauf von Schenker wird als eine Lösung der massiven Finanzprobleme aber nun auch erwogen. Unter Tagesordnungspunkt 4 werden die zwanzig

Aufseher von DB-Chef Richard Lutz über Möglichkeiten zur Finanzierung seiner »Agenda für eine bessere Bahn« unterrichtet. Auf Seite 271 der vertraulichen Unterlagen zur Sitzung heißt es, dass die Bundesregierung dazu die Schuldengrenze anheben oder erneut Eigenkapital zuschießen könne. Dritte Möglichkeit sei der Verkauf einer Minderheitsbeteiligung an Schenker. Damit versucht die DB-Spitze wie schon 2016, den Takt vorzugeben und den Komplettverkauf zu verhindern. Die Regierung habe in dieser Frage »nach wie vor keine adäquate Handlungsstrategie entwickelt«, kritisiert der Bundesrechnungshof, der einen vollständigen Verkauf fordert. Denn eine Teilprivatisierung bringe weniger Geld und beseitige nicht die komplexen Konzernstrukturen. Das trifft den Punkt.

Ob die Regierung und das Unternehmen der Forderung dieses Mal nachkommen, ist eine andere Frage. Auf dem Weg zu einer besseren Bahn führt an der Schlankheitskur kein Weg vorbei, schon weil die Erlöse aus den Verkäufen dafür benötigt werden. Die Politik kann und muss auch hier den Kurs vorgeben.

## 4. Aufspaltung – Schienennetz gemeinnützig machen

Man kann darüber streiten, ob die 30 Milliarden Euro, die die DB AG seit 2009 für die Pflege der Infrastruktur bekommen hat, zu wenig sind. Die dramatischen Mängel und Engpässe zeigen aber, wie dringend hier Strukturreformen nötig sind. Dafür sprechen sich neben dem Bundesrechnungshof auch viele andere Experten aus.[86] Das Schienen-Monopol – also die DB Netz AG mit ihren rund 50 000 Beschäftigten – sollte aus dem DB-Konzern herausgelöst und unabhängig geführt werden. Dafür plädieren unter anderen Bündnis 90/Grüne, FDP, die Lokführergewerkschaft GDL, die meisten Wettbewerbsbahnen, die Monopolkommission mit allein einem halben Dutzend Gutachten und zeitweise ganz entschieden die EU-Kommission.

Denn das Schienennetz ist ein natürliches Monopol und sollte grundsätzlich von einer unabhängigen und gemeinnützigen Infrastrukturgesellschaft betrieben werden – und nicht unter dem Dach eines gewinnorientierten Aktienkonzerns. Zwar mag die DB AG ihr Monopol nicht mehr ganz so missbräuchlich handhaben wie noch vor Kurzem. Doch dazu ist es nur durch einen enormen und teuren Kontroll- und Regulierungsaufwand der Behörden gekommen. Viel einfacher wäre es doch, die Infrastruktur von vornherein wettbewerbsneutral zu verwalten. Zumal die Verfassung den Bund verpflichtet, für den ordentlichen Zustand der Schienenwege und angemessene Bahnangebote zu sorgen.

Eine solche Bahnreform II braucht allerdings klare politische Vorgaben. Mit der amtierenden Regierung wird die Trennung nicht kommen, der Koalitionsvertrag schließt das aus. Denn vor allem die SPD fürchtet, mit solchen Umbauten die Bahngewerkschaft EVG gegen sich aufzubringen. Auch Kanzlerin Merkel will keine Unruhe beim Staatskonzern, der damit in eine unabhängige Netzgesellschaft und die bisherige Holding für Personen- und Güterverkehr aufgespalten würde.

GDL-Chef Claus Weselsky fordert dagegen seit Jahren ein unabhängiges Schienennetz: »Die bisherige Erfahrung und der riesige Sanierungs- und Nachholbedarf zeigen, dass die Infrastruktur beim Konzern schlecht aufgehoben ist.« Für den Gewerkschafter steht fest, dass das Netz »dem Gemeinwohl eines möglichst attraktiven Bahnverkehrs dienen« muss. Das Geld der Steuerzahler müsse ausnahmslos und effizient für den Erhalt und die Modernisierung von Gleisanlagen und Bahnhöfen eingesetzt werden. Dafür sei die Rechtsform einer gemeinnützigen GmbH oder einer Anstalt öffentlichen Rechts am besten geeignet. Eine unabhängige Netzgesellschaft sei einfacher zu kontrollieren. Die Belegschaft der DB Netz AG könnte übernommen werden: »Das kann man fair und wasserdicht regeln.« Die DB jedoch würde den Zugriff auf die Netzmilliarden verlieren: »Aber das ist ja Sinn der Sache.«

Bei einem Regierungswechsel könnte die Strukturreform recht schnell kommen. Grüne und FDP sind ausdrücklich dafür, auch in der Union gibt es Befürworter. Zunächst stünde dann wohl die Zusammenlegung der Infrastruktursparten DB Netz AG, DB Station &

Service AG und DB Energie AG an. Diese Zersplitterung gilt schon lange als verfehlt, teuer und kontraproduktiv.

Für die DB-Spitze und die EVG ist die Trennung von Netz und Betrieb jedoch ein rotes Tuch. Denn nur der bisherige »integrierte Konzern« und »Systemverbund« garantieren, dass weiterhin jedes Jahr die Netzmilliarden in die Kassen fließen, die DB AG die Macht über die Infrastruktur hat und über Projekte, Sanierungen und Ausbauten bestimmen kann. Erfolgreiche Bahnen seien integrierte Bahnen wie in Frankreich, der Schweiz, USA, Japan oder China, lautet ein Standardargument gegen die Aufspaltung. Auch Großbritannien wurde lange als abschreckendes Beispiel genannt. Doch dort führte weniger die Trennung als vielmehr die kopflose Privatisierung auch der Infrastruktur schnurstracks ins erwartbare Desaster. Inzwischen wird das Netz auf der Insel von einer gemeinnützigen Gesellschaft vorbildlich geführt – ein Beweis, dass solche Modelle sehr gut funktionieren können.

Auch mit Blick auf den EU-Binnenmarkt müssten unabhängige Netze das gemeinsame Ziel sein. Dann könnten wichtige internationale Schienenstrecken langfristig von einer europäischen Infrastrukturgesellschaft geführt, optimiert und Verkehrsverträge im Wettbewerb ausgeschrieben werden. Mit nationaler Eigenbrötelei wird daraus sicher nichts. Eine unabhängige deutsche Netzgesellschaft könnte künftig für den Bund auch Vertragspakete für den Fernverkehr auf den geplanten neuen Linien des Deutschlandtakts ausschreiben. Auch der Aufbau eines zentralen, nutzerfreundlichen und anbieterunabhängigen Online-Ticketsystems könnte eine Aufgabe sein.

# 5. Effizienzsteigerung – Finanzierungssystem reformieren

Für eine bessere Bahn ist ein besseres Finanzierungssystem notwendig. Der Bundesrechnungshof rügt seit vielen Jahren schwerwiegende Mängel im bisherigen System, die zu einer massiven

Verschwendung knapper Steuermittel führen. Dennoch will die Bundesregierung nur wenig ändern. Dafür gibt es natürlich Gründe. Die DB AG kann etwa mit den Netzgewinnen und den Bauaufträgen ihre Bilanzen aufpeppen – darüber freut sich auch der Bund als Alleineigentümer des Konzerns. Es schadet aber dem Gemeinwohl, wenn deshalb ein Teil der knappen Steuermittel für dringend nötige Investitionen fehlt, ein heikler Interessenkonflikt schon seit der Bahnreform.

Sauberste Lösung ist deshalb wiederum die Herauslösung des Netzes aus dem Aktienkonzern. Damit wäre auch das Problem der Gewinnabführungen vom Netz an den Konzern beseitigt. Komplizierte Finanzierungskreisläufe würden ebenfalls überflüssig, wie seit einigen Jahren die Abführung einer DB-Dividende an den Bund, der dann die Mittel wieder für Investitionen ins Netz zurück überweist. Eine gemeinnützige Netzgesellschaft müsste keine Gewinne erwirtschaften und könnte alle Erlöse aus Trassengebühren sowie die Bundeszuschüsse direkt in die Infrastruktur investieren. Kein Aktienkonzern hätte mehr Einfluss und Zugriff, so wie es jetzt im »integrierten Konzern« DB der Fall ist.

Indes treiben Konzernchef Lutz und sein Vize Pofalla den »Systemverbund« intern massiv voran, schon Vorgänger Grube hat die Verzahnung von Netz und Betrieb forciert – was immer bedeutet, dass die Infrastruktur vor allem auf die Bedürfnisse der DB AG ausgerichtet wird und weniger auf die Bedürfnisse der inzwischen 400 anderen Bahnunternehmen. Die beste Reform des unzureichenden Finanzierungssystems ist deshalb die strikte eigentumsrechtliche Trennung von Netz und Betrieb. Dann könnte der Bund viel besser bestimmen und kontrollieren, wo und wie die vielen Steuermilliarden eingesetzt werden. Die Gefahr, dass ein Aktienkonzern Teile davon abzweigt, wäre beseitigt.

Über höhere Zuschüsse an die Netzgesellschaft könnte die Politik zum Beispiel die Trassenpreise senken und so den Schienenverkehr preisgünstiger machen. Der Staat könnte auch die Fixkosten der Infrastruktur komplett übernehmen, wie es die Beratungsfirma KCW in ihrer »Railmap 2030« für eine bessere Bahn vorschlägt.

Wenn nur noch die unmittelbaren Kosten berechnet würden, könnten Personen- und Güterbahnen die Preise senken, und mehr Verkehr käme auf die Schiene. Zur Finanzierung könnten die Lkw-Maut erhöht oder die Diesel-, Dienstwagen- und Kerosin-Privilegien reduziert oder ganz gestrichen werden. Das brächte jedes Jahr zweistellige Milliardensummen für besseren Bahnverkehr – und hätte den nützlichen Effekt, dass Verkehr von der Straße auf die Schiene verlagert und der Klimaschutz verbessert würden. Mit einem Finanzierungskreislauf von der Straße zur Schiene könnte zudem ein viel schnellerer Ausbau der vielen Engpässe im Bahnnetz gestemmt werden.

Zunächst wird es aber darum gehen, bei der LuFV III die größten Fehlentwicklungen zu verhindern. Dazu sollten bessere Qualitätskriterien für den Netzzustand festgelegt werden. Die Kontrollen dürfen nicht der DB selbst überlassen werden, sondern müssen von unabhängigen Prüfern durchgeführt werden. Der Rechnungshof sollte uneingeschränkt Zugang erhalten und dessen Hinweise befolgt werden.

Die vertrauliche Mittelfristplanung der DB AG geht jedenfalls weiterhin davon aus, dass das hoch subventionierte Schienennetz mit großem Abstand wichtigster Ertragspfeiler des Staatskonzerns bleibt. Bis 2023 sind durchgehend jeweils mehr als eine Milliarde Euro Betriebsgewinne eingeplant, die von der DB Netz AG kommen sollen. Allein das sollte jedem Politiker sehr zu denken geben.

## 6. Investitionsoffensive – mehr Geld für die Schiene

Die DB AG sagt dem Stau auf der Schiene den Kampf an. So knackig kündigt sie im Frühjahr 2019 ihr Maßnahmenpaket an, das für mehr Qualität und Kapazität im deutschen Schienenverkehr sorgen soll. Damit ist eine Kehrtwende eingeleitet – so stellt das zumindest Infrastruktur-Vorstand Ronald Pofalla dar. Der frühere Leiter des Bundeskanzleramts gilt nun sogar bei manchen Kritikern als Hoffnungsträger. Mit seinen politischen Beziehungen soll der CDU-Mann möglichst viele Milliarden bei der Regierung für die überfällige Modernisierung der Bahnanlagen loseisen.

Erst mal präsentiert der gewiefte Stratege eindrucksvolle Zahlen. Allein 2019 will der Konzern rund 10,7 Milliarden Euro in die Modernisierung von 1500 Kilometer Gleisen, über 300 Brücken und rund 650 Bahnhöfen stecken. In der Summe sind alle Ausgaben von Bund und Bahn für Erhalt, Ausbau und Wartung der Infrastruktur enthalten, der Großteil kommt vom Fiskus. Was Pofalla nicht sagt: Der Nachholbedarf beim Schienennetz ist so hoch, dass die Mittel bei Weitem nicht ausreichen.

Weil Bund und Bahn die Infrastruktur über Jahrzehnte kaputtgespart haben und manche Anlagen auf Nebenstrecken noch aus der Kaiserzeit stammen, wird der laufende Unterhalt immer teurer, und die Züge werden an Hunderten schadhaften Stellen ausgebremst. Doch ohne ein viel leistungsfähigeres Netz gibt es keinen besseren Zugverkehr. Und dazu sind viel größere Anstrengungen nötig. Das weiß auch Pofalla. Doch in seiner Amtszeit als Netzvorstand hat sich die Lage bisher kaum verbessert.

In der Bahnbranche herrscht Unmut über die offenkundige Diskrepanz zwischen großen Worten und kleinen Taten der Koalition. Die Verkehrs- und Klimapolitik der Regierung Merkel und von Ressortchef Scheuer konzentriere sich zu sehr auf die milliardenteure Förderung von E-Autos und deren Infrastruktur, heißt es. Dabei drohe der Erhalt des zweitwichtigsten deutschen Verkehrsnetzes weiter vernachlässigt zu werden. »Der Bund muss die Investitionen in die Schieneninfrastruktur bis 2025 mindestens verdoppeln«, fordert Dirk Flege vom Bündnis Allianz pro Schiene.

Wie groß der Investitionsbedarf bis 2030 ist, zeigt ein Positionspapier der Gewerkschaft EVG. Allein für den Erhalt der Infrastruktur und die Beseitigung des Nachholbedarfs werden demnach statt bisher 4,3 mindestens sechs Milliarden Euro pro Jahr benötigt. Für Neu- und Ausbau von Strecken, die im Bundesverkehrswegeplan stehen, sollten jährlich sieben statt bisher nur 1,6 Milliarden Euro fließen. Für die Digitalisierung des Netzes mit dem Leitsystem ETCS werden 35 Milliarden Euro bis 2040 veranschlagt und zunächst 1,8 Milliarden Euro pro Jahr. Schon für diese drei Aufgaben kommen also fast 15 Milliarden Euro pro Jahr zusammen.[87]

Damit nicht genug. Um den Anteil der elektrifizierten Bahnstrecken von 60 auf 70 Prozent wie zugesagt zu erhöhen, werden weitere 500 Millionen Euro pro Jahr gebraucht. Ähnlich hoch ist der Zusatzbedarf für kapazitätsschonendes Bauen, das Verspätungen verringern soll. Und 200 Millionen Euro jährlich kostet das »Tausend-Bahnhöfe-Programm«, das im Koalitionsvertrag steht und die Sanierung von Stationen sichern soll. Zusammen ist das mindestens eine weitere Milliarde Euro.

Die EVG berechnet den jährlichen Zusatzbedarf bis 2030 auf fast zehn Milliarden Euro – insgesamt also mehr als 100 Milliarden Euro. Davon ist bisher nur ein sehr geringer Teil finanziert. Zudem soll die hoch verschuldete DB AG selbst Milliardenbeträge für den Erhalt des Netzes beisteuern. Doch der ertragsschwache Konzern wird schon zu tun haben, den stetig wachsenden Instandhaltungsbedarf von mehr als zwei Milliarden Euro zu stemmen, den die DB AG selbst bezahlen muss.

An großen Versprechen jedenfalls fehlt es nicht. Mit der Strategie »Starke Schiene« will DB-Chef Lutz die Bahn nach vorne bringen und die Kapazitäten im Netz um 30 Prozent steigern. Doch noch sind die zugesagten Mittel der Bundesregierung dafür viel zu gering. Bei den 86 Milliarden Euro bis 2029, die Minister Scheuer Ende Juli 2019 stolz ankündigt, bleibt zunächst unklar, was darin alles enthalten sein soll. Von den wenigstens 15 Milliarden Euro, die nach EVG-Rechnung pro Jahr inklusive Neu- und Ausbau nötig wären, ist die geplante Förderung jedenfalls weit entfernt. Zudem wird sich erst in den Beschlüssen der Bundesregierung zum Haushalt 2020 und der weiteren Finanzplanung zeigen, wie viel Geld die Schiene tatsächlich bekommt. Angesichts der bisherigen Erfahrungen ist Skepsis angebracht. Zumal auch beim »Klimakabinett« von Kanzlerin Merkel die massive finanzielle Förderung von mehr Schienenverkehr keineswegs ganz oben auf der Agenda steht. Ohne eine viel bessere Infrastruktur aber wird es keine bessere Bahn geben.

# 7. Optimierung – Deutschlandtakt einführen

Regelmäßige Anschlüsse und schnelles Umsteigen an jedem Bahnhof – davon träumen alle Bahnfahrer. Die Lösung: Taktfahrpläne. Die kleine Schweiz hat damit ihren Zugverkehr bereits seit 1982 noch attraktiver gemacht – und auf den Bau teurer Hochgeschwindigkeitsstrecken verzichtet. In Deutschland hat die Politik diese wichtige Entwicklung viele Jahrzehnte lang schlicht verschlafen. Dafür soll es nun schnell gehen. Bis 2030 soll der Deutschland-Takt bundesweit umgesetzt sein und die Zahl der Bahnkunden verdoppeln. Das hat Verkehrsminister Andreas Scheuer den Bürgern im Herbst 2018 versprochen. Mit seinem Schienenbündnis vieler Experten will der Minister »das größte Projekt im Eisenbahnbereich seit der Bahnreform 1994« umsetzen.

Künftig sollen Züge zu jeder Stunde in jede Richtung zur selben Minute fahren, auf den wichtigsten Strecken zwischen mehr als 30 Großstädten sogar im Abstand von 30 Minuten. Regionalzüge sollen minutengenau an Fernlinien angebunden werden, Zubringer die Umsteigestationen kurz vor der Ankunft von Fernzügen erreichen und gleich danach wieder zurückfahren. Für die Reisenden sind solche Fahrpläne leicht zu merken, Bahnfahren wird ohne lange Wartezeiten und durch kürzere Reisedauer reizvoller.

Die Umsetzung ist jedoch extrem anspruchsvoll, langwierig und teuer. Denn ohne leistungsfähige Infrastruktur kann der D-Takt nicht funktionieren. Deshalb müssen zunächst Strecken und Bahnhöfe modernisiert und erweitert werden, um die nötigen Kapazitäten zu schaffen. Die hohen Milliardensummen für den Ausbau sind bisher allerdings zum beträchtlichen Teil nicht mal im Ansatz finanziert. Für die Regierung und die Branche gibt es also sehr viel zu tun, zumal angesichts der bisherigen Versäumnisse. Die Bahnpolitik ist hier aber auf dem richtigen Weg.

In der Schweiz fahren dank des Taktverkehrs viel mehr Menschen bequem mit der Bahn, lassen das Auto stehen und erreichen trotzdem mit öffentlichen Verkehrsmitteln selbst abgelegene Bergdörfer. Dafür wurde die Infrastruktur ganz gezielt genau so ausgebaut, dass die lange im Voraus festgelegten Fahrpläne zuverlässig eingehalten werden können. In Deutschland dagegen läuft es bisher meist genau umgekehrt: Erst werden teure ICE-Strecken und unwirtschaftliche Prestigeprojekte wie Stuttgart 21 gebaut. Dann stellt man fest, dass der Nutzen fürs gesamte System eher überschaubar ist, weil nach der ICE-Fahrt der Anschlusszug erst 40 Minuten später fährt – oder gar Kapazitäten wie beim künftigen Stuttgarter Tiefbahnhof reduziert werden, was den künftigen Taktverkehr erschweren oder sogar unmöglich machen wird.

Nun hat man spät von der Schweiz gelernt. Zwar haben einige Bundesländer und Verkehrsverbünde seit 1994 auf regionaler Ebene die integralen Taktfahrpläne mehr oder weniger konsequent umgesetzt. Doch erst 2015 kam endlich auch eine Studie für das Bundesverkehrsministerium zum Ergebnis, der D-Takt sei bundesweit möglich. Der aktuelle Koalitionsvertrag legt auf Seite 79 fest, dass Regierung, Länder und die Bahnbranche die Realisierung gemeinsam vorantreiben sollen. Damit kommt der überfällige Systemwechsel. Künftig sollen auch in Deutschland die Fahrpläne der Maßstab für Investitionen ins Schienennetz sein. Um pünktlichen Taktverkehr, optimales Umsteigen und möglichst wenige Verspätungen zu erreichen, soll gezielt und schnell dort ausgebaut und modernisiert werden, wo die größten Engpässe und Nachholbedarf existieren.

Besonders zwischen dem DB-Fernverkehr und dem von den Ländern beauftragten Regionalverkehr ist die Abstimmung häufig schlecht. Und wenn beim Umsteigen die Anschlüsse verpasst werden, kann sich die Reisedauer drastisch verlängern. Das soll sich ändern. Nach dem ersten Entwurf des Zielfahrplans 2030, den ein Gremium unter Leitung der Züricher Beratungsfirma SMA erarbeitet hat, könnten sich die Reisezeit zwischen Stuttgart und Hamburg um 43 Minuten auf 4:27 Stunden verkürzen, zwischen Berlin und Düsseldorf um 40 Minuten auf 3:34 Stunden und von der Hauptstadt ins sächsische Bautzen sogar um 82 Minuten auf unter zwei Stunden.

Noch allerdings ist das Zukunftsmusik, in den nächsten Jahren werden die bekannten Probleme den Bahnalltag bestimmen. Dennoch verlangt Scheuer schnelle Erfolge und will, dass der D-Takt in den ersten Regionen schon 2021 startet und dann etappenweise bundesweit ausgebaut wird: »Die Bahnkunden sollen rasch erfahren, dass es mehr Verbindungen, kürzere Fahrzeiten und bessere Anschlüsse gibt.« Die DB AG soll klären, »wie der optimale Netzfahrplan aussieht und welche Infrastruktur wir dafür anpassen müssen«.

Damit steht Bahnchef Richard Lutz in der Pflicht. Um guten Willen bei seinem Dienstherren zu zeigen, kündigt der Manager im Frühjahr 2019 beim Schienenbündnis gleich mal einen besseren Taktverkehr zwischen den beiden größten deutschen Städten an. Ab Ende 2021 soll der ICE zwischen Berlin und Hamburg quasi im S-Bahn-Takt fahren, nämlich jede halbe Stunde. Mit einer vierten Linie soll die Kapazität um ein Fünftel erhöht werden. Schon jetzt fahren jeden Tag im Schnitt 17 000 Fahrgäste mit den bisher 24 ICE zwischen beiden Metropolen, künftig kommen sechs weitere Schienenflitzer dazu. Seit 2014 ist die Zahl der Reisenden allein auf dieser Strecke von 4,5 auf 6,1 Millionen gewachsen. Das zeigt für Lutz das Potenzial, das der Schienenverkehr hat, um die Klimaschutzziele zu erreichen und zum Verkehrsmittel des 21. Jahrhunderts zu werden.

Die DB verspricht viele neue Angebote. 20 Großstädte sollen bis 2025 im Halbstunden-Takt verbunden sein, weitere zehn bis 2030. Zusätzliche sieben Millionen Menschen und dann 80 Prozent der Bundesbürger sollen direkt ans Fernzugnetz angebunden werden, kleinere und mittlere Städte mindestens im Zweistundentakt Abfahrten bekommen. Im Nahverkehr sollen eine Milliarde Fahrgäste pro Jahr zusätzlich gewonnen werden, auch durch neue Mobilitätsangebote und bessere Vernetzung. Auf wichtigen Städteverbindungen sollen die Fahrzeiten so verkürzt werden, dass der Zug innerdeutsche Flüge ersetzen kann. Die DB will dazu weitere 120 Hochgeschwindigkeitszüge für Tempo 300 bestellen und die Fernzugflotte auf 600 Fahrzeuge erhöhen. Allein dafür werde ein zweistelliger Milliardenbetrag investiert, betont die DB-Spitze.

Bereits die 130 bestellten ICE 4 kosten mehr als sechs Milliarden Euro, aktuell umfasst die ICE-Flotte 289 Fahrzeuge. 50 der neuen 4er-Modelle werden verlängert und haben dann 920 Sitzplätze. Bis 2021 soll es kostenloses WLAN in allen Zügen geben, auch im Intercity. Digitale Angebote wie Zeitungen und Filme sollen überall im Zug nutzbar sein.

Schöne Aussichten also. Zunächst allerdings steht ein Hauen und Stechen um die besten Trassen im überlasteten Schienennetz bevor. Denn bei den Zielfahrplänen 2030 rangeln nun Dutzende Anbieter von Fern-, Regional- und Güterverkehr um passende und ausreichende Slots für ihre Züge. Das werde im Bündnis noch zu »einer Nacht der langen Messer« führen, räumt Enak Ferlemann ein. So muss sich die DB AG allein für ihre neue ICE-Linie Berlin – Hamburg mit gleich vier Bundesländern und deren Verkehrsverbünden abstimmen, damit die Züge dem Regional- und Nahverkehr in Berlin, Hamburg, Schleswig-Holstein und Mecklenburg-Vorpommern nicht in die Quere kommen und sich die Angebote möglichst optimal im Sinne der Bahnkunden ergänzen.

Als Platzhirsch und Verwalter des Schienennetzes ist die DB AG bei der D-Taktplanung in einer günstigen Startposition. Das sehen die privaten, kommunalen und ausländischen Wettbewerber teils recht kritisch. Zunächst jedoch herrscht Burgfrieden, und das große Ziel eint die Branche: die Schiene endlich als bester Verkehrsträger für die Mobilität im digitalen Zeitalter nach vorne zu bringen. Dafür sollen nach der endgültigen Festlegung des Zielfahrplans ab 2020 die dafür nötigen Baumaßnahmen zur Kapazitätserweiterung folgen: mehr Gleise an Engpässen, modernisierte Bahnhöfe, digitale Zugleittechnik (ETCS), Elektrifizierung von 70 Prozent des Netzes bis 2025. Das wird hohe zweistellige Milliardensummen kosten. Minister Scheuer verspricht vollmundig, am Geld werde der D-Takt nicht scheitern.

Gleichwohl gebe es bei der Umsetzung »noch viele ungeklärte Fragen«, warnt Matthias Lieb vom VCD Baden-Württemberg. So hoffen viele Regionen, mit dem D-Takt wieder attraktivere Schienenverbindungen zu bekommen. Doch offen ist, wer weniger lukrative Fernlinien bedienen soll und ob es wie im Regionalverkehr Zuschüsse dafür gibt. Es sei »Sache der Unternehmen und Länder, das zu entscheiden«, lässt Minister Scheuer ausrichten. Erst mal gehe es darum, Trassen und Kapazitäten für den Ausbau festzulegen. Wieder mal schiebt die Regierung die Verantwortung von sich.

Der Verkehrsberater Felix Berschin hält einen neuen Ordnungsrahmen für den Fernverkehr für nötig. So könnten Fernlinien künftig wie der Regionalverkehr ausgeschrieben und bei Bedarf bezuschusst werden. Zudem dürften DB-Konkurrenten nicht ausgegrenzt, der freie Netzzugang nicht gefährdet und der wachsende Güterverkehr bei der Vergabe der knappen Trassen nicht benachteiligt werden: »Solange der Bund hier keine Konzepte vorlegt, könnte der D-Takt ein leeres Versprechen bleiben.«[88]

## 8. Preissenkung – Wettbewerb und Anbieter stärken

Für 9,99 Euro mit dem Flixtrain von Berlin nach Köln, und das morgens um 8:20 Uhr ohne Umsteigen in weniger als sechs Stunden – wer rechtzeitig bucht, kann mit den grünen Zügen kräftig sparen. Kurzfristig sind Tickets für 29,99 Euro per Mausklick erhältlich. Zum Vergleich: Der ICE der DB AG ist zwar gut 80 Minuten schneller, dafür aber auch drei bis fünf Mal teurer. Selbst die knappen Spartickets kosten bei einer Stichprobe im Sommer 2019 meist das Doppelte.[89]

Flixtrain zeigt, wie Reisende von Wettbewerb profitieren. Im Fernverkehr auf der Schiene ist die DB AG mit mehr als 99 Prozent Marktanteil fast noch Monopolist. Logische Folge: hohe Preise und kaum Alternativen für Kunden, die nicht Autofahren oder Fliegen wollen. Das hat sich erst Anfang 2013 geändert, seither dürfen Fernbusse der Bahn Konkurrenz machen. In wenigen Jahren hat Flixmobility mit seiner grünen Busflotte, einem innovativen Geschäftsmodell, günstigen Fahrkarten und potenten Geldgebern den liberalisierten Markt erobert – und auch der DB viele preissensible Kunden abgejagt.

Inzwischen schickt das Münchner Unternehmen auch grüne Züge auf die Reise. Dazu wurden die Strecken Stuttgart–Berlin von Locomore und Hamburg–Köln von HKX übernommen, beiden Anbietern war im Wettbewerb mit der DB schnell die Luft ausgegangen. Flixtrain ist viel besser aufgestellt. Die Zugtickets können kinderleicht und in Sekundenschnelle über die Smartphone-App von Flixbus gekauft werden, auch noch kurz vor der Abfahrt. Einfacher geht es kaum. Im Bus- wie im Zuggeschäft setzt die Firma auf ein Netzwerk von Partnern, was nicht unstrittig, aber erfolgreich ist. Alle Fahrzeuge werden von anderen Firmen betrieben. Dahinter steht ein ausgeklügeltes Buchungs-, Reservierungs- und Steuerungssystem, mit dem Flixbus schon den Fernbusmarkt in halb Europa erobert hat.

Auch in Frankreich, wo ähnlich wie in Deutschland bisher die Staatsbahn SNCF dominiert, will Flixmobility ab 2021 den Zugverkehr auf fünf wichtigen Fernlinien ab Paris starten. Der Wettbewerb kommt also auf längeren Strecken endlich ebenfalls in Schwung – ein Ziel, das die EU-Kommission mit dem Aufbrechen der nationalen Schienenmärkte seit vielen Jahren anstrebt. Deutschland gehört dabei trotz aller Strukturdefizite beim integrierten Konzern DB und des Nachholbedarfs im Fernverkehr zu den Musterknaben. Beim Frachttransport auf der Schiene haben Konkurrenten des Platzhirsches trotz aller Hindernisse inzwischen die Hälfte des Marktes erobert, im Regionalverkehr mehr als ein Viertel.

Der Wettbewerb bringt Transparenz, kann Geld sparen und das Angebot verbessern. Zwar ist der Regulierungsaufwand gewaltig, weil jeder Markt seine komplexen Besonderheiten hat. Jede strittige Vergabe ein Beschäftigungsprogramm für Anwälte, weil unterlegene Bewerber häufig Einspruch erheben und klagen. Doch seit der Bahnreform ist klar, was der Betrieb von regionalen Zugstrecken kostet, es gibt effizientere Strukturen und im besten Fall führen Ausschreibungen dazu, dass günstigere und leistungsfähigere Anbieter zum Zug kommen.

Wie in Baden-Württemberg. Dort bedeuteten die Verkehrsverträge, die in Zusammenhang mit Stuttgart 21 ohne Ausschreibung an die DB AG vergeben wurden, eine verdeckte Milliardensubvention auf Kosten der Steuerzahler.[90] Berechnungen des VCD zeigten später, dass das Land jedes Jahr im Vergleich zu den Nachbarn in Bayern um mehr als 100 Millionen Euro überhöhte Zuschüsse zahlte. Insgesamt strich die DB AG dank der fragwürdigen Direktvergabe des Langfristvertrags eine Milliardensumme zusätzlich ein. Erst die neue grüne Landesregierung schrieb die Strecken für die zentralen Stuttgarter Netze im Wettbewerb aus, die britische Go-Ahead und die holländische Staatsbahn-Tochter Abellio machten das Rennen, die DB klagte vergeblich dagegen.

Der Betriebsstart im Sommer 2019 verlief zwar holprig, weil Bombardier die vom Land bezahlten neuen Züge für Abellio nicht pünktlich lieferte. Aber dennoch kann der grüne Verkehrsminister Winfried Hermann als großen Erfolg verbuchen, dass die Neuvergabe insgesamt einen Milliardenbetrag spart und zudem die Bahnkunden nun in schicken und komfortablen Zügen im Design der Landesfarben unterwegs sind und nicht mehr in ausgeleierten DB-Fahrzeugen. Also: bessere Qualität zu günstigeren Preisen.

Allerdings zeigt sich auch im Regionalverkehr das Problem der hohen Marktzugangshürden. Vor allem für neue Züge kommen schnell Milliardensummen zusammen. Solche Investitionen rechnen sich nur über viele Jahre, wenige Unternehmen bringen diesen langen Atem auf. Daher sind neben Baden-Württemberg auch andere Bundesländer dazu übergegangen, die Fahrzeuge selbst anzuschaffen und dann Betreibern für die Vertragsdauer zu überlassen. Im Fernverkehr, wo es weder Zuschüsse noch Besteller und langfristige Verträge gibt, sind die Hürden noch höher. Die wenigen neuen Anbieter nutzten bisher gebrauchte Fahrzeuge, auch Flixtrain ist da keine Ausnahme. Die DB macht es Wettbewerbern zudem nicht einfach und hat ausrangierte Intercity- und Interregio-Züge lieber verschrottet, als sie Konkurrenten zu verkaufen.

Andere Länder scheinen jedenfalls für Investoren aussichtsreicher. So macht in Italien das von reichen Industriellen aufgebaute Bahnunternehmen Nuovo Trasporto Viaggiatori (NTV) der Staatsbahn Trenitalia schon seit 2012 heftige Konkurrenz im Hochgeschwindigkeitsverkehr. Zwischen Mailand, Turin, Venedig, Florenz, Rom und Neapel fahren inzwischen rund neue 50 Zügen, darunter zwei Dutzend AGV 575 von Alstom, die Tempo 300 schaffen. Die deutsche Regierung sollte sich fragen, warum die superteuren ICE-Pisten keine solchen Investoren anziehen und von der DB faktisch fast exklusiv genutzt werden. Auch Frankreichs Staatsbahn SNCF fährt bisher nur in Kooperation wenige grenzüberschreitende Strecken und kontrolliert als Großaktionär des Eurostar und des Thalys zudem die Strecken durch den Kanaltunnel nach England sowie den Verkehr über Brüssel. Dabei ermöglicht der liberalisierte EU-Markt schon seit 2010 auch international viel mehr Wettbewerb. Doch solange die großen Staatsbahnen auch das Netz besitzen, erscheint den meisten Investoren eine Milliardeninvestition in neue Züge zu riskant.

Wettbewerb und Anbieter zu stärken, lohnt sich fast immer. Ein entscheidender Faktor für den Erfolg der Schiene sind die Trassenpreise, die alle Bahnen für die Nutzung von Gleisen und Stationen zahlen müssen. Erst nach langen Protesten gegen den Machtmissbrauch der DB Netz AG auf diesem Feld reagierte der damalige Verkehrsminister Dobrindt mit dem Eisenbahnregulierungsgesetz (ERegG) von 2016, das in erschreckend dürftiger Form mehrere EU-Vorgaben umsetzte. Besonders DB-Vorstand Pofalla soll damals massiv politischen Einfluss genommen haben, dass für den Staatskonzern nachteilige Regelungen nicht oder abgeschwächt umgesetzt werden. Der Bundesrechnungshof kritisierte die Regierung scharf.

Immerhin erreichten die Bundesländer, dass der Anstieg der Trassenpreise im Regionalverkehr auf jährlich 1,8 Prozent gedeckelt wird. Seither bleibt mehr Spielraum für die Bestellung zusätzlicher Verkehrsangebote. Auch beim Frachttransport zeigte die Regierung späte Einsicht und halbierte mit dem Masterplan Schienengüterverkehr die Trassenpreise. Zwischen 2010 und 2016 war die Lkw-Maut absurderweise jedes Jahr gesunken und um insgesamt 18 Prozent günstiger geworden, während sich die Schienenmaut beständig um in der Summe 16 Prozent verteuerte, weil die DB Netz AG ungebremst zulangte.[91]

Die Trassenpreise sind ein ideales Steuerungsinstrument, um mehr Verkehr auf die Schiene zu bekommen und die Auslastung des Netzes überall zu verbessern. Denn je günstiger die Nutzung, desto größer der Anreiz, zusätzliche Fern-, Regional- oder Güterzüge zu fahren. Ideal wäre ein Modell, bei dem kurzfristig noch freie Trassen günstig angeboten werden, bereits überlastete Strecken dagegen teurer werden. Doch davon ist das unflexible und teure deutsche System leider weit entfernt – zum Nachteil der ganzen Bahnbranche. Freie Kapazitäten bleiben oft liegen, weil die Nutzung sich nicht rechnet und die DB Netz AG nicht als Dienstleister, sondern oft wie ein satter Monopolist agiert. So ist es zumindest von Insidern zu hören.

Fakt ist: Die deutsche Schienenmaut gehört im Fern- und Regionalverkehr zu den höchsten in Europa. Während in Großbritannien der Staat dem unabhängigen Netzbetreiber Network Rail einen großen Anteil der Kosten abnimmt, gilt in Deutschland das Prinzip der Vollkosten. Die DB Netz AG darf laut Gesetz ihre gesamten Ausgaben inklusive kalkulierter Gewinne auf die Trassenpreise umlegen. Praktisch für den Konzern, schlecht für die Nutzer.

Als eine der wichtigsten Maßnahmen für eine leistungsfähigere Schiene fordern daher die Denkfabrik Agora Verkehrswende und die Berater von KCW in ihrer »Railmap 2030«, dass künftig der Staat die gesamten Fixkosten der Infrastruktur übernimmt. Die Zugbetreiber sollten nur noch die Kosten des unmittelbaren Betriebs zahlen. Diesen Ansatz verfolgten auch die EU-Kommission und die Mehrheit der Mitgliedsstaaten, so KCW: »Die direkten Kosten sollten das Maß der Dinge sein.«[92]

Ein unabhängige, staatliche und gemeinnützige Netzgesellschaft, niedrige Trassenpreise, eine leistungsfähige Infrastruktur, attraktiver Taktverkehr, ein breites Angebot und einfache Buchungssysteme – das wäre ein Erfolgsmodell für viel besseren Schienenverkehr. Dann werden auch neue Investoren nicht länger auf sich warten lassen.

## 9. Digitalisierung – ein E-Ticket für alles

Die Digitalisierung verändert das Reisen grundlegend. Mit dem Smartphone lassen sich bereits Flüge, Bahn- und Busfahrten, Taxis oder Mitfahrdienste in Minutenschnelle buchen. Noch sind dazu unterschiedliche Anwendungen nötig. Doch es ist nur eine Frage der Zeit, bis ein digitaler Mobilitätspass mit wenigen Klicks die komplette Reisekette von Tür zu Tür schließen wird.

Werden dabei die großen US-Digitalkonzerne die Nase vorn haben? Diese Sorge treibt die deutschen Bahn- und Busunternehmen um. Sie könnten dann von Google oder Uber abhängig werden. Undenkbar? Das Beispiel Flixmobility zeigt, wie schnell die Digitalisierung den Markt verändern kann – der Erfolg des Unternehmens beruht wesentlich auf einer mächtigen Software und einer schlauen App. Das hat auch die Führung der Deutschen Bahn AG mächtig beeindruckt. »Innovative IT-Plattformen erfordern rasch neue Antworten«, heißt es warnend in der vertraulichen »Agenda für eine bessere Bahn« von DB-Chef Lutz. Und weiter: »Entscheidend wird sein, wie es uns gelingt, eine erfolgreiche Mobilitätsplattform zu etablieren.«[93]

Immerhin hat der Staatskonzern einen schönen Erfolg vorzuweisen. Der beliebte DB Navigator ist mit zehn Millionen Nutzern im Monat die Nummer 2 der Reise-Apps in Deutschland nach Google Maps. Eine verdiente Platzierung: Die Buchung von Tickets ist damit kinderleicht, jeden Monat werden über die App mehr als 100 Millionen Fahrplaninfos abgerufen und bis zu zwei Millionen Fahrkarten verkauft. Sie liefert Echtzeitdaten zu Ankunfts- und Abfahrtzeiten inklusive Verspätungs-Alarm, ermöglicht Sitzplatzreservierungen und den Fahrscheinkauf für Busse, Straßen-, U- und S-Bahnen in mehr als zwei Dutzend Verkehrsverbünden.

Mit der neuen Dachstrategie »Starke Schiene« will die Konzernspitze die Digitalisierung vorantreiben. Der Navigator soll als »Generalschlüssel« für den gesamten Verkehr und persönlicher Reisebegleiter von Tür zu Tür etabliert und mit 35 Prozent Zuwachs führend in ganz Europa werden. Dazu sollen bis 2023 die digitalen

Angebote aufgerüstet und die IT-Architektur mit einem Kraftakt modernisiert werden. Dann werden Tickets und Angebote von immer mehr anderen Partnern buchbar sein, im ÖPNV wie im Regional- und Fernverkehr. Dafür muss man sich nur noch einmal mit einer »Bahn-ID« anmelden. Auch andere Mobilitätsangebote wie Mieträder und Car-Sharing werden integriert. Im Fernverkehr sollen dann mehr als 80 Prozent der Tickets digital gebucht werden. Der Check-in per Smartphone wird zur Regel, die Kontrolle durch den Schaffner entfällt. Zudem soll der Navigator Bahnkunden künftig mit digitalem Routing von daheim zum Bahnhof und an den Platz im Zug führen sowie durchgängige Reiseinfos in Echtzeit bieten, auch bei Störungen. Google Maps soll überflüssig werden.

Dabei ist der Staatskonzern gut aufgestellt. Mit der Tochterfirma Mobimeo hat die DB eine der drei führenden Softwarefirmen Europas für intelligente Mobilitätskonzepte unter ihrem Dach.[94] Mobimeo ist am mit Abstand wichtigsten digitalen Projekt des öffentlichen Personenverkehrs in Deutschland beteiligt: Mobility Inside. Damit soll eine einzige Plattform für durchgehende Planung und Buchung von Bahnen, Bussen und anderen Mobilitätsangeboten geschaffen werden. Motto: ein Ticket, eine Anmeldung – alle Angebote. E-Tickets für die gesamte Reisekette. Über eine aufwendige Vernetzung der Daten aller Anbieter soll es möglich werden, dass jeder Reisende mit der App seines lokalen Verkehrsanbieters eine deutschlandweite Reise mit öffentlichen Verkehrsmitteln buchen und bezahlen kann. Eine geniale Sache – wenn es klappt.

Doch es klingt einfacher, als es ist. Denn viele Hundert Unternehmen und regionale Verkehrsverbünde mit eigenen Angeboten und IT-Systemen sind unter einen Hut zu bringen.[95] Im Hintergrund laufen seit Jahren die Verhandlungen über die Freigabe der Daten und Abrechnungsmodelle. Koordiniert wird das Vorhaben vom Verband Deutscher Verkehrsunternehmen (VDV) mit seinen 600 Mitgliedern. Rund ein Drittel davon beabsichtigt bereits, sich an Mobility Inside zu beteiligen. Neun Gründungsmitglieder, darunter die DB und der Rhein-Main-Verkehrsverbund, treiben das Projekt voran, das allen nutzen soll. Denn die Vernetzung und einfache Buchung könnte viele neue Kunden für Bahnen, Busse und den ÖPNV bringen und Zusatzeinnahmen über personalisierte Werbung und weitere Angebote ermöglichen.

Die Beteiligten wissen, dass die Digitalisierung nicht auf sie wartet. Wenn die Branche es nicht schafft, gemeinsame eigene Ticketangebote aus einer Hand zu entwickeln, werden es andere tun. Bei der DB werden bereits mehr als 70 Prozent der Fahrkarten im Fernverkehr per Smartphone oder Computer gebucht. Bis 2023 soll deshalb der Automatenverkauf von ICE-Tickets komplett aufgegeben werden, wie es explizit in der Agenda der DB-Spitze heißt. Der Konzern hat im Wettbewerb einen großen Vorteil: seinen riesigen Datenschatz. Rund 17 Millionen Kunden sind auf den Plattformen registriert. Mit der IT-Plattform Vendo will die DB »neue Potenziale im digitalen Vertrieb« erschließen. Das System sei fünf Mal leistungsfähiger. So sollen Bahnkunden auf dem Smartphone künftig schnellere Infos über Alternativen bei verpassten Zügen oder zu Wagenreihungen erhalten. Es soll Fahrzeitprognosen geben und die Schnellbuchung von DB- und Verbundtickets möglich werden. Auch der Service für Bahn-Bonus und den Komfort-Check-in werden optimiert, Entschädigungen bei Zugverspätungen sollen digital abgewickelt werden.

Klar ist: Beim Geschäft mit der Mobilität werden künftig der Onlinezugang zum Kunden und Angebote aus einer Hand entscheidend sein. Mit der Gründung der DB New Mobility hat der Konzern seine neuen Mobilitäts- und Digitalangebote unter einem Dach gebündelt und zeigt, dass man auf den Märkten der Zukunft ein wichtiger Anbieter bleiben und den rasanten digitalen Wandel nicht verschlafen will. Doch die Schwerfälligkeit, Finanzschwäche und Reformbedürftigkeit des riesigen Unternehmens sind keine optimalen Voraussetzungen, um die Chancen des digitalen Umbruchs zu nutzen. Daran wird die Bündelung der Angebote zunächst wenig ändern. Wenn die Einführung der neuen IT-Architektur und die Integration der Onlineplattformen aber gelingen, könnte der öffentliche Verkehr insgesamt attraktiver werden.

Und dieses Ziel sollte auch bei der Digitalisierung schon aus

Gründen des Klimaschutzes ganz vorne stehen. Die Chancen für die Bahn sind riesig. Das zeigen bereits vermeintliche Kleinigkeiten. So wurde Ende 2015 das erste Ersatzteil im 3-D-Druck hergestellt: einer von vielen 1000 Mantelhaken in den ICE-Zügen. Inzwischen werden bereits 120 unterschiedliche Ersatzteile schnell und günstig digital produziert, darunter im Metalldruck bis zu 17 Kilo schwere Sicherungsteile für den ICE und Radsatzlagerteile, die bisher bis zu zwei Jahre Lieferzeit hatten. Sabina Jeschke, im DB-Vorstand für Technik und Digitalisierung zuständig, will bis 2021 rund 10 000 verschiedene Ersatzteile über 3-D-Druck in den zwölf großen Instandhaltungswerken abrufbar machen. So werden Züge schneller wieder einsatzfähig sein.

In allen Konzernsparten soll die Digitalisierung einen großen Innovationsschub bringen. Vor allem im Güterverkehr gibt es enormen Nachholbedarf. Produktionsabläufe und Technik sind veraltet, digitale Flottensteuerung und automatisierte Prozesse könnten die Frachtbahnen konkurrenzfähiger machen. Zunächst werden 68 000 Güterwagen von DB Cargo mit intelligenter Sensorik ausgestattet. Digital vernetzte, elektrifizierte und später autonome fahrende Waggons könnten Kurier-, Express- und Paketdiensten wieder vom Lkw zurück auf die Schiene bringen.

Bei der Infrastruktur soll das Programm »Digitale Schiene Deutschland« (DSD) die Kapazität um bis zu 20 Prozent erhöhen. Dafür sollen das europäische Zugleitsystem ETCS und digitale Stellwerke sorgen. Die Kosten sind mit bis zu 35 Milliarden Euro allerdings gigantisch. Ziel ist dennoch, die Technik bis 2040 flächendeckend einzuführen. Damit würde auch autonomes, vollautomatisches Fahren möglich. Autonome Rangierloks werden von DB Cargo schon getestet. In Hamburg soll in einigen Jahren die S-Bahn ohne Fahrer unterwegs sein, in Nürnberg fährt die erste autonome U-Bahn bereits seit 2008. Der neue 5G-Mobilfunkstandard bringt für die Bahn ebenfalls Fortschritte, die DB erprobt die Technik mit dem Testzug Advanced Train Lab.

Eine neue Denkfabrik in Dresden unterstützt seit dem Frühjahr 2019 die Branche bei Innovationen. Das Deutsche Zentrum für

Schienenverkehrsforschung soll Lösungen für nachhaltige Mobilität voranbringen, von der Digitalisierung und Automatisierung bis zur Wirtschaftlichkeit und Sicherheit im Bahnverkehr. Die Finanzierung der Forschungsprogramme durch die Bundesregierung ist bisher allerdings überschaubar.

Die DB hat schon vor Jahren rund 150 eigene digitale Projekte gestartet. Allein in der DB Mindbox entwickeln 30 Start-ups in Berlin Produkte und Ideen rund ums Bahnfahren. Tausende Mitarbeiter werden mit Virtual- und Mixed-Reality-Programmen geschult. Und ein Blockchain-Team prüft, wie sich die Technik für den Schienenverkehr nutzen lässt.

Bei den Bahnkunden kommen durchaus nützliche Dinge an, zum Beispiel der DB Streckenagent. Die App informiert im Störfall per Push-Nachricht aufs Smartphone individuell über die aktuelle Situation und mögliche Alternativen. Als Pendler kann man Regional-Verbindungen eingeben, die der Streckenagent einmalig oder längere Zeit überwacht. Das ICE-Entertainment-Portal bietet auf längeren Zugfahrten Abwechslung: Filme, Serien, elektronische Zeitungen und Tipps zu Sehenswürdigkeiten auf der Strecke, dazu personalisierte Reiseinformation – alles nutzbar mit Smartphone oder Tablet über das kostenlose WLAN an Bord.

Allerdings hat die Digitalisierung auch Schattenseiten. So kam Ende 2018 heraus, dass sich Kriminelle mit gehackten Mailkonten Zugang zu Bahn-Kundenkonten verschafft und Tickets im Wert von bis zu 11 000 Euro gebucht haben, die dann trickreich über Stornierungen und digitale Gutscheine zu Geld gemacht wurden. Nach DB-Angaben wurden Kunden die Schäden erstattet und neue Sicherheitsmaßnahmen eingeführt. Der Betrug durch ergaunerte Gutscheine sei damit nicht mehr möglich. Es ist nicht der erste Fall, der zeigt, welch hochsensibles Thema der Umgang mit den Millionen Kunden- und Kontodaten ist – zumal für einen Staatskonzern, der ein gutes Vorbild sein soll.[96]

# 10. Vernetzung – Angebote von Tür zu Tür schaffen

Es ist ein wildes Rennen um den Platz auf dem Siegertreppchen. Milliardenschwere Start-ups drängen ebenso ins Geschäft mit der Mobilität der Zukunft wie etablierte Konzerne. Da bei immer mehr Menschen vor allem in staugeplagten Städten das eigene Auto nicht mehr auf der Wunschliste steht, suchen Kfz-Hersteller ihr Heil im Wandel zu Mobilitätsdienstleistern. So haben Daimler und BMW ihre Zukunftssparten zusammengelegt und bieten Carsharing, Mitfahrdienste und Buchungsplattformen nun aus einer Hand an. Allianzen scheinen nötig, denn beim Kampf um die besten Schnittstellen zur Kundschaft gibt es mächtige Konkurrenz. Der US-Fahrdienst Uber ist beim Börsengang im Frühjahr 2019 fast 76 Milliarden Dollar wert, der Konkurrent Lyft bereits 24 Milliarden. Dabei fahren beide Anbieter noch riesige Verluste ein. Doch die Anleger hoffen auf den großen Durchbruch und pumpen die Unternehmen für die Expansion mit enorm viel Geld auf.

In Deutschland ist Uber mit seinem Online-Vermittlungsdienst im ersten Anlauf dennoch gescheitert. Private Autobesitzer dürfen nicht einfach gegen Bezahlung und ohne Berechtigungsschein und Versicherung Personen befördern, das Taxigewerbe wehrte sich zu Recht und mit Erfolg. Inzwischen vermittelt die Uber-App lizenzierte Fahrer mit Mietwagen gegen hohe Provisionen, aber auch Taxis, Räder und Tretroller.

In vielen Ländern weltweit haben die US-Firma und ihre Gründer Travis Kalanick und Garrett Camp wegen ihrer Geschäftsmethoden einen schlechten Ruf, es gab viele Verbote und Prozesse. Auch das Versprechen, dass Fahrdienste zu weniger Straßenverkehr in den Städten führen, hat sich nicht erfüllt. Im Gegenteil steigen auch Bahn- und Busfahrer, Radfahrer und Fußgänger ins Auto um, wenn die Angebote schnell und günstig sind. In Städten wie San Francisco, dem Sitz von Uber, haben die Staus zugenommen, seit per App überall ein billiger Privatfahrer gerufen werden kann. Experten warnen daher davor, den Markt blind zu liberalisieren.

Verlierer könnte der öffentliche Verkehr sein, der Zuschussbedarf für Bahnen und Busse noch steigen, wenn Fahrgäste abwandern. Die Politik sollte daher konsequent dafür sorgen, dass neue Mobilitätsangebote nachhaltig sind – also dem öffentlichen Verkehr nicht schaden, sondern die Nutzung von Bahn und Bus fördern und ergänzen.

Wie bei den Berliner Verkehrsbetrieben, deren neue Mobilitäts-App Jelbi fast ein Dutzend Mobilitätsangebote verknüpft: U- und S-Bahn, Regionalzüge, Bus und Tram, Fähren, Carsharing, Mitfahrdienste, Mieträder und Elektroroller. Der Kunde muss am Smartphone nur Standort und Ziel eingeben, schon listet die App geeignete Reiseketten auf, mit Kosten, Zeitangaben und Ticketangeboten.

BVG-Chefin Sigrid Nikutta hat zudem erste »Mobilitäts-Hubs« an Bahnhöfen in der Hauptstadt einrichten lassen, wo Räder, Roller und Autos geliehen werden können. Zudem ist im Osten Berlins der »Berlkönig« für die Verkehrsbetriebe unterwegs, ein Sammel-Shuttle-Service, der per App gebucht werden kann und vor allem Nachtschwärmer für nur 1,50 Euro pro Kilometer und vier Euro Mindestpreis nach Hause bringt. Die Routen und Stopps werden von einem Algorithmus optimiert. Die Taxibranche ist auch über dieses Konkurrenzangebot wenig begeistert, die Stadtverwaltung hat ihrem Verkehrsunternehmen den Dienst mit 130 Kleinbussen aber für vier Jahre genehmigt. So soll erprobt werden, ob das Angebot den Autoverkehr reduziert. Im Westen Berlins ist mit »Clevershuttle« eine ähnliche Flotte unterwegs, an diesem Start-up ist die DB beteiligt.

Mit der neuen Geschäftssparte DB New Mobility GmbH will der Staatskonzern nahtlose Mobilitätsangebote von Tür zur Tür bieten, die online einfach buchbar sind und die Reisekette vor und nach der Zugfahrt schließen. Vom Mitfahrdienst bis zum Lastenrad will man nachhaltige Verkehrsmittel anbieten. Digitale Helfer sollen die besten Routen finden und den Ticketkauf erleichtern. Einige Beispiele:

Smart City: Unter dieser Überschrift arbeitet die DB an Lösungen für nachhaltige Städte. Die Probleme sind bekannt: Immer mehr Menschen ziehen in Ballungsräume, über 18 Millionen Pendler fahren täglich mehr als 50 Kilometer zur Arbeit. Autoverkehr und Umweltbelastung wachsen, mehr als 70 deutsche Städte überschreiten die Stickstoff-Grenzwerte. Mit Smart City bietet die DB den Kommunen umweltschonende Konzepte an. Bahnhöfe sollen zu »Mobilitäts-Hubs« werden, wo E-Bikes, E-Roller, Mitfahrdienste und Lasten-Bikes für die Fahrt in der Stadt bereitstehen – so wie es Berlin nun erprobt.

Ioki: Die DB-Marke will das eigene Auto überflüssig machen, zum Beispiel durch nachhaltige Shuttle-Services als Ergänzung zum ÖPNV. Im Hamburger Verkehrsverbund (HVV) bringt Ioki in den Stadtteilen Lurup und Osdorf auf Zuruf Fahrgäste zur nächsten Haltestelle. Die emissionsfreien Elektroautos des britischen Herstellers LEVC können per App bestellt werden, die Fahrt ist im Verbundtarif enthalten. In Berlin ist in Kooperation mit der BVG ein autonom fahrender E-Kleinbus des Herstellers Easy-Mile per App individuell bestellbar und zunächst auf dem EUREF-Campus in Berlin-Schöneberg unterwegs.

Flinkster und Call A Bike: Das DB-eigene Carsharing wird schon in mehr als 300 Städten an über 800 Mietstationen angeboten. Neben Autos gibt es auch Elektro-Roller zur Miete. Ein Smart kostet per App tagsüber ab 2,30 Euro/Stunde, ein Luxusauto ab 9,50 Euro. Anmeldung für Bahncard-Besitzer kostenlos. Call A Bike bietet Miet räder in mehr als 50 Städten an.

Clever Shuttle & Co.: Der Sammelfahrdienst soll Personen mit ähnlichen Routenwünschen verbinden. Wie beim Ortungsdienst What3words und beim Taxidienst Talixo hofft die DB, dass ihr Risikokapital gut investiert ist und die Unternehmen den Durchbruch schaffen. Auch an den beiden US-Start-ups Gokid und Ridecell hat sich der Konzern beteiligt. Mit Gokid können Eltern Fahrgemeinschaften für ihre Kinder organisieren. Ridecell ist eine Plattform für Anbieter von Fahrdiensten und Carsharing, über die bereits mehr als 20 Millionen Fahrten abgewickelt wurden.

We Colli: Unter dieser Marke sollen Elektro-Lastenräder als

umweltfreundliche Alternative zum Lkw etabliert werden. Lieferungen werden an Bahnhöfen gesammelt und von dort mit den E-Cargos an die Empfänger verteilt. Die Bikes können bis zu 400 Kilogramm laden, verringern Verkehrslärm und Schadstoffausstoß in der Stadt und werden Logistikfirmen und Versendern für die letzte Meile zum Empfänger angeboten.

Qixxit: Mit dieser App kann man die beste Verbindung suchen, um von A nach B zu kommen. Neben der Bahn werden Fernbus und Flugzeug berücksichtigt. Der Reiseplaner mit Buchungsmöglichkeit hat sich gut etabliert, wurde aber abgespeckt, was Kritik bei Nutzern auslöste.

Welche Ideen und Angebote sich letztlich durchsetzen, ist völlig offen. Auch die DB hat schon einiges Geld in erfolglosen Projekten versenkt. So brachte das Berliner Innovationszentrum für Mobilität (InnoZ) nicht den erhofften Fortschritt, nach Siemens und T-Systems stieg auch der Staatskonzern aus. Die Gefahr ist groß, dass man sich mit Dutzenden digitaler Projekte verzettelt.

So darf man gespannt sein, wie sich der Staatskonzern im Verkehrsmarkt der Zukunft behaupten kann. Das Ziel steht fest. Demnach will die DB »auch jenseits der Schiene führender Anbieter eines umfassenden Mobilitätsportfolios in Deutschland und Europa bleiben«, wie Vorstand Berthold Huber betont. Im Verbund mit den öffentlichen Verkehrsunternehmen sind die Chancen dafür nicht schlecht, sofern die Politik auf faire Bedingungen für alle Anbieter achtet. Dann könnten Kunden und Umwelt von besseren und nachhaltigen Reiseketten profitieren.

# Bitte umsteigen!

## Die Bahn als Motor der Verkehrswende

Jede Förderung des Schienenverkehrs ist aktiver Umweltschutz. Unser Schienenverkehr muss viel leistungsfähiger werden, um das Wachstum bei Fahrgästen und Gütern bewältigen zu können. Und die Bahn muss attraktiver werden, damit mehr Menschen den Zug nutzen und das Auto stehen lassen. Doch mehr und besserer Schienenverkehr kostet Geld. Sehr viel Geld. Geld, das die Deutsche Bahn AG nicht hat.

Guter Rat ist teuer. Mitte Juni 2019 hat der DB-Aufsichtsrat in Berlin die neue Konzernstrategie beraten. Die neue Richtung gibt der Koalitionsvertrag vor. Wenn künftig »nicht die Maximierung des Gewinns, sondern eine sinnvolle Maximierung des Verkehrs auf der Schiene« im Vordergrund stehen soll, müssen Union und SPD allerdings die schönen Maßnahmen für den »Wow-Effekt« bei der Bahn von Verkehrsminister Scheuer finanziell absichern. Bisher hat der Haushaltsausschuss des Deutschen Bundestags noch eine Schuldengrenze bei der DB von rund 20 Milliarden Euro vorgegeben. Und auch Finanzminister Olaf Scholz tritt bisher auf die Bremse. Er will im Haushalt bei Weitem nicht so viel Geld locker machen, wie angesichts des gewaltigen Investitionsstaus im Schienenverkehr zwingend nötig wäre.

Doch Nichtstun und Abwarten helfen der Bahn und ihren täglich sieben Millionen Fahrgästen nicht weiter. Die Regierung Merkel muss als Dienstherr des Staatskonzerns und Eigentümer des Schienennetzes endlich entscheiden, was passieren soll. Mehr Geld, mehr Schulden – oder Stillstand mit allen lähmenden Konsequenzen? Es droht weiteres Aufschieben, da die Koalition seit den Europawahlen noch mehr wackelt. Das wäre fatal, denn die Bahn braucht rasch einen klaren Kurs.

Nun rächt sich, dass Union und SPD so lange die großen Chancen einer Verkehrswende verpasst haben. In den letzten zehn Jahren sprudelten die Steuereinnahmen, es wäre mehr als genug Geld da gewesen für besseren Schienenverkehr in der Fläche, für intelligente Anbindung neuer Siedlungsgebiete und Gewerbezentren, für die Förderung der Frachtbahnen, für die Beseitigung so vieler Engpässe im Netz sowie eine große Investitionsoffensive bei der Infrastruktur. Das alles wurde zu spät initiiert oder ganz verpasst – eines der großen Versäumnisse der Regierung Merkel.

Die deutsche Regierung sollte sich in ihrer Verkehrspolitik endlich ehrlich machen. Jetzt wäre der richtige Zeitpunkt für den Kassensturz. Ressortchef Scheuer sollte nicht nur schöne Zukunftspläne verkünden, sondern bitte auch die Rechnung dafür auf den Tisch legen. Wenn Deutschland bis 2030 einen bundesweiten Taktverkehr und bis 2040 eine der besten Bahnen der Welt haben will, wird das pro Jahr mindestens 20 Milliarden Euro kosten – also wenigstens fünf Milliarden Euro mehr, als bisher für den Regionalverkehr sowie den Erhalt und Ausbau des Netzes fließen.

Ehrlich machen sollte sich die Regierung auch beim problematischsten Bahnprojekt Stuttgart 21. Kanzlerin Merkel hat die Entscheidung über die hoch umstrittene Fortführung von S 21 seinerzeit quasi zur Chefsache gemacht. Doch die Bahn soll dafür zahlen und muss dafür bei anderen wichtigen Vorhaben sparen. Sollen neue ICE-Züge abbestellt werden, damit die Baurechnungen für 59 Kilometer Tunnel in Stuttgart bezahlt werden können? Das Mindeste wäre, dass der Bund sich endlich zu seiner Verantwortung bekennt, die Mehrkosten übernimmt und den Wählern erklärt, was schiefgelaufen ist – und welche Konsequenzen gezogen werden.

Schuldenbremsen helfen jedenfalls überhaupt nicht weiter, weder bei der Bahn noch beim Bund. Das ist viel zu kurzfristig gedacht, vor allem, wenn Ausgaben sich vielfach auszahlen. Sowohl der Klimaschutz als auch mehr und besserer Schienenverkehr kosten nun einmal viel Geld. Fakt ist: Wenn Bahnchef Lutz seine »Agenda für eine bessere Bahn« mangels Finanzierung nicht umsetzen kann, werden Verspätungen und Qualitätsmängel im

Schienenverkehr eher noch größer werden, weil neue Züge und ausreichend Personal für die steigende Nachfrage fehlen. Und am Ende zahlt der Konzern deshalb noch höhere Vertragsstrafen und Entschädigungen als ohnehin schon. Für unsere Volkswirtschaft hätte ein weiterer Sparkurs noch gravierendere Folgen. Denn mit einer schwachen Bahn verstärken sich die Mobilitätsprobleme weiter, weil noch mehr Verkehr über die bereits überlasteten Straßen rollt. Was bedeutet: Noch mehr Zeit und Geld wird in Auto- und Lkw-Staus verschwendet, die uns Wachstum, Wohlstand und eine intakte Umwelt kosten.

Den Fuß von der Schuldenbremse zu nehmen, heißt nicht, der Bahn das Steuergeld hinterherzuwerfen. Im Gegenzug muss die Politik bessere Mittelkontrollen durchsetzen, wie es der Bundesrechnungshof seit Jahren verlangt. Die vielen Milliarden für den Erhalt des Schienennetzes dürfen nicht zweckentfremdet werden.

Am wichtigsten aber ist: Die Strategie für eine starke Schiene und mehr Klimaschutz muss sehr langfristig angelegt sein und ebenso langfristig deren Finanzierung gesichert werden, so wie es das erfolgreichste Bahn-Land, die Schweiz, seit Jahrzehnten vormacht. Auch Fondsmodelle sind denkbar. Das Geld dafür ist da und zu beschaffen, wenn die Politik will. Deutschland ist eine sehr reiche Nation, die sich eine viel bessere Bahn leisten kann, leisten sollte und leisten muss. So könnte die Bundesrepublik zum Vorbild und Leitbild für nachhaltige Mobilität in Europa und weltweit werden. Es ist höchste Zeit für diese Verkehrswende.

# Anhang

## Anmerkungen

Die Artikel des Autor zum Thema sind auf den Webseiten stuttgarter-zeitung.de, stuttgarter-nachrichten.de, tagesspiegel.de, ksta.de, fr.de, haz.de, badische-zeitung.de, goettinger-tageblatt.de und lvz.de zu finden; Interviewäußerungen, sofern nicht anders angegeben, ebenfalls. Im Folgenden sind nur Fremdtexte nachgewiesen und Beiträge des Autors, die online nicht verfügbar sind.

1 Deutsche Bahn: Geschäftsbericht 2018 und Deutsche Bahn: Wussten Sie schon, dass … (Ausgabe 2019).
2 https://www.vcd.org/themen/bahn/vcd-bahntest-201819/.
3 https://www.zugfinder.de.
4 https://dipbt.bundestag.de/doc/btd/19/084/1908483.pdf.
5 Ebd.
6 http://dip21.bundestag.de/dip21/btd/19/084/1908483.pdf.
7 Agenda für eine bessere Bahn, Deutsche Bahn 2018, S. 34 (vertrauliches Dokument).
8 DB Welt 1/19.
9 Wussten Sie schon, dass … (Ausgabe 2019); DB AG, März 2019.
10 https://www.allianz-pro-schiene.de/wettbewerbe/eisenbahner-mit-herz/.
11 GDL-Pressemitteilung vom 20. 5. 2019.
12 20 Jahre Bahnreform und Deutsche Bahn AG; Andreas Schwilling u. a. (Roland Berger Consultants) i. A. der DB, 2014 erschienen, S. 154.
13 Agenda für eine bessere Bahn (streng vertraulich), S. 61 – 73.
14 Bahntagebuch Mathias Gastel, exklusive Bilanz April 2019 für den Autor. Mehr unter: http://www.matthias-gastel.de/meine-fahrgast-erlebnisse-mit-der-deutschen-bahn/.
15 Interview mit dem Autor am 16. 4. 2019; in Auszügen u. a. https://www.tagesspiegel.de/wirtschaft/bahnvorstand-huber-im-interview-wir-koennen-im-fernverkehr-doppelt-so-viele-fahrgaeste-schaffen/24246856.html.
16 Sechs Jahre Verspätung: Das gigantische Projekt »Hauptbahnhof« ist finanziell und planerisch aus dem Ruder gelaufen; Frankfurter Rundschau v. 24. 5. 2006, S. 40.

17 https://www.allianz-pro-schiene.de/wettbewerbe/bahnhof-des-jahres/.

18 Thomas Wüpper: Kaum noch Zugtickets im Reisebüro;
Märkische Allgemeine vom 7. 9. 2018, S. 6.

19 https://www.vcd.org/themen/bahn/vcd-bahntest-201819/.

20 http://www.bahn-fuer-alle.de/pages/pressemitteilungen/2017/
db-ag-preise-rauf-ndash-puenktlichkeit-runter.php.

21 Bernhard Knierim / Winfried Wolf: Bitte umsteigen! –
20 Jahre Bahnreform, Stuttgart 2014.

22 http://dip21.bundestag.de/dip21/btd/16/050/1605037.pdf.

23 https://www.nzz.ch/schweiz/ausbau-neat-zufahrten-
wirtschaftsverbaende-geisseln-verzoegerung-ld.1489543.

24 https://www.bazonline.ch/schweiz/standard/drittweltland-
deutschland/story/17089785.

25 http://wikireal.info/wiki/Stuttgart_21/Zitate#cite_
note-StN_2010_10_16-3.

26 Bundesrechnungshof: Bericht an den Haushaltsausschuss des Deutschen Bundestags nach § 88 Abs. 2 BHO über die Projekte Stuttgart
21 und die Neubaustrecke Wendlingen – Ulm vom Oktober 2008.

27 »Bahn will Stuttgart untertunneln«, Stuttgarter Zeitung, Seite 1,
18. 4. 1994.

28 Renaissance der Bahnhöfe – Die Stadt im 21. Jahrhundert; Sonder-
ausgabe Bund Deutscher Architekten / Deutsche Bahn AG, 1996.

29 https://www.bei-abriss-aufstand.de.

30 http://www.schlichtung-s21.de/begruessung_schlichtung.html.

31 https://www.bundesrechnungshof.de/de/veroeffentlichungen/
produkte/sonderberichte/bahn-ag-2019/2019-sonderbericht-
strukturelle-weiterentwicklung-und-ausrichtung-der-deutschen-
bahn-ag-am-bundesinteresse.

32 Siehe (30).

33 Winfried Wolf: Abgrundtief + bodenlos – Stuttgart 21 und sein
absehbares Scheitern, Köln 2017.

34 Thomas Wüpper: Ein waghalsigen Experiment«; in: Bild der Wissenschaft, August 2017, S. 78 – 85.

35 https://www.railfreightforward.eu/noahs-train.

36 Agenda für eine bessere Bahn, Deutsche Bahn AG, S. 74 – 107.

37 Thomas Wüpper: Bahn setzt weiter auf Auslandsgeschäft,
Stuttgarter Zeitung 19. 12. 2015.

38 http://dip21.bundestag.de/dip21/btd/19/094/1909440.pdf.

39 Thomas Wüpper: Die Bahn fährt weniger ein,
Tagesspiegel, 5. 12. 2018.

40 Pünktlichkeit im Schienengüterverkehr; FDP-Anfrage der Abgeordneten Christian Jung u. a. im Deutschen Bundestag, Drucksache 19/9069.

41 https://www.bundesrechnungshof.de/de/veroeffentlichungen/produkte/sonderberichte/bahn-ag-2019/2019-sonderbericht-strukturelle-weiterentwicklung-und-ausrichtung-der-deutschen-bahn-ag-am-bundesinteresse.

42 Lothar Gall/Manfred Pohl: Die Eisenbahn in Deutschland, München 1999.

43 Andreas Schwilling / Stephan Bunge: 20 Jahre Bahnreform und Deutsche Bahn AG, Hamburg 2014.

44 Ebd.

45 http://www.vcd-dortmund.de/cms/front_content.php?idcat=154&idart=1587.

46 https://www.bundesrechnungshof.de/de/veroeffentlichungen/produkte/sonderberichte/bahn-ag-2019/2019-sonderbericht-strukturelle-weiterentwicklung-und-ausrichtung-der-deutschen-bahn-ag-am-bundesinteresse.

47 Weert Canzler/Andreas Knie: Autos in den Städten sind so was von gestern; Zeit online, 2. 4. 2017; https://www.zeit.de/mobilitaet/2017-03/verkehrspolitik-auto-stadt-carsharing-oeffentlicher-nahverkehr.

48 Bilanz der Verkehrspolitik der Bundesregierung; Kleine Anfrage der Grünen im Bundestag; Antwort der Bundesregierung vom 21. 5. 2019 (Bundestagsdrucksache 19/9586).

49 https://www.netzwerk-bahnen.de/news/auf-jeden-kilometer-eisenbahnneubau-kommen-150-kilometer-neue-strassen.html.

50 https://www.netzwerk-bahnen.de/news/60-milliarden-euro-strassenverkehr-deckt-schon-seine-direkten-kosten-nicht.html.

51 https://www.adv.aero/aktuelle-verkehrszahlen/.

52 Luftfahrt Aktuell 4/2019; Bundesverband der Deutschen Luftverkehrswirtschaft.

53 Siehe (48).

54 https://www.allianz-pro-schiene.de/presse/pressemitteilungen/verkehr-ist-sorgenkind-des-klimaschutzes/.

55 https://www.bundestag.de/grundgesetz.

56 https://www.swr.de/report/presse/27-die-deutsche-bahn-hat-mehr-als-100-bahnhoefe-vom-fernverkehr-abgehaengt/-/id=1197424/did=9495706/nid=1197424/p7mqg9/index.html.

57 https://www.bundesrechnungshof.de/de/veroeffentlichungen/produkte/sonderberichte/bahn-ag-2019/statement.

58 https://www.bundesrechnungshof.de/de/veroeffentlichungen/
produkte/sonderberichte/bahn-ag-2019/2019-sonderbericht-
strukturelle-weiterentwicklung-und-ausrichtung-der-deutschen-
bahn-ag-am-bundesinteresse.

59 https://www.deutschebahn.com/de/konzern/konzernprofil/
aufsichtsrat-1187670.

60 https://www.bundesverfassungsgericht.de/SharedDocs/
Entscheidungen/DE/2017/11/es20171107_2bve000211.h.

61 https://www.eisenbahn-unfalluntersuchung.de/SharedDocs/
Downloads/EUB/Untersuchungsberichte/2013/052_Duesseldorf_
Derendorf.pdf?__blob=publicationFile&v=4.

62 Deutsche Bahn: Daten und Fakten 2018.

63 https://www.bundesrechnungshof.de/de/veroeffentlichungen/
produkte/sonderberichte/bahn/2018-sonderbericht-ziele-des-
bundes-bei-den-verhandlungen-mit-der-deutschen-bahn-ag-
ueber-eine-dritte-leistungs-und-finanzierungsvereinbarung-
fuer-die-bestehende-eisenbahninfrastruktur.

64 https://www.eisenbahn-unfalluntersuchung.de/EUB/DE/home_
node.html.

65 https://www.spiegel.de/panorama/zugunglueck-bei-hordorf-bahn-
und-ministerium-wussten-seit-jahren-von-gefahren-der-strecke-a-
743734-druck.html.

66 https://www.bundesrechnungshof.de/de/veroeffentlichungen/
produkte/sonderberichte/bahn-ag-2019/2019-sonderbericht-
strukturelle-weiterentwicklung-und-ausrichtung-der-deutschen-
bahn-ag-am-bundesinteresse.

67 https://www.welt.de/wirtschaft/article174799068/Ruediger-
Grube-Ueppige-Pension-zusaetzlich-zur-Millionenabfindung.html.

68 Günter Ederer/Gottfried Ilgmann: Deutschland im Stau – Was das
Verkehrschaos kostet, Berlin 2014.

69 Heiner Monheim: Zukunft der Bahn(en) in Deutschland.
Analysepapier 2019.

70 http://www.michael-cramer.eu/fileadmin/documents/Publikationen/
MissingLink_DE_Plakat_2015_www.pdf.

71 https://www.bundesrechnungshof.de/de/veroeffentlichungen/
produkte/sonderberichte/bahn-ag-2019/2019-sonderbericht-
strukturelle-weiterentwicklung-und-ausrichtung-der-deutschen-
bahn-ag-am-bundesinteresse.

72 Christian Böttger: Situation und Perspektiven der DB AG, in:
ifo Schnelldienst 5/2019 vom 7.3.2019.

73 https://www.deutschebahn.com/de/presse/pressestart_zentrales_

uebersicht/DB-Chef-Lutz-Schiene-ist-elementar-fuer-Klimaschutz-
in-Deutschland--4145226.

74  https://www.bmwi.de/Redaktion/DE/Artikel/Industrie/
    klimaschutz-klimaschutzplan-2050.html.

75  https://www.adac.de/der-adac/rechtsberatung/verkehrsvorschriften/
    ausland/tempolimits-ausland/.

76  https://www.handelsblatt.com/politik/deutschland/umweltdebatte-
    fuer-verkehrsminister-scheuer-sind-tempolimits-gegen-jeden-
    menschenverstand/23886030.html?ticket=ST-1120531-bGedZDcwE-
    WDbpRLTb2pz-ap2.

77  https://www.deutschlandfunk.de/verkehr-in-deutschland-breites-
    buendnis-fordert-tempolimit.769.de.html?dram:article_id=446122.

78  https://www.plattform-zukunft-mobilitaet.de/schwerpunkte/ag-1/.

79  https://www.br.de/nachrichten/deutschland-welt/umweltamt-eine-
    tonne-co2-verursacht-umweltschaeden-von-180-euro,R9x0759.

80  https://www.spiegel.de/plus/autos-rau.

81  https://www.bundesrechnungshof.de/de/veroeffentlichungen/
    produkte/sonderberichte/bahn-ag-2019/2019-sonderbericht-
    strukturelle-weiterentwicklung-und-ausrichtung-der-deutschen-
    bahn-ag-am-bundesinteresse.

82  https://www.bundesregierung.de/resource/.
    blob/975226/847984/5b8bc23590d4cb2892b31c987ad672b7/
    2018-03-14-koalitionsvertrag-data.pdf?download=1.

83  https://www.spdfraktion.de/system/files/documents/
    impulspapier-schienenpakt2030-spdfraktion.pdf.

84  https://www.bundesrechnungshof.de/de/veroeffentlichungen/
    produkte/sonderberichte/bahn-ag-2019/2019-sonderbericht-
    strukturelle-weiterentwicklung-und-ausrichtung-der-deutschen-
    bahn-ag-am-bundesinteresse.

85  Interview mit Professor Christian Böttger im Mai 2019.

86  https://www.bundesrechnungshof.de/de/veroeffentlichungen/
    produkte/sonderberichte/bahn-ag-2019/2019-sonderbericht-
    strukturelle-weiterentwicklung-und-ausrichtung-der-deutschen-
    bahn-ag-am-bundesinteresse.

87  https://www.evg-online.org/fileadmin/Politik/bahnretter/web_evg_
    positionspapier_A4.pdf.

88  Interview im Juni 2019.

89  https://www.flixbus.de; https://www.bahn.de.

90  Geschäftsbericht Deutsche Bahn 2018, S. 121.

91  https://www.allianz-pro-schiene.de/wp-content/uploads/2015/09/
    fahrplan-zukunft-langfassung.pdf.

92  https://www.agora-verkehrswende.de/veroeffentlichungen/
    railmap-2030/.
93  Deutsche Bahn AG: Agenda für eine bessere Bahn, 2018.
94  https://mobimeo.com.
95  https://www.mobilityinside.de.
96  Thomas Wüpper: Ticketbetrug schreckt Bahn auf, Rheinpfalz,
    21. 12. 2018.

# Abkürzungen

| | |
|---|---|
| BC | Bahncard |
| BEU | Bundesstelle für Eisenbahnunfalluntersuchung |
| BEV | Bundeseisenbahnvermögen |
| BRH | Bundesrechnungshof |
| BT | Bombardier Transportation |
| BVWP | Bundesverkehrswegeplan |
| CDU | Christlich Demokratische Union Deutschlands |
| CSU | Christlich-Soziale Union in Bayern |
| DB | Deutsche Bahn |
| DB ML | DB Mobility Logistics AG |
| DSD | Digitale Schiene Deutschland |
| EBA | Eisenbahn-Bundesamt |
| EBIT | Earnings before interest and taxes (Betriebsgewinn vor Zinsen und Steuern) |
| EBITDA | Earnings before interest, taxes, depreciation and amortization (Betriebsgewinn vor Zinsen, Steuern und Abschreibungen auf Sachanlagen und immaterielle Vermögenswerte) |
| EC | Eurocity |
| EEG | Erneuerbare-Energien-Gesetz |
| ERegG | Eisenbahnregulierungsgesetz |
| ETCS | European Train Control System |
| EVG | Eisenbahnverkehrsgewerkschaft |
| EWS | English-Welsh-Scottish-Railways |
| FDP | Freie Demokratische Partei |
| GdED | Gewerkschaft der Eisenbahner Deutschlands |
| GDL | Gewerkschaft Deutscher Lokomotivführer |
| IC | Intercity |
| ICE | Intercity Express |
| INPB | Infrastrukturnutzungsbedingungen Personenbahnhöfe |
| LuFV | Leistungs- und Finanzierungsvereinbarung |
| MORA C | Marktorientierten Angebot Cargo |
| MORA P | Marktorientiertes Angebot Personenverkehr |
| NEAT | Neue Eisenbahn-Alpentransversale |
| NEE | Netzwerk Europäischer Eisenbahnen |
| NPM | Nationalen Plattform Zukunft der Mobilität |
| NTV | Nuovo Trasporto Viaggiatori |
| PEP | Preis- und Erlösmanagement Personenverkehr |
| Pkm | Personenkilometer (Maßeinheit für die Transportleistung: |

| | Zahl der beförderten Personen multipliziert mit der zurück- |
| | gelegten Strecke in Kilometern) |
| PZB | Punktförmige Zugbeeinflussung |
| ROCE | Return on Capital Employed |
| | (Rendite auf das eingesetzte Kapital) |
| S 21 | Stuttgart 21 |
| SPD | Sozialdemokratische Partei Deutschlands |
| TEN | Transeuropäischen Netze |
| Tkm | Tonnenkilometer (Maßeinheit für die Transportleistung: |
| | Frachtgewicht multipliziert mit der zurückgelegten Strecke |
| | in Kilometern. Ein Tkm entspricht einer Tonne Ladung, die |
| | einen Kilometer befördert wird) |
| VCD | Verkehrsclub Deutschland |
| VDE | Verkehrsprojekt Deutsche Einheit |
| VDV | Verband Deutscher Verkehrsunternehmen |

# Literaturverzeichnis

Bodack, Karl-Dieter: InterRegio. Die abenteuerliche Geschichte eines beliebten Zugsystems, Freiburg 2005.

Brandt, Eberhard / Haack, Manfred / Törkel, Bernd: Verkehrskollaps, Frankfurt 1994.

Bundesministerium für Verkehr, Bau und Stadtentwicklung / Bundesministerium für Finanzen: Privatisierungsvarianten der Deutschen Bahn AG mit und ohne Netz, Booz Allen Hamilton, 2006.

Bundesministerium für Verkehr / Bundesministerium für Finanzen: Kapitalmarktfähigkeit der Deutschen Bahn AG, Morgan Stanley 2004.

Bundesnetzagentur: Marktuntersuchung Eisenbahnen 2017, Bonn 2017.

Bundesverband der Deutschen Industrie: Privatisierung der integrierten Deutsche Bahn AG – Auswirkungen und Alternativen, Berlin 2006.

Deutsche Bahn AG (Hrsg.): Geschäftsberichte 1994 – 2018.

Deutsche Bahn AG (Hrsg.): Planet Eisenbahn, Köln 2010.

Deutsche Bahn AG (Hrsg.): Eisenbahnbrücken – Ingenieurbaukunst und Baukultur, Hamburg 2009.

Ederer, Günter / Ilgmann, Gottfried: Deutschland im Stau. Was das Verkehrschaos kostet, Berlin 2014.

Engarter, Tim: Die Privatisierung der Deutschen Bahn – Über die Implementierung marktorientierter Verkehrspolitik, Wiesbaden 2008.

Esser, Christian / Randerath, Astrid: Schwarzbuch Deutsche Bahn, München 2010.

Gall, Lothar/Pohl, Manfred: Die Eisenbahn in Deutschland – Von den Anfängen bis zur Gegenwart, München 1999.

Gottwaldt, Alfred B.: Deutsche Reichsbahn. Kulturgeschichte und Technik, Stuttgart 2007.

Haack, Manfred/Wolf, Werner: Brauchen wir die Bahn?, Bonn 1988.

Hutter, Claus-Peter/Markert, Traugott/Ribbe, Lutz: Das Bahnhasserbuch – Das Leben in vollen Zügen genießen, München 2003.

Ludewig, Johannes/Calthrop, Edward: Eisenbahnreform in Europa – Eine Standortbestimmung, Brüssel 2005.

Knierim, Bernhard/Wolf, Winfried: Bitte umsteigen! 20 Jahre Bahnreform, Stuttgart 2014.

Mehdorn, Hartmut: Diplomat wollte ich nie werden, Hamburg 2007.

Monheim, Heiner/Monheim-Dandorfer, Rita: Straßen für alle – Analysen und Konzepte zum Stadtverkehr der Zukunft, Hamburg 1990.

Monheim, Heiner/Nagorni, Klaus: Die Zukunft der Bahn – Zwischen Bürgernähe und Börsengang, Karlsruhe 2004.

Preuß, Erich: Bahn im Umbruch, Stuttgart 2004.

Preuß, Erich: Eisenbahnunfälle bei der Deutschen Bahn, Stuttgart 2008.

Reforming Europe's Railways – An assessment of progress. Published by the Community of European Railway and Infrastructure Companies, Brüssel 2005.

Reimon, Michel/Felber, Christian: Schwarzbuch Privatisierung, Wien 2003.

Rügemer, Werner: Privatisierung in Deutschland, Münster 2006.

Schricker, Peter (Hrsg.): Die Eisenbahn, München 2007.

Spörrle, Mark/Schumacher, Lutz: Der Anschlusszug kann leider nicht warten, München 2012.

Spörrle, Mark/Schumacher, Lutz: Senk ju vor träwelling – Tipps zum Überleben in der Bahn, Freiburg i. B. 2008.

Schwilling, Andreas/Bunge, Stephan: 20 Jahre Bahnreform und Deutsche Bahn AG, Hamburg 2014.

Wacket, Markus: Mehdorn, die Bahn und die Börse. Wie der Bürger auf der Strecke bleibt, München 2008.

Weidelich, Friedhelm: 11 Gründe, die Eisenbahn zu lieben, Berlin 2015.

Wolf, Winfried: abgrundtief + bodenlos – Stuttgart 21 und sein absehbares Scheitern, Köln 2017.

Wolf, Winfried: Mit Hochgeschwindigkeit aufs falsche Gleis – Bahnprivatisierung in Deutschland und international, Frankfurt am Main 2007.

Wolf, Winfried: Verkehr. Umwelt. Klima – Die Globalisierung des Tempowahns, Wien 2007.

# Dank

Dieses Buchprojekt wurde in wenigen Monaten realisiert und bedeutete eine erhebliche Zusatzbelastung im Arbeitsalltag und im Privatleben. An erster Stelle danke ich daher meiner Familie und besonders meiner Frau Jutta für die Unterstützung und das Verständnis, dass viele andere Dinge zu kurz gekommen sind.

Ohne vertrauliche Hinweise und Schriftstücke und ohne Rat und Hilfe von vielen Gesprächspartnern bei meiner Arbeit als Wirtschaftskorrespondent hätten viele Texte nicht entstehen können. Deshalb gilt mein herzlicher Dank allen Informanten, die aus unterschiedlichen Gründen nicht namentlich genannt werden wollen: Mitarbeitern der DB AG und anderer Branchenunternehmen, von Ministerien, Gewerkschaften und Verbänden, aus Politik, Wirtschaft und Wissenschaft.

Der Staatskonzern hat auf meine Anfragen zahlreiche Informationen geliefert. DB-Chef Richard Lutz, Verkehrsvorstand Berthold Huber, Personalvorstand Martin Seiler und weitere Manager waren zu persönlichen Interviews bereit, die manche Einordnung von Sachverhalten in diesem Buch erleichterten. Trotz meiner seit vielen Jahren kritischen Berichterstattung für Zeitungen achtete die Presseabteilung auf einen fairen Umgang. Das ist nicht selbstverständlich, es gab auch ganz andere Zeiten und schlechte Erfahrungen. Für das Entgegenkommen bedanke ich mich.

Das Konzept und die Inhalte dieses Buches haben sich auch in langen Gesprächen konkretisiert. Mein besonderer Dank gilt meinem alten Freund und erfahrenen Kollegen Erwin Single für zahlreiche Anregungen, seine Erfahrungsberichte aus dem Bahnalltag und die konstruktive Kritik zu den Textentwürfen.

Einige Experten und Vertraute haben sich viel Zeit für Interviews genommen, Teile des Rohmanuskripts gelesen und viele wertvolle Hinweise gegeben. Ausdrücklich danke ich dafür Felix Berschin (KCW), Christian Böttger (HTW Berlin), Bernhard Knierim (Bahn für Alle), Peter Westenberger (NEE) und Winfried Wolf (Lunapark 21). Matthias Gastel von den Grünen hat zudem freundlicherweise eine kleine Bilanz seines Bahn-Tagebuchs beigesteuert.

Unterschiedliche Sichtweisen auf die DB AG haben mir zahlreiche Gespräche mit ausgewiesenen Kennern der Materie verschafft. Mein Dank dafür gilt Hermann Abmayr (Filmemacher), Christoph Engelhardt (Analyst), Dirk Flege (Allianz pro Schiene), Winfried Hermann (Verkehrsminister Baden-Württembergs), Anton Hofreiter (Fraktionschef Bündnis 90/Grüne), Michael Holzhey (Verkehrsberater), Christian Jung

(Bundestagsabgeordneter), Eisenhart von Loeper (Aktionsbündnis gegen S 21), Karl-Peter Naumann (Fahrgastverband Pro Bahn), Jens Schwarz (Vorsitzender des DB-Konzernbetriebsrats) und Claus Weselsky (Vorsitzender der GDL).

Meinen Zeitungsredaktionen und -verlagen danke ich für die Nachsicht, dass einige Monate lang etwas weniger aktuelle Texte von mir angekommen sind. Die Recherche für das Buch hat mir zu neuen Einsichten, Unterlagen und Kontakten verholfen, von denen die laufende Berichterstattung profitieren wird.

Christoph Links und seinem Berliner Verlag danke ich für das Vertrauen, gemeinsam in so kurzer Zeit ein so umfangreiches Projekt zu stemmen. Besonderer Dank gilt meinem Lektor Christof Blome, selbst DB-Stammkunde, für die sorgfältige Korrektur des Manuskripts, die zahlreichen kritischen und konstruktiven Hinweise und den regen Ideenaustausch.

Über Hinweise, Kommentare und konstruktive Kritik zu den Texten in diesem Buch freue ich mich. Bitte nutzen Sie dafür diese Mailadresse: betriebsstoerung@mailbox.org

# Personenregister

Abmayr, Hermann 152
Abs, Hermann Josef 107
Altmaier, Peter 139
Appelt, Jerry 44

Baerbock, Annalena 22 f.
Bähr, Josef 146
Bartol, Sören 174, 176
Baum, Gerhart 144
Becht, Gerd 147
Beck, Kurt 168
Becker, Rolf 145
Beermann, Guido 140
Bender, Wilhelm 179
Bensel, Norbert 146
Berschin, Felix 135, 233
Biedenkopf, Kurt 182
Bismarck, Otto von 102
Bodack, Karl-Dieter 115
Bodewig, Kurt 116, 165
Bohle, Birgit 28, 66
Bonatz, Paul 73
Böttger, Christian 127 f., 171,
    196 f., 220
Brandt, Willy 108
Breuel, Nikolaus 28
Brüggemann, Kai 28
Brunotte, Anna 54

Camp, Garrett 243
Conradi, Peter 145, 167
Cowie (Familie) 170
Cramer, Michael 190 f.

Daubertshäuser, Klaus 182
Däubler-Gmelin, Herta 144
Dix, Alexander 145
Dobrindt, Alexander 174, 185,
    213, 236

Doll, Alexander 16, 88, 177 f., 196
Drexler, Wolfgang 81
Dreyer, Malu 39
Dürr, Heinz 11, 53, 75 – 77, 112,
    114, 172, 179

Eisenkopf, Alexander 85
Enders, Thomas 179

Felcht, Utz-Hellmuth 17, 170,
    175 f., 179
Ferlemann, Enak 19, 58, 90, 153,
    157 f., 176, 207 f., 217, 232
Flege, Dirk 131, 158, 209, 227
Franz, Christoph 55
Frenzel, Michael 164, 178
Friedman, Milton 159

Gafner, Beni 65
Gastel, Matthias 21, 40 f., 45 f.,
    176, 187
Geißler, Heiner 78
Gerkan, Meinhard von 77
Gohlke, Rainer Maria 11, 109
Graf, Gudrun 45
Grube, Rüdiger 11, 16 – 18, 24, 28,
    36, 39, 42 f., 46, 55, 61 f., 70,
    72, 74, 81, 87, 117 f., 134, 147,
    156 f., 168 – 181, 225
Grubisic, Vatroslav 67
Gscheidle, Kurt 109

Habeck, Robert 129
Hansen, Norbert 120, 165
Hayek, Friedrich von 159
Hecht, Markus 68 f.
Hedderich, Alexander 146
Heilmann, Michael 38
Heinemann, Tobias 143

Hengster, Ingrid 140
Henke, Martin 107
Hensel, Jörg 87
Hermann, Winfried 79, 169, 171, 207, 235
Hess, Hansjörg 39
Hieronymus, Johann Georg 100
Hitler, Adolf 104
Hofreiter, Anton 98, 150 f., 176, 220
Holle, Levin 140
Holzhey, Michael 80 f.
Hörster, Gerald 155
Huber, Berthold 16, 31, 41, 50, 57, 71, 177, 246

Iffländer, Lukas 50
Ilgmann, Gottfried 187 f.
Illing, Jürgen 146

Jeschke, Sabina 16, 177, 241
Jung, Christian 91, 194

Kalanick, Travis 243
Kauder, Volker 167
Kefer, Volker 16, 37, 39, 183
Kindler, Sven-Christian 181
Kirchner, Alexander 36 f., 87
Klein-Bölting, Ralf 146
Klimmt, Reinhard 165, 182
Knie, Andreas 52, 123 f., 252
Knierim, Bernhard 52, 58, 250 f.
Knorre, Susanne 140
Knörzer, Jürgen 39
Koch, Hans-Gustav 54 f.
Kohl, Helmut 111, 179, 190
Kornmann, Jürgen 66, 68
Kosock, Philipp 22
Kraft, Oliver 39
Krause, Günther 112
Kretschmann, Winfried 79

Krumnow, Jürgen 140
Kühn, Stephan 181
Kurth, Matthias 141

Leber, Georg 108
Leidig, Sabine 176
Leister, Hans 133
Lewentz, Roger 39
Lieb, Matthias 29, 232
List, Friedrich 101
Loeper, Eisenhart von 74
Löscher, Peter 70
Ludewig, Johannes 11, 75, 77, 114, 179, 182
Lühmann, Kirsten 140
Lutz, Richard 11, 15 – 19, 31 – 33, 35 f., 50, 74 f., 82, 86, 90, 95, 98 f., 118, 168, 170, 175, 177 f., 181, 184, 195 f., 217, 220, 222, 225, 228, 231, 238, 248, 254

Major, John 159
Mappus, Stefan 72
Marongiu, Andrea 62
Mehdorn, Hartmut 11, 23, 35, 43, 53 – 55, 73, 77, 84, 89, 115 – 117, 133 f., 136, 144 – 146, 156 – 161, 163 – 166, 171 – 173, 175, 178 f., 181 f., 184, 190 f., 221
Merkel, Angela 15, 18, 44, 60, 74, 124, 165 f., 179, 183, 190, 207, 223, 228, 248
Monheim, Heiner 168, 189 f., 253
Müller, Ulrich 146
Müller, Werner 145
Münch, Werner 182

Nagl, Philipp 28
Naumann, Karl-Peter 34, 38, 48

Nawrocki, Axel 182
Nikutta, Sigrid 244

Odenwald, Michael 17, 39, 99,
140, 176, 179 f.

Pällmann, Wilhelm 164 f.
Platner, Georg Zacharias 100
Pofalla, Ronald 11, 16, 18, 31,
74, 95, 155, 177 f., 182 – 184,
225 – 227, 236
Puls, Jens 146

Ramsauer, Peter 24 f., 39, 61, 72,
155, 170, 179, 213
Reagan, Ronald 159
Rehberg, Eckhardt 140
Resch, Jürgen 211
Rommel, Manfred 76
Rummel, Per 127

Sarrazin, Thilo 84, 167
Saßmannshausen, Günther 110
Scharrer, Johannes 100
Schaupensteiner, Wolfgang 146
Scheer, Hermann 167
Scheller, Kay 96 f., 121, 138
Scheuer, Andreas 11, 15, 19, 31,
50, 95, 98 f., 139, 155, 176, 181,
198, 203, 211 f., 217, 227 – 229,
231 – 233, 247 f., 254
Schmidt, Christian 140
Schmidt, Helmut 108, 190
Scholz, Olaf 51, 140, 247
Schrempp, Jürgen 179
Schröder, Gerhard 53, 115, 161,
164, 178, 190

Schwarz, Jens 88, 260
Seebohm, Hans-Christoph 108
Seiler, Martin 16, 35, 177
Sennhenn, Frank 37
Spaeth, Johann Wilhelm 100
Spohr, Carsten 129
Stephenson, George 101
Stocker, Gangolf 77
Stolpe, Manfred 116, 165
Strousberg, Bethel Henry 102
Struck, Peter 167
Suckale, Margret 146

Teufel, Erwin 76
Thatcher, Margaret 159
Tiefensee, Wolfgang 11, 146,
166 f.
Trevithick, Richard 100

Vaerst, Wolfgang 108 f.
Vogel, Bernhard 186
Vogel, Dieter 164
Voß, Günter 20

Waldenfels, Georg von 182
Wedemeier, Klaus 182
Weselsky, Claus 34, 132, 145, 223
Westenberger, Peter 125
Wiesheu, Otto 146, 182
Wilder, Jürgen 88
Wilson, William 100
Wissmann, Matthias 76
Wittke, Oliver 140
Wolf, Winfried 57, 82, 145, 251,

Zetsche, Dieter 177
Zimmermann, Friedrich 11, 109

## Über den Autor

Thomas Wüpper, Jahrgang 1961, arbeitet seit Anfang der Neunzigerjahre als Wirtschaftskorrespondent in Berlin. Schwerpunkte: Verkehrs- und Verbraucherthemen, zuvor der Aufbau Ost und die skandalträchtige Treuhandanstalt.

Zur Bahn hat der Schwabe aus dem Nordschwarzwald mehr als 1000 Artikel verfasst, unter anderem für die *Stuttgarter Zeitung* und *Stuttgarter Nachrichten, Rheinpfalz, Tagesspiegel, Frankfurter Rundschau, Kölner Stadt-Anzeiger, Hannoversche Allgemeine, Badische Zeitung, Leipziger Volkszeitung, Freie Presse* und *Bild der Wissenschaft.*